Ihr Vorteil als Käufer dieses Buches

Auf der Bonus-Webseite zu diesem Buch finden Sie zusätzliche Informationen und Services. Dazu gehört auch ein kostenloser **Testzugang** zur Online-Fassung Ihres Buches. Und der besondere Vorteil: Wenn Sie Ihr **Online-Buch** auch weiterhin nutzen wollen, erhalten Sie den vollen Zugang zum **Vorzugspreis**.

So nutzen Sie Ihren Vorteil

Halten Sie den unten abgedruckten Zugangscode bereit und gehen Sie auf www.galileocomputing.de. Dort finden Sie den Kasten **Die Bonus-Seite für Buchkäufer**. Klicken Sie auf **Zur Bonus-Seite / Buch registrieren**, und geben Sie Ihren **Zugangscode** ein. Schon stehen Ihnen die Bonus-Angebote zur Verfügung.

Ihr persönlicher Zugangscode: b58t-q3gi-wkch-6dz2

Andreas Wenk, Till Klampäckel

CouchDB

Das Praxisbuch für Entwickler und Administratoren

Liebe Leserin, lieber Leser,

CouchDB hat sich sehr schnell einen Namen gemacht, und das obwohl erst im Juli 2010 die Version 1.0 erschien. Das dokumentbasierte Datenbanksystem kommt in vielen Softwareprojekten und Websites zum Einsatz. In einigen Projekten wurde CouchDB bereits eingesetzt, bevor es in der Version 1.0 erschien. Ein deutliches Zeichen dafür, wie leistungsstark das neue Datenbanksystem ist. Da liegt es nahe, diesem Thema endlich auch ein eigenes Buch in deutscher Sprache zu widmen.

Andreas Wenk und Till Klampäckel zeigen Ihnen in diesem Buch, wie Sie CouchDB administrieren und Applikationen entwickeln. Sie zeigen den praktischen Einsatz von CouchDB und erklären die grundlegende Funktionsweise dokumentbasierter Datenbanken, um das Konzept, das hinter NoSQL-Datenbanken steht, verständlich zu machen. Sie zeigen sowohl die Möglichkeiten als auch die Grenzen von CouchDB auf – denn selbst das beste Datenbanksystem ist nicht für alle Anwendungsfälle geeignet.

Für das letzte Kapitel, in dem Sie u. a. erfahren, wie Sie über PHP, Python, JavaScript oder Ruby on Rails auf CouchDB zugreifen, haben zwei Gastautoren Beiträge beigesteuert. Der Abschnitt 6.1, »PHPillow«, wurde vom PHPillow-Entwickler Kore Nordmann verfasst, der Abschnitt 6.2, »Couch Potato«, stammt aus der Feder des Couch-Potato-Entwicklers Alexander Lang.

Dieses Buch wurde mit großer Sorgfalt begutachtet, lektoriert und produziert. Sollten sich dennoch Fehler eingeschlichen haben oder Fragen auftreten, zögern Sie nicht, mit uns Kontakt aufzunehmen. Sagen Sie uns, was wir noch besser machen können. Ihre Anregungen und Fragen sind uns jederzeit willkommen.

Sebastian Kestel
Lektorat Galileo Computing

sebastian.kestel@galileo-press.de
www.galileocomputing.de
Galileo Press · Rheinwerkallee 4 · 53227 Bonn

Auf einen Blick

1   Einführung 25

2   Die Grundlagen 55

3   Praxis 1 – das Kassenbuch
    (zentraler CouchDB-Server) 139

4   Praxis 2 – das Kassenbuch als CouchApp 161

5   CouchDB-Administration 199

6   Bestehende Anwendungen und Libraries 259

Der Name Galileo Press geht auf den italienischen Mathematiker und Philosophen Galileo Galilei (1564–1642) zurück. Er gilt als Gründungsfigur der neuzeitlichen Wissenschaft und wurde berühmt als Verfechter des modernen, heliozentrischen Weltbilds. Legendär ist sein Ausspruch Eppur si muove (Und sie bewegt sich doch). Das Emblem von Galileo Press ist der Jupiter, umkreist von den vier Galileischen Monden. Galilei entdeckte die nach ihm benannten Monde 1610.

Lektorat Sebastian Kestel, Anne Scheibe
Korrektorat Marlis Appel, Troisdorf
Herstellung Norbert Englert
Satz Matthias Warkus, Marburg
Coverfoto © archideaphoto – Fotolia.com
Einbandgestaltung Barbara Thoben, Köln
Druck und Bindung Bercker Graphischer Betrieb, Kevelaer

Dieses Buch wurde gesetzt aus der Linotype Syntax Serif (9,25/13,25 pt) in LaTeX.

Gerne stehen wir Ihnen mit Rat und Tat zur Seite:
sebastian.kestel@galileo-press.de bei Fragen und Anmerkungen zum Inhalt des Buches
service@galileo-press.de für versandkostenfreie Bestellungen und Reklamationen
britta.behrens@galileo-press.de für Rezensions- und Schulungsexemplare

Bibliografische Information der Deutschen Nationalbibliothek
Die Deutsche Nationalbibliothek verzeichnet diese Publikation in der Deutschen Nationalbibliografie; detaillierte bibliografische Daten sind im Internet über http://dnb.d-nb.de abrufbar.

ISBN 978-3-8362-1670-8

© Galileo Press, Bonn 2011
1. Auflage 2011

Das vorliegende Werk ist in all seinen Teilen urheberrechtlich geschützt. Alle Rechte vorbehalten, insbesondere das Recht der Übersetzung, des Vortrags, der Reproduktion, der Vervielfältigung auf fotomechanischem oder anderen Wegen und der Speicherung in elektronischen Medien. Ungeachtet der Sorgfalt, die auf die Erstellung von Text, Abbildungen und Programmen verwendet wurde, können weder Verlag noch Autor, Herausgeber oder Übersetzer für mögliche Fehler und deren Folgen eine juristische Verantwortung oder irgendeine Haftung übernehmen. Die in diesem Werk wiedergegebenen Gebrauchsnamen, Handelsnamen, Warenbezeichnungen usw. können auch ohne besondere Kennzeichnung Marken sein und als solche den gesetzlichen Bestimmungen unterliegen.

Wir widmen dieses Buch all denen, die das Ziel haben, eine friedlichere Welt zu schaffen.

Inhalt

Geleitwort von Jan Lehnardt		13
Geleitwort des Fachgutachters		15
Vorwort		17

1 Einführung — 25

1.1	Was ist CouchDB?	25
	1.1.1 Was bedeutet »dokumentbasiert«?	28
	1.1.2 Was ist »RESTful«?	31
	1.1.3 Was ist »MVCC«?	34
	1.1.4 Was ist »ACID«?	35
	1.1.5 Was ist »JSON«?	36
	1.1.6 Was ist »MapReduce«?	37
	1.1.7 Was ist ein »B+Tree-Index«?	40
	1.1.8 Resümee	42
1.2	Das CouchDB-Open-Source-Projekt	42
1.3	Die CouchDB-Community	43
	1.3.1 Der Erfinder: Damien Katz	44
1.4	Aktueller Stand und Aussichten	47
1.5	NoSQL	47
	1.5.1 Der Begriff	47
	1.5.2 Das CAP-Theorem	48
	1.5.3 CAP im Detail	50
	1.5.4 CAP und CouchDB	50
	1.5.5 Wieso CAP?	51
	1.5.6 Consistent Hashing und Partition Tolerance	52
	1.5.7 Der Tellerrand	53

2 Die Grundlagen — 55

2.1	Man spricht HTTP – CouchDBs RESTful API	56
	2.1.1 Der erste Request – auf unterschiedliche Weise	56
	2.1.2 Datenbanken erstellen und löschen	59
	2.1.3 Dokumente erstellen, aktualisieren und löschen	59
2.2	Futon – das CouchDB-Web-Interface	59
	2.2.1 Der Aufbau von Futon	60

	2.2.2	Administratoren erstellen	63
	2.2.3	Datenbank-Operationen in Futon	64
2.3	Datenbanken		68
	2.3.1	Interna	69
	2.3.2	Arbeiten mit der Datenbank	70
2.4	Dokumente		76
	2.4.1	Grundlegendes zu Dokumenten	76
	2.4.2	PUT /db/id – Dokument erstellen	78
	2.4.3	POST db – Dokument erstellen	79
	2.4.4	PUT /db/id -d JSON – Dokument erweitern	79
	2.4.5	PUT /db/id -d JSON – Dokument aktualisieren	80
	2.4.6	PUT /db/id/attachment – Dokument-Attachment	80
	2.4.7	DELETE /db/id/attachment – Dokument-Attachment löschen	82
	2.4.8	GET /db/id/attachment – Dokument-Attachment lesen	82
	2.4.9	GET /db/_all_docs – alle Dokumente anzeigen	84
	2.4.10	GET /db/id – ein Dokument anzeigen	86
	2.4.11	DELETE /db/id – ein Dokument löschen	87
	2.4.12	HEAD /db/id – Info über ein Dokument	87
	2.4.13	COPY /db/id – ein Dokument kopieren	88
	2.4.14	Zusammenfassung	89
2.5	Views		89
	2.5.1	MapReduce und CouchDB	89
	2.5.2	ETags	91
	2.5.3	JavaScript	92
	2.5.4	CommonJS-Unterstützung in Views	92
	2.5.5	Parameter	94
	2.5.6	Eingebaute Reduce-Funktionen	95
	2.5.7	Temporary View	96
	2.5.8	Fehleranalyse	97
	2.5.9	Validieren und prüfen	97
	2.5.10	Views schreiben in andere Sprachen	99
2.6	_show-Funktionen		101
	2.6.1	Das _design-Dokument	101
	2.6.2	Dokument für das Kassenbuch	104
	2.6.3	Daten als HTML ausgeben	104
2.7	_list-Funktionen		107
	2.7.1	Bereitgestellte Funktionen	108
	2.7.2	Eine HTML-Liste erstellen	108

		2.7.3	Zusammenfassung	111
	2.8	URL-Rewriting		112
		2.8.1	RewriteEngine On	112
		2.8.2	Das ist alles?	115
	2.9	Virtual Hosts		115
		2.9.1	Webserver als Beispiel	116
		2.9.2	Virtual Hosts in CouchDB	117
		2.9.3	Rewriting und Virtual Hosts in Hochform	118
		2.9.4	Alle Schritte zur einfachen URL	119
	2.10	Replication		120
		2.10.1	Continuous Replication	122
		2.10.2	Konfliktmanagement	122
		2.10.3	Die Datenbank »_replicator«	123
	2.11	Sicherheit		125
		2.11.1	Administration	125
		2.11.2	Basic-Auth	126
		2.11.3	Zugriffsrechte vergeben	128
		2.11.4	Über Cookies anmelden	131
		2.11.5	OAuth nutzen	133
		2.11.6	Temporary Views	135
		2.11.7	SSL und CouchDB	136
	2.12	Proxy		137
		2.12.1	Beispiele	138

3   Praxis 1 – das Kassenbuch (zentraler CouchDB-Server) ... 139

	3.1	Die Kassenbuch-Applikation – kurz vorgestellt	140
		3.1.1 Use Cases	140
		3.1.2 Architektur der Applikation	141
		3.1.3 Das Layout	145
		3.1.4 Die Applikation in CouchDB speichern	146
		3.1.5 »kassenbuch.js« näher betrachtet	150
	3.2	Lesen – GET	155
		3.2.1 Erzeugen der Liste mit Buchungen	155
		3.2.2 Weitere GET-Requests	156
	3.3	Speichern – PUT	158
	3.4	Löschen – DELETE	159
	3.5	Zusammenfassung	160

4 Praxis 2 – das Kassenbuch als CouchApp ... 161

- 4.1 Entwicklungsumgebung ... 161
  - 4.1.1 Installation ... 162
  - 4.1.2 couchapp-Befehle im Überblick ... 165
- 4.2 Projekt Kassenbuch ... 166
  - 4.2.1 Im Detail ... 167
  - 4.2.2 Hallo Welt ... 168
- 4.3 Kassenbuch – Einträge speichern und lesen ... 169
  - 4.3.1 Strukturübersicht der CouchApp im _design-Dokument ... 170
  - 4.3.2 Verwendete Bibliotheken ... 171
  - 4.3.3 index.html ... 172
  - 4.3.4 Neue Einträge speichern ... 174
  - 4.3.5 Speichern ... 176
  - 4.3.6 Ausprobieren ... 178
  - 4.3.7 Lesen ... 179
- 4.4 Kassenbuch – Monatsansicht ... 182
  - 4.4.1 Die Basis ... 183
  - 4.4.2 Filter ... 186
- 4.5 Kassenbuch – Einträge löschen ... 190
  - 4.5.1 Einen Button zum Löschen ... 190
  - 4.5.2 DELETE ... 192
- 4.6 Kassenbuch – die Kür! ... 194
  - 4.6.1 Was bleibt zu tun? ... 195
  - 4.6.2 Deployment ... 196
  - 4.6.3 Weitere Ideen ... 196

5 CouchDB-Administration ... 199

- 5.1 Installation ... 200
  - 5.1.1 iOS ... 200
  - 5.1.2 Android ... 200
  - 5.1.3 Ubuntu ... 201
  - 5.1.4 Debian Linux ... 206
  - 5.1.5 Mac OS X ... 207
  - 5.1.6 Couchbase-Server ... 216
- 5.2 Konfiguration ... 217
  - 5.2.1 Programmatisch ... 222
  - 5.2.2 Konfigurationsdateien ... 223
  - 5.2.3 Point and Click ... 225

	5.3	Deployment	225
		5.3.1 Datenbankoptimierung	226
		5.3.2 Statistiken und Monitoring	234
	5.4	Skalierung	235
		5.4.1 Caching	236
		5.4.2 Sharding	239
		5.4.3 Sharding a Shard	256
		5.4.4 Bitte skalieren Sie weiter!	258

6 Bestehende Anwendungen und Libraries ... 259

	6.1	PHPillow	259
		6.1.1 Geschichte	260
		6.1.2 Installation	260
		6.1.3 Verwendung	261
		6.1.4 Views	263
		6.1.5 Zusammenfassung	265
	6.2	Couch Potato	265
		6.2.1 Projekt: Fotohosting mit Rails/CouchDB	266
		6.2.2 Theorie	266
		6.2.3 Los geht's	267
	6.3	CouchDB-Tools	274
		6.3.1 Installation	274
		6.3.2 couchdb-dump	276
		6.3.3 couchdb-load	277
		6.3.4 couchdb-replicate	277
		6.3.5 Zusammenfassung	277
	6.4	jquery.couch.js	278
		6.4.1 Überblick	279
		6.4.2 Struktur des Plugins	280
		6.4.3 Globale Methoden für den Cluster	283
		6.4.4 Methoden pro Datenbank	288
	6.5	Ubuntu One	296
		6.5.1 Warum CouchDB?	297
		6.5.2 CouchDB-Integration	297
		6.5.3 Hacken	298
		6.5.4 Zusammenfassung	299

Index ... 301

Geleitwort von Jan Lehnardt

Das vorliegende Buch »CouchDB – Das Praxisbuch für Entwickler und Administratoren« ist dicht gepackt mit viel gesammeltem Praxiswissen rund um die Entwicklung und das Betreiben von Applikationen mit CouchDB. Die Autoren, Till und Andy, haben sich in jahrelanger Kleinarbeit einen wahren Schatz an Wissen um CouchDB angehäuft. Und weil das noch nicht genug ist, haben sie auch noch dieses Buch geschrieben, um Ihnen, liebe Leserin, lieber Leser, nicht nur das Thema CouchDB näherzubringen, sondern auch den Weg zum erfolgreichen Einsatz so leicht wie möglich zu machen.

Dies soll nicht heißen, CouchDB wäre besonders kompliziert und schwer zu benutzen, denn wir (die CouchDB-Entwickler) haben es uns zum Ziel gesetzt, CouchDB so einfach wie möglich zu machen. Wir finden, dass das ein sehr gutes Ziel ist, aber wir wissen auch, dass wir noch auf dem Weg sind, und selbst in Zukunft wird es immer Situationen geben, in denen sich der Teufel im Detail versteckt.

Andy und Till sind wahre Teufelsbezwinger, um in der Metapher zu bleiben. Sie zeigen nicht nur auf, wie und warum man die verschiedenen Features von CouchDB verwendet, sondern beschreiben auch im Detail, was dabei alles schiefgehen kann und warum und wie Sie als Anwender dort wieder herauskommen.

Die Autoren nehmen Sie mit auf die Reise in das Land von CouchDB, zeigen Ihnen die schönsten Sehenswürdigkeiten, aber auch die netten kleinen Gaststätten, von denen nur die Einheimischen wissen, und lassen Sie dabei nie im Regen stehen.

In diesem Sinne wünsche ich Ihnen eine angenehme Reise.

Jan Lehnardt
Kernentwickler Apache CouchDB

Geleitwort des Fachgutachters

In relativ kurzer Zeit hat sich die Betrachtungsweise von Datenbanken bei der Entwicklung von Web-Applikationen massiv verschoben. Bis vor wenigen Jahren gab es keinen Zweifel daran, relationale Datenbanken zu verwenden. Es wurde höchstens diskutiert, ob die eigene Web-Applikation über einen Abstraktionsmechanismus auf allen relationalen Datenbanken laufen soll oder ob man sich auf eine konkrete spezialisieren will – und auf welche.

Mit der weiter stark steigenden Popularität von Web-Applikationen und damit neu entstehenden Architektur-Problemen hat sich jedoch eine ganz neue Kategorie von Datenbanken entwickelt – die sogenannten NoSQL-Datenbanken. Dabei hat sich gezeigt, dass diese nicht nur Probleme in verteilten Umgebungen zum Teil besser lösen, sondern dass sie auch die Entwicklung von normalen Web-Applikationen erleichtern können. Meine persönliche Erfahrung zeigt, dass es wieder Spaß machen kann, mit einer Datenbank zu interagieren.

Dabei ist CouchDB sicher einer der aktuell relevantesten Vertreter dieser neuen Gattung. Doch diese Datenbanken lösen viele bekannte Konzepte ab. Das betrifft nicht nur die Abfrage-Sprache (SQL), sondern auch architekturelle Entscheidungen. Insbesondere deswegen eignet sich CouchDB für ganz neue Typen von Anwendungen – auch wenn dabei manchmal untergeht, dass sich CouchDB auch für klassische Web-Applikationen hervorragend eignen kann.

Weil ich dieses Thema persönlich für wichtig halte und es allen Web-Entwicklern nur ans Herz legen kann, sich mit dieser neuen Generation von Datenbanken intensiv zu beschäftigen, hat es mich sehr gefreut, als Andy und Till mir erzählten, dass sie planen, ein deutsches Buch über CouchDB zu schreiben, und mich fragten, ob ich das Fachgutachten dafür übernehmen würde. Die Beschäftigung mit dem Thema ist allein schon deswegen wichtig, um entscheiden zu können, wo es immer noch sinnvoll ist, auf relationale Datenbanken zu setzen.

Dabei stellen Andy und Till in diesem Buch nicht nur dar, wie man aus einer normalen Web-Applikation mit CouchDB interagiert, sondern gehen auch auf die architekturellen Unterschiede zu klassischen relationalen Datenbanken ein. Auf Basis dieser Unterschiede ergibt sich eine neue Klasse von verteilten Applikationen – CouchApps – die in diesem Buch ebenfalls nicht zu kurz kommen.

Alles in allem denke ich, dass Andy und Till mit diesem Buch ein praxisnaher Einstieg in die Welt der nicht-relationalen Datenbank CouchDB gelungen ist, und hoffe, dass die Leser des Buches an dem Thema genauso viel Spaß finden wie die Autoren und ich selbst.

Kore Nordmann

Vorwort

CouchDB ist cool

Wir sind Softwareentwickler und bauen Applikationen für das Internet. Wir sind keine Akademiker und wollen das auch nicht sein. Aber wir haben Spaß am Schreiben. Till schreibt regelmäßig in seinem Blog *http://till.klampaeckel.de/blog/*, Andy schreibt für das PHP- und Entwickler-Magazin und hat ein Buch über die PostgreSQL-Datenbank mit Thomas Pfeiffer verfasst. Bei allen Texten geht es hauptsächlich um Datenbanken.

Was ist der Kern dieser Information? Die Tatsache, dass Sie ein Praxisbuch von Praktikern in den Händen halten. Sie können also schon mal entspannt atmen und sich auf ein durchweg praxisorientiertes Buch freuen – naja, fast. Einige Bereiche bedürfen selbstverständlich einer Erklärung, die eher theoretischer Natur ist und dem tieferen Verständnis dient.

Warum ein Buch über CouchDB? Weil CouchDB modern, innovativ und cool ist! CouchDB löst Aufgaben in einem abgesteckten Korridor und in diesem extrem zuverlässig und performant. Das hat die Praxis gezeigt und bestätigt sich immer wieder. Dazu kommt außerdem, dass die CouchDB Community unglaublich viel Spaß macht. Die Prinzipien, denen gefolgt wird, sind geprägt von Toleranz, Innovation, Hilfsbereitschaft und zukunftsweisenden Technologien.

Aktueller Stand

CouchDB liegt seit dem 6. Juni 2011 in Version 1.1.0 vor. Wow – noch ganz schön jung. Stimmt! Sie sollten aber wissen, dass CouchDB bereits seit der Version 0.10 von vielen Firmen und Entwicklern produktiv eingesetzt wird – obwohl die Macher von CouchDB natürlich darauf hingewiesen haben, dass es sich immer noch um Beta-Software handelt. Und trotzdem haben J. Chris Anderson, Jan Lehnardt und Noah Slater bereits zu dieser Version (genau genommen 0.10.1) das Buch »CouchDB – The Definitive Guide«[1] geschrieben und im Januar 2010 veröffentlicht. Bereits zu diesem Zeitpunkt waren die Konzepte von CouchDB so klar modelliert, dass die Version als stabil genug betrachtet wurde, um produktiv damit arbeiten zu können.

---

1 *http://guide.couchdb.org/*

Spannende Motivation

Es ist spannend und sehr motivierend, die Entstehung einer solchen Software sehr nah mitverfolgen zu können. Till sitzt in Berlin häufig neben Jan Lehnardt im *Co-Working Space (Büro)* und hat somit einen direkten Draht zu einem der Core-Entwickler von CouchDB. Andy hat sich am Anfang der Entstehung von CouchApp an vielen Diskussionen und der Dokumentation beteiligt. Und seitdem wurden einige erfolgreiche Projekte mit CouchDB umgesetzt.

Das richtige Werkzeug

Man kann zu diesem Zeitpunkt auch schon festhalten, dass sich CouchDB einen Namen gemacht hat und den »gefährlichen« Anfangshype sehr gut überstanden hat. Es gibt mittlerweile einige (meist englischsprachige) Bücher zu CouchDB [2], viele Beiträge auf Entwickler-Konferenzen oder eigens für CouchDB initiierte Konferenzen wie das Couch-Camp, viele Artikel in den einschlägigen Entwickler-Zeitschriften und hunderte Blog-Einträge und Websites, die sich mit dem Thema CouchDB beschäftigen. Nicht zuletzt hat CouchDB maßgeblich zur NoSQL-Bewegung und deren Größe und Erfolg beigetragen. Eine gute Übersicht über die unterschiedlichen NoSQL-Datenbanken finden Sie auf *http://nosql-database.org/*.

Wir möchten diese Einleitung auch nutzen, um Sie auf einen wichtigen Punkt hinzuweisen, der sich am besten mit folgendem schon oft gehörten Satz einleiten lässt:

> *Use the right tool for the job!*

Dieser Satz beinhaltet zwei Dinge für uns: Zum einen ist CouchDB nicht das Allheilmittel für alle datenbankgestützten Anwendungen. Es gibt gute Gründe, CouchDB für Web-, Mobile-, Server- und viele weitere Applikationen einzusetzen. Genauso gibt es gute Gründe, dies nicht zu tun. Wir empfehlen Ihnen deshalb, eine Aufgabe oder Problemstellung zu Anfang sehr gut zu analysieren, um zu erkennen, mit welcher Datenbank Ihnen am besten gedient ist: mit einer relationalen Datenbank, mit einer dokumentbasierten Datenbank, mit einem einfachen *Key-Value-Storage (Speicher)*, mit einer dateibasierten Datenbank oder mit gar keiner Datenbank. Es macht keinen Sinn, einfach nur CouchDB einzusetzen, weil es eben »hipp« oder »cool« ist. Die Schmerzen, die Sie dabei erfahren könnten, sind nicht motivierend und ebenso unnötig.

---

2 *http://couchdb.apache.org/docs/books.html*

Zum anderen möchten wir bei der Entscheidung zwischen einer dokumentbasierten und einer relationalen Datenbank auf eine Fehlinterpretation des Begriffs NoSQL hinweisen. NoSQL heißt nicht »kein SQL« oder »SQL ist schlechter«. Nein – NoSQL sagt einfach nur aus, dass es für viele Aufgaben oder Problemstellungen eine gute Alternative zu SQL-Datenbanken gibt. Darunter fallen eben auch die dokumentbasierten Datenbanken wie CouchDB.

Dieses Buch handelt von CouchDB. Wir möchten Ihnen aber nicht vorenthalten, dass es noch weitere interessante und gute NoSQL-Datenbanken gibt. Dazu gehören:

- MongoDB – *http://www.mongodb.org/*
- Redis – *http://redis.io/*
- Riak – *http://www.basho.com/Riak.html*
- Membase – *http://www.couchbase.org/membase*
- Cassandra – *http://cassandra.apache.org/*
- HBase – *http://hbase.apache.org/*
- Neo4j – *http://neo4j.org/*

Je nach Anwendungsfall und nach vorliegender Softwarearchitektur bietet es sich auf alle Fälle an, einen Blick auf diese Datenbanken zu werfen. Einen sehr guten und kurzen Überblick hat Kristóf Kovács unter *http://kkovacs.eu/cassandra-vs-mongodb-vs-couchdb-vs-redis/* erstellt.

Lesen Sie vieles mehr zu NoSQL in Abschnitt 1.5.

Lesen lernen – Hinweise zum Buch

An dieser Stelle möchten wir Ihnen kurz noch ein paar Hinweise zur Nutzung des Buches geben: Wir möchten Ihnen also dieses ominöse cURL, Formatierungen und die verwendeten Symbole im Buch erklären – auf geht's!

Formatierungen

Codebeispiele werden im Buch immer in `nicht-proportionaler` Schrift in sogenannten Code-Listings dargestellt. Sollten wir `Quellcode` oder sonstige `Befehle` im Fließtext verwenden, benutzen wir denselben Stil. *Dateinamen* und *Pfade* werden immer in *kursiver* Schrift angegeben.

Code-Listings

Unsere Code-Listings fangen immer mit $ an, zum Beispiel:

```
$ echo "Hallo Welt!"
Hallo Welt
```

Das $ ist der »Anfang« des Prompts – wenn Sie Windows einsetzen, kennen Sie eventuell dessen Äquivalent C:\... auf der Eingabeaufforderung.

Je nach Linux- oder *Unix*-Distribution kann das Aussehen variieren.

cURL

cURL: Client for URLs

cURL[3] wird oft als *Schweizer Armeemesser* für HTTP (und FTP) bezeichnet. cURL ist sowohl ein *CLI-Werkzeug* als auch eine Bibliothek. Da CouchDB eine HTTP-Schnittstelle hat, eignet sich cURL perfekt dafür, in Beispielen verwendet zu werden.

Installation

cURL ist auf allen Linux- und Unix-Derivaten verfügbar.

- **Debian/Ubuntu**
  ```
  apt-get install curl
  ```

- **FreeBSD**
  ```
  cd /usr/ports/net/curl && make install distclean
  ```

- **Mac OS X**
  ```
  port install curl
  ```

- **Windows**
  http://curl.haxx.se/download.html#Win32

In unseren Beispielen verwenden wir stets curl und verzichten bewusst auf Betriebssystem-spezifische Endungen wie zum Beispiel *.bat* oder *.exe*.

Befehle ausführen

Alle cURL-Befehle werden prinzipiell in einem sogenannten Terminal ausgeführt. Je nach Betriebssystem nennt sich dieses »Programm« auch manchmal *Shell* oder *Eingabeaufforderung*.

Symbole

Ab und an werden Sie neben dem Text (am Rand) bestimmte Symbole wiederfinden. Wir benutzen sie, um auf Besonderheiten aufmerksam zu machen.

---

3 *http://curl.haxx.se/*

Wenn Sie zum Beispiel dieses Symbol sehen, handelt es sich um einen [«]
Hinweis.

Tipps (und Tricks) kennzeichnen wir so. [+]

Hier könnte schnell etwas schiefgehen – keine Sorge, denn das erkennen [✖]
Sie an diesem Symbol.

Achtung, es wird brenzlich – aber jetzt wissen Sie Bescheid! [!]

Ein Fehler (zum Beispiel in einem verwendeten Programm) kennzeichnen [✸]
wir so.

Ein Beispiel kennzeichnen wir so! [zB]

Das war's – wir wünschen Ihnen viel Spaß und Erfolg mit diesem Buch.

Fragen, Anregungen, Kritik

Als wir begannen, dieses Buch zu planen, war es uns wichtig, ein praxisorientiertes Buch zu schreiben. Das bedeutet, wir haben viele Code-Beispiele und außerdem eine Beispielapplikation kassenbuch integriert. Dass Quantität nicht gleichbedeutend mit Qualität ist, war uns ebenso von Anfang an bewusst. Das führt dazu, dass wir uns auf den Kern von CouchDB konzentrieren und nicht alles behandeln, wie Sie es von einer Referenz erwarten können. Aber haben Sie Lust, zu einem neuen Thema tausend Seiten zu lesen? Wir jedenfalls nicht.

Begleitend zum Buch haben wir eine Website eingerichtet, die Sie unter *http://couchdb-buch.de/* erreichen können. Sie erhalten dort aktuelle Informationen zum Buch und können dort außerdem die Code-Beispiele herunterladen. Die Code-Beispiele erhalten Sie natürlich auch auf der Bonus-Seite zu diesem Buch unter *http://www.galileocomputing.de/bonus-seite*.

Feedback erwünscht! Ihre Meinung ist uns wichtig! Sätze, die Sie schon oft gelesen haben, und das zu Recht. Denn wir zehren von Ihrer Meinung über dieses Buch. Deshalb laden wir Sie sehr herzlich ein, uns zu schreiben, was Sie von diesem Buch halten. Sie erreichen uns per E-Mail unter *feedback@couchdb-buch.de*. Schon mal vielen Dank!

Obwohl der Umfang des Buches nur gut 300 Seiten beträgt und wir extrem sorgsam gearbeitet haben, kann es natürlich zu Fehlern kommen. Sollten Sie einen Fehler im Buch gefunden haben, bitten wir Sie uns diesen zu melden. Nutzen Sie dafür einfach das Kontaktformular auf der Buch-Website unter *http://couchdb-buch.de/kontakt*, oder schreiben Sie einfach eine E-Mail an *kontakt@couchdb-buch.de*. Wir werden alle

Korrekturen bis zum Erscheinen einer zweiten Auflage sammeln und auf der Website unter *http://couchdb-buch.de/erratum* veröffentlichen.

Danke

Es ist nicht einfach, sich eine innovative und noch nie dagewesene Einleitung für den »Danke-Text« zu überlegen, damit dieser nicht einschläfernd wirkt. Wir wollen uns aber bedanken – stecken unsere Energie jedoch lieber in die Themen dieses Buches und halten die Danksagung dafür ziemlich schlicht.

Ein herzliches Dankeschön geht an diese Leute:

Sebastian Kestel, unseren Lektor beim Verlag Galileo Press. Er war so mutig zu Anfang Andy zu fragen, ob wir das Buch schreiben möchten. Er hat viel Geduld mit uns gehabt, und wir hoffen, dass wir seine Erwartungen erfüllt haben. Übrigens ist er Bassist, und vielleicht sehen Sie ihn ja mal auf einer Jam Session in Bonn. Sebastian – herzlichen Dank für alles!

Kore Nordmann, unserem Fachgutachter und Gastautor. Kore ist in der PHP-Welt eine Größe und ein extrem versierter Informatiker. Wir haben ihm zugemutet, in sehr kurzer Zeit alle Seiten dieses Buches zu lesen und auf Fehler und Ungereimtheiten aufmerksam zu machen. Außerdem hat Kore uns an vielen Stellen sehr gute Verbesserungsvorschläge unterbreitet. Und schließlich war Kore auch als Gastautor tätig und hat seine Klasse und Freude an CouchDB unter Beweis gestellt. Kore – herzlichen Dank und *really well done*!

Jan Lehnardt, weil er ein tolles Vorwort zu diesem Buch geschrieben hat, weil er CouchDB als Evangelist verbreitet und Core-Developer ist, weil er die *jsconf.eu* in Berlin mitorganisiert und weil er einfach ein klasse Typ ist, der auf (fast) alle Fragen eine Antwort hat. Jan ist übrigens Drummer, was bedeutet, dass wir neben Sebastian als Bassist und Andy als Gitarrist nur noch einen Sänger brauchen, um eine Band zu gründen. Jan – herzlichen Dank!

Alexander Lang für sein großartiges Gastkapitel in diesem Buch. Alex verfolgt CouchDB schon seit vielen Jahren, ist mit Initiator des Co-Working Space in Berlin und widmet sich mit seiner Firma Upstream Berlin agiler Softwareentwicklung. Alex – herzlichen Dank!

Niko Zaft, Niko Uphoff, Jan Bartels und Tobias Mahnke für das Durchlesen des Manuskripts und dafür, dass sie sehr hilfreiche Kommentare und Meinungen an uns weitergegeben haben. Man kann sein eigenes Geschriebenes hunderte Mal lesen und sieht den einen oder anderen Fehler einfach nicht. Außerdem Robert Newson, Dale Harvey und Jan Lehnardt, die im IRC Channel sehr bereitwillig und kompetent Fragen beantwortet haben. Ganz herzlichen Dank an Euch!

An die CouchDB Community, weil sie so hilfsbereit, aktiv und respektvoll ist. Ohne diese funktionierende Community wäre es nicht möglich, ein Stück Software wie CouchDB als Open Source erfolgreich zu machen. Herzlichen Dank und weiter so! Besonders danken wir Adam Kocoloski und Robert Newson – wir konnten ihnen jede Frage stellen, und sie waren sehr geduldig!

An Sie, unseren werten Leser, dass Sie dieses Buch gekauft haben, um eine gute Grundlage für die Arbeit mit CouchDB zu bekommen. Herzlichen Dank!

Noch ein paar persönliche Worte:

Andy

Andy möchte zuallererst Till danken, dass er dieses Buch mit ihm zusammen geschrieben hat. Die Zusammenarbeit war wirklich sehr gut, lustig, produktiv und erfolgreich. Till – das rockt!

Außerdem dankt Andy seiner Frau Verena, die die Idee, erneut ein Buch zu schreiben, mit den Worten »Nee – das ist jetzt nicht dein Ernst« kommentiert hat. Ganz lieben und herzlichen Dank für Deine Geduld – auch wenn es manchmal genervt hat.

Ein Danke von Herzen geht an meine Eltern. Einfach weil sie da sind, weil sie so gut sind und weil sie mir bei allem, was ich in den vergangenen Jahren getrieben habe, so viel Unterstützung haben zukommen lassen. Ihr seid die Größten!

Till

Ich möchte (natürlich) zuerst Andy danken – denn er hatte die Idee, dieses Buch zu schreiben, und ließ den Worten auch gleich Taten folgen. Und darüber hinaus auch für die Geduld, die er mit mir hatte, während wir an diesem Buch geschrieben haben.

Ansonsten bedanke ich mich bei meiner Familie (besonders bei meiner Mama und meinen Großeltern!) und meinen Freunden: vielen Dank für Euer Interesse, Eure Ratschläge, Motivation und einen *freien Rücken*. Ick hab Euch alle lieb!

Ich bedanke mich außerdem noch einmal ausdrücklich bei Galileo Press und Sebastian (Kestel) für die Möglichkeit, vor dem Alter von *30* Jahren ein Buch zu schreiben.

Mit diesem Buch ist ein Ziel für mich erreicht, es geht weiter zum nächsten.

CouchDB steht für »Cluster of unreliable commodity hardware Data Base« – Datenbank, basierend auf einem Cluster aus unzuverlässiger Standardhardware.
Es wird spannend ...

1 Einführung

Das Buch, das Sie in Händen halten, bespricht die innovative, über eine RESTful API ansprechbare, hervorragend für verteilte Umgebung einsetzbare dokumentbasierte Datenbank namens CouchDB. CouchDB bedient sich dabei vieler, seit Jahren bewährter Konzepte – wie eben z.B. HTTP – »die« RESTful API schlechthin.

Um diese Konzepte kennenzulernen und ein grundlegendes Verständnis zu erhalten, wie CouchDB funktioniert, bedarf es eines Grundlagen-Kapitels, das im Anschluss an diese Einleitung beginnt.

Allerdings sollen Sie die Konzepte nur kennenlernen und dann wissen, wie diese prinzipiell funktionieren und wie diese in CouchDB zum Tragen kommen. Wir haben an vielen Stellen Hinweise für das Lesen von vertiefender Lektüre gegeben.

Sie werden auch die ersten Beispiele von Abfragen und Views sehen. Sie müssen diese nicht sofort verstehen. Wir werden im weiteren Verlauf des Buches alle CouchDB-spezifischen Operationen erklären und anhand weiterer Beispiele zeigen.

Ladies and gentlemen – please give a warm welcome – here is **CouchDB**!

1.1 Was ist CouchDB?

Bevor wir tiefer in die Welt der dokumentbasierten Datenbanken und im Rahmen dieses Buches in CouchDB eintauchen, stellen wir uns als Autoren vor, dass Sie folgende Frage an uns richten: Was ist CouchDB?

Sie halten dieses Buch in Händen, um diese Frage beantworten zu können. Vielleicht auch, weil Sie das erste Mal mit CouchDB arbeiten. Oder weil Sie bereits wissen, was CouchDB ist, Sie aber Ihr Wissen noch vertiefen wollen. In allen Fällen haben Sie natürlich eine gute Wahl getroffen ... aus unserer Sicht – nach dem Lesen des Buchs, so hoffen wir – auch aus Ihrer Sicht.

RDBMS
Fangen wir doch am besten damit an, was CouchDB nicht ist: CouchDB ist kein relationales Datenbank-Management-System (RDBMS) wie PostgreSQL, Oracle oder MySQL. Bereits beim nochmaligen Lesen des vorherigen Satzes sticht das Adjektiv *relational* ins Auge. Das führt zwangsläufig zu der ersten wichtigen Erkenntnis: CouchDB besitzt keine Relationen. CouchDB besitzt auch keine Schemata wie sonst jedes RDBMS. Lassen Sie uns ansehen, mit welchen Eigenschaften CouchDB aufwartet. Nochmals: keine Sorge, wenn Sie in der Aufzählung noch auf unbekannte Begriffe stoßen. Diese werden Sie bald kennen lernen. Also:

- CouchDB ist dokumentbasiert und schemafrei.
- CouchDB führt Abfragen (Querys) über *MapReduce* per JavaScript aus.
- CouchDB speichert alle Daten im JSON-Format (Ausnahme: Attachments).
- CouchDB nutzt für den effizienten Zugriff auf die Daten B+-Tree-Indizes für eine Datenbank und für die View-Indizes.
- CouchDB verfügt über eine *RESTful JSON API*, die die HTTP-Methoden `GET`, `POST`, `PUT`, `DELETE`, `HEAD` und `COPY` unterstützt.
- CouchDB verfügt über inkrementelle Multi-Master-Replication mit Konfliktlösung (bi-directional conflict detection and resolution).
- CouchDB implementiert und folgt den Eigenschaften von MVCC und ACID, um eine zuverlässige Integrität der Daten zu gewährleisten.
- CouchDB verfügt über einen inkrementellen Index-Aktualisierungs-Mechanismus.
- CouchDB speichert BLOBS (Binary Large Objects) als Attachment direkt im Dokument.
- CouchDB ist Open Source unter der Apache-Lizenz, Version 2.0.
- CouchDB hat ein integriertes Webinterface namens Futon *(http://127.0.0.1:5984/_utils/)*.
- CouchDB hat eine der coolsten und aktivsten Communities in der Open-Source-Welt.

Das ist eine beachtliche Liste. CouchDB setzt eindeutig auf Web-Technologien wie JavaScript, JSON und REST. Ein sehr treffender und immer wieder zu lesender Satz ist deshalb: *CouchDB is built **of** the Web*.

JavaScript, JSON, REST

In Verbindung mit CouchDB und anderen dokumentbasierten Datenbanken ist im gleichen Atemzug fast immer der Begriff *NoSQL* zu hören. In Abschnitt 1.5 werden wir den Begriff als solches näher beleuchten. Es sei nur so viel vorweggenommen, dass NoSQL als Überbegriff für eine andere Art Datenbanksysteme steht und dabei kein SQL als Abfragesprache nutzt. Er will auf keinen Fall zum Ausdruck bringen, dass SQL schlecht oder veraltet sei. An dieser Stelle soll ein Satz von Michael Lenahan aus seinem Projektbericht »Document-Oriented Persistence with CouchDB« vom September 2010 zitiert werden:

> *Relational databases have been very successful in the past, and are likely to remain so, but in a certain sub-set of usage scenarios, non-relational systems are starting to take their place.*[1]
>
> *Relationale Datenbanken waren in der Vergangenheit sehr erfolgreich und werden es wohl auch bleiben, aber in gewissen Anwendungsszenarios beginnen nicht-relationale Systeme ihren Platz einzunehmen.*

Wir finden, dieser Satz beschreibt die Situation sehr treffend, ganz im Sinne von »Always use the right tool for the job«.

CouchDB zeigt seine Stärken gerade im Speichern und Vorhalten von großen Datenmengen. Das System skaliert im Größenbereich von vielen Terabytes immer noch ausgezeichnet. Noch viel wichtiger ist aber die Tatsache, dass CouchDB extrem einfach repliziert werden kann und sich somit ausgezeichnet für so genannte »verteilte Anwendungen« eignet: Stichwort *Cloud-Computing*.

Aber was ist so anders gegenüber den seit mehr als 25 Jahren bewährten RDBMS wie Oracle, DB2 oder PostgreSQL? All diese Datenbanken haben einen gemeinsamen Nenner: Transaktionssicherheit und relationale Integrität. *Transaktionssicherheit* stellt sicher, dass bei einem Block von Operationen, die in einer Transaktion ausgeführt werden, ein erfolgreiches Resultat nur entsteht, wenn jede einzelne Operation erfolgreich war. *Relationale Integrität* beschreibt die Möglichkeit, Bedingungen und Regeln festzulegen, die die Datenintegrität in einem RDBMS gewährleisten. Umgesetzt wird dies z.B. mit Foreign-Key-Beziehungen und Anweisungen für die Löschfortpflanzung oder auch durch Trigger.

Transaktionssicherheit, relationale Integrität

---

1 http://klena02.wordpress.com/2010/09/22/document-oriented-persistence-with-couchdb/

CAP-Theorem Diese Konzepte gibt es in CouchDB nicht. Transaktionssicherheit in CouchDB ist nur gewährleistet, wenn die Transaktion ein Dokument umfasst (siehe Abschnitt 1.1.4, »Was ist ›ACID‹?«). NoSQL-Datenbanken wie CouchDB haben das Ziel, mit extrem großen Datenmengen über weit verteilte Knoten (nodes) Daten vorzuhalten. Dabei hundertprozentige Transaktionssicherheit zu gewährleisten würde bei diesen Szenarios extreme Performance- und Skalierungseinbußen bedeuten. Das Fehlen von Transaktionssicherheit bzw. Transaktionen, wie Sie bei RDBMS vorhanden sind, wird in Kauf genommen, um die ständige Verfügbarkeit der Daten gewährleisten zu können. Lesen Sie dazu auch Abschnitt 1.5.2, »Das CAP-Theorem«.

Im Folgenden werden wir nun einige Eigenschaften von CouchDB zum Warmwerden etwas näher beleuchten und erklären.

1.1.1 Was bedeutet »dokumentbasiert«?

Wir kommen aus einer relationalen Welt. Datenspeicherung in Datenbanken erfolgt in modernen EDV-Systemen zum allergrößten Teil in RDBMS. Das hat sich seit vielen Jahren bewährt und wird mit Sicherheit in den nächsten Jahren auch so bleiben. Die Vorteile sind ja nunmal auch nicht wegzudiskutieren. Denn diese Systeme bieten viele Möglichkeiten wie z.B. die Verknüpfung der Datensätze über Foreign-Key-Beziehungen und die Organisation der Daten in unterschiedlichen Schemata.

Tupel Eine Tabelle wird als Relation bezeichnet und beschreibt die Spalten sowie gegebenenfalls die Beziehungen zu anderen Tabellen und Constraints. Ein Attribut einer Relation wird über die Spaltenbezeichnung beschrieben und kann einen Wert haben. Diese Attributwerte werden jeweils in einer Zeile der Relation gefunden. Eine Zeile nennt man in diesem Zusammenhang übrigens *Tupel*, wobei ein Tupel einem Datensatz entspricht. Dieses System basiert auf der relationalen Algebra von Edgar F. Codd.

[zB] Stellen Sie sich als einfaches Beispiel Ihre Musiksammlung vor. In einer relationalen Datenbank würden wir die Künstler bzw. artists, die Alben bzw. releases und die Titel der Alben bzw. songs in drei Tabellen speichern (siehe Abbildung 1.1).

Die Daten werden so aufgeteilt, dass keine Redundanzen entstehen. In diesem Fall wird jeder Künstler nur einmal in der Tabelle artists geschrieben. Jeder Künstler kann dabei viele bzw. »n« Alben aufgenommen haben. Man spricht hier von einer 1:n-Verknüpfung, wobei die Verknüpfung über artists.id zu releases.artists_id erfolgt. Weiterhin hat jedes Album in der Tabelle `releases` n Songs. Hier erfolgt die Verknüpfung über `releases.id` zu `songs.releases_id`.

Dem aufmerksamen Leser fällt an dieser Stelle auf, dass jeder Song ja auch auf unterschiedlichen Alben erscheinen könnte, was bedeutet, dass wir bei diesem Schema in der Tabelle `releases` das gleiche Album mehrmals aufführen müssten, um die gleichen Songs mehreren Alben zuweisen zu können. Um das nicht machen zu müssen, müsste eine weitere Tabelle eingeführt werden, nämlich eine so genannte *Lookup-Tabelle*. In dieser würden dann nur IDs gespeichert werden. Allerdings ist dies hier kein Buch über die Normalisierung von Datenstrukturen in SQL-Datenbanken, und wir belassen es bei diesem einfachen Beispiel.

lookup-Tabelle

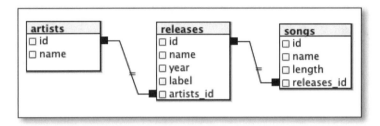

Abbildung 1.1 Beispiel Artists-Schema

Diese Datenhaltung und Speicherung hört sich doch perfekt für solch einen und ähnliche Fälle an. Allerdings hat sich während der Evolution des Internets und bei der Entwicklung vieler unterschiedlicher Web-Applikationen gezeigt, dass ein RDBMS gar nicht immer die beste Wahl ist oder sogar eine andere Art Datenspeicherung effizienter und praktikabler ist. Genau in diesem Moment treten dokumentbasierte Datenbanksysteme in den Kreis der möglichen Technologien.

Die gleichen Daten aus unserem Beispiel können in einer dokumentbasierten Datenbank wie CouchDB in einem einzigen Dokument gespeichert werden. Die JSON-Datenstruktur lässt eine sehr übersichtliche Speicherung zu, wie Abbildung 1.2 zeigt.

JSON-Datenstruktur

Das ist aber noch nicht alles. Selbst wenn zu einem späteren Zeitpunkt entschieden wird, dass z.B. noch weitere Informationen wie die Namen der einzelnen Bandmitglieder festgehalten werden sollen, wird das Dokument einfach um diese Daten erweitert. Der Vorteil der schemafreien Architektur kommt hier voll zum Tragen, denn es wird dadurch keine Struktur zerstört.

Abbildung 1.2 Beispiel Artists-Dokument

Schöne »schemafreie« Welt?

An dieser Stelle sei der Hinweis gegeben, dass es durchaus möglich ist, dass Sie nicht einfach einen *Key* in neueren Dokumenten ab einem gewissen Zeitpunkt hinzufügen können, ohne Schwierigkeiten in der Applikation zu bekommen. Denn wenn Sie z.B. Ihre *Views* erweitern, siehe auch Abschnitt 2.5, »Views«, und diese Views den neu hinzugefügten Key erfordern, würden eventuell nicht mehr alle Dokumente gefunden werden. Das bedeutet, Sie wären in dieser Situation

> doch »irgendwie« an eine Art Schema gebunden. In solch einem Fall müssen Sie eine Migration der vorhandenen Daten bzw. Dokumente vornehmen. Allerdings wollen Sie dies bestimmt nicht von Hand tun, sondern würden das nachträglich in die Applikation einbauen.

Ein weiteres Beispiel: In einem Onlineshop werden Produkte angeboten. Dabei hat jedes Produkt Eigenschaften wie Preis, Größe, Gewicht, Versandkosten. Außerdem gibt es Kunden, und Kunden bestellen Produkte, was zu Bestellungen führt. In einem RDBMS würden hier einige Tabellen angelegt werden. Zum einen könnten die Größen in einer Größentabelle abgelegt werden. Die Versandkosten und die Gewichte würden jeweils in einer Tabelle vorgehalten und entsprechend abhängig berechnet werden. Schließlich würden die Kundendaten und die Bestellungen wahrscheinlich auch jeweils in einer Tabelle gespeichert werden. In der Tabelle mit den Bestellungen würden jeweils nur Verknüpfungen zum Kunden und zu den Produkten über IDs gespeichert werden.

[zB]

In einer dokumentbasierten Datenbank sieht es etwas anders und letzten Endes einfacher aus. Die Produkte liegen inklusive aller Informationen wie Größe, Gewicht und Versandkosten in Produkt-Dokumenten vor. Im einfachsten Fall wird dann eine Bestellung in einem Dokument gespeichert. Dieses Dokument enthält dann die bestellten Produkte und die Kundendaten. Fertig.

An dieser Stelle werden einige von Ihnen aufschreien und mit Schrecken feststellen, dass die Produkte ja an mehreren Stellen gespeichert werden. Ja, dem ist so. In einer dokumentbasierten Datenbank werden Daten ganz bewusst redundant gespeichert. Diese Tatsache bringt das Konzept mit sich.

Es lässt sich also ableiten, dass ein dokumentbasiertes Datenbanksystem zusammengehörende Daten in einem entsprechenden Dokument speichert.

So weit erst einmal zu dem grundlegenden Prinzip von CouchDB. In den nächsten Abschnitten besprechen wir einige Eigenschaften, denen CouchDB folgt.

1.1.2 Was ist »RESTful«?

Prinzipiell beschreibt RESTful, wie über das HTTP-Protokoll auf Ressourcen zugegriffen wird. RESTful ist von dem Begriff REST abgeleitet, wobei die Abkürzung *Representational State Transfer* bedeutet und von Roy Tho-

RESTful, REST

mas Fielding in seiner berühmten Dissertation[2] im Jahr 2000 eingeführt wurde. RESTful hat hierbei drei grundlegende Charakteristika:

- Ein URI (Uniform Resource Identifier) kann eine Ressource oder auch ein Konzept beschreiben. Beispielsweise könnte der URI /users eine Menge von User-Ressourcen beschreiben.

- Der Zugriff auf eine Ressource ist zustandslos (stateless), was bedeutet, dass ein HTTP-Request an einem URI alle Informationen zur Bearbeitung der Anfrage mitbringen muss und keinen verbleibenden »State« auf dem Server voraussetzen darf.

RPC
- Die Information, was mit der Ressource, die angefragt wird, geschehen soll, wird immer durch die HTTP-Methode (wie GET, PUT usw.) beschrieben. Im Gegensatz zu RPC-Style[3] wird nicht im URI angegeben, was zu tun ist. In XML-RPC steht diese Information nicht einmal im URI, sondern im Request-Body, und alle Anfragen gehen auf die gleiche Service-Endpoint-URL.

RFC 2616
Was mit einer Ressource geschehen soll, wird also durch die HTTP-Methoden wie GET, PUT oder DELETE bestimmt. In Tabelle 1.1 haben wir alle HTTP-Methoden wie in RFC 2616 definiert und zusätzlich die Methode COPY mit ihren entsprechenden Funktionen in Kurzform aufgelistet:

HTTP-Methode	Beschreibung
OPTIONS	Liefert Informationen über die verfügbaren Kommunikations-Optionen für den aktuellen URI.
GET	Liefert die Repräsentation der Ressource, die durch den URI identifiziert wird.
HEAD	Liefert die Metainformationen wie der GET-Request, allerdings ohne Message-Body.
POST	Legt eine untergeordnete Ressource an dem angegebenen URI an.
PUT	Modifiziert oder legt eine neue Ressource an dem angegebenen URI an.
DELETE	Löscht die Ressource an dem angegebenen URI.
TRACE	Kann genutzt werden, um zu kontrollieren, mit welchen Veränderungen z.B. der Webserver den Request empfangen hat.

Tabelle 1.1 Die HTTP-Methoden und ihre Funktionen

---

2 http://www.ics.uci.edu/~fielding/pubs/dissertation/rest_arch_style.htm
3 http://de.wikipedia.org/wiki/Remote_Procedure_Call

HTTP-Methode	Beschreibung
CONNECT	Ist für die Nutzung mit einem Proxy und die Erstellung von (z.B. SSL-)Tunnels reserviert.
COPY	Ermöglicht das Kopieren eines Dokuments in CouchDB (nicht HTTP-Standard).

Tabelle 1.1 Die HTTP-Methoden und ihre Funktionen (Forts.)

> **COPY – der Sonderfall**
> COPY ist zwar nicht im HTTP-Standard enthalten, ist aber zum Beispiel in der HTTP-Erweiterung WebDAV integriert. Lesen Sie dazu RFC 2518 unter *http://www.ietf.org/rfc/rfc2518.txt*.

In der Übersicht zu Beginn von Abschnitt 1.1 haben wir bereits festgehalten, dass CouchDB über eine RESTful API (Application Interface) verfügt. Die Operationen an einer CouchDB erfolgen also ausschließlich über das HTTP-Protokoll und die HTTP-Methoden. In Kapitel 2, »Die Grundlagen«, werden wir darauf intensiver eingehen. Ein kleiner Vorgeschmack auf die Funktionsweise der RESTful API sei Ihnen an dieser Stelle aber nicht vorenthalten. Am besten öffnen Sie ein Terminal und führen die Befehle selbst aus.

Als Beispiel legen wir eine Datenbank mit dem Namen *couchbuch* an. Auf der Kommandozeile und unter Verwendung des Programms cURL sieht das so aus:

[zB]

```
$ curl -X PUT http://127.0.0.1:5984/couchbuch
{"ok":true}
$ curl http://127.0.0.1:5984/_all_dbs
["couchbuch"]
$ curl -X DELETE http://127.0.0.1:5984/couchbuch
{"ok":true}
```

Hier erstellen wir zuerst die Datenbank *couchbuch*, sehen uns dann per GET-Request an, was sich hinter dem URI /_all_dbs verbirgt und löschen die Datenbank dann wieder mit der HTTP-Methode DELETE. Und damit haben Sie die ersten RESTful-Operationen an einer CouchDB-Datenbank durchgeführt.

> **Was ist Curl, und wie kommt eine CouchDB auf mein System?**
> Für den einen oder anderen Leser haben wir hier schon ein wenig weit vorausgegriffen. Wir benutzen hier das Kommandozeilen-Programm *cURL* um einen

1 | Einführung

> HTTP-Request abzusetzen. Was cURL ist und wie es auf Ihr System kommt, lesen Sie im Vorwort auf Seite 19. Außerdem setzen wir hier voraus, dass auf dem System, das Sie beim Lesen dieses Buches nutzen, eine CouchDB-Instanz installiert ist. Wie Sie selbst CouchDB installieren lesen Sie in Abschnitt 5.1, »Installation«.

[»] Alle HTTP-Methoden (bis auf COPY) sind in RFC 2616 dokumentiert. Für weitere Informationen legen wir Ihnen die Dokumentation unter *http://www.w3.org/Protocols/rfc2616/rfc2616-sec9.html* ans Herz.

1.1.3 Was ist »MVCC«?

(table) locking
Wenn wir Daten in einer Datenbank speichern, möchten wir, dass diese immer in einem konsistenten Zustand vorliegen. Sobald nun mehrere Zugriffe auf die Datenbank gleichzeitig – also konkurrierend – erfolgen, muss sichergestellt sein, dass die Datenintegrität erhalten bleibt. Eine mögliche Methode ist das Blocken von gleichzeitigen Schreibzugriffen *(locking* oder auch *table locking)*. Die Zugriffe auf die Daten durch die Benutzer werden also nacheinander abgearbeitet. Der erste Nutzer bekommt den »lock« – also das exklusive Schreibrecht auf die Daten –, und erst wenn er mit seinen (schreibenden) Zugriffen fertig ist, darf der nächste Benutzer ran.

MVCC
Allerdings birgt das lock-Verfahren etliche Probleme wie z.B. eine schlechtere Performance. Der bessere Weg ist hierbei eben die Nutzung des Multiversion-Concurrency-Control(MVCC)-Verfahrens, weshalb die Entwickler von CouchDB dieses in die Datenbank integriert haben.

MVCC ist demnach ein Modell, das es unterschiedlichen Benutzern ermöglicht, gleichzeitig aus einer CouchDB-Datenbank zu lesen. Da CouchDB alle Dokumente versioniert ablegt, kann ein Benutzer ein Dokument öffnen und aktualisieren. Auch wenn ein zweiter Benutzer das gleiche Dokument aktualisiert, wird der erste Benutzer immer noch die von ihm geöffnete Version sehen und bearbeiten. Hat der zweite Benutzer die Aktualisierung des Dokumentes abgeschlossen, wird eine neue Version (*_rev*) erstellt, und ein dritter Benutzer würde dann bei einem Zugriff diese aktualisierte Version sehen.

Der Benutzer sieht also immer einen aktuellen *Snapshot* der Datenbank. Erst wenn ein Schreibvorgang erfolgreich beendet wurde, kann ein anderer Benutzer den aktuellsten Stand der Daten sehen. Somit wird sichergestellt, dass ein Benutzer immer nur einen konsistenten Zustand der Daten sieht.

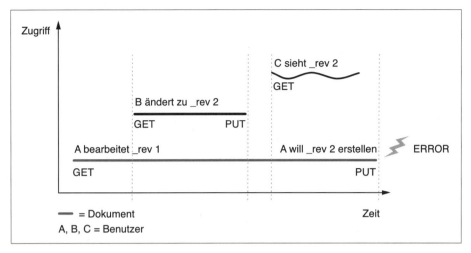

Abbildung 1.3 Zugriff auf die Datenbank bei MVCC

Allerdings gibt es hier auch ein Problem, das Sie eventuell schon erkannt haben. Es wird als *second write failed* (der zweite Schreibzugriff schlug fehl) bezeichnet und stellt einen Konflikt dar, der entsteht, wenn parallel das gleiche Dokument geändert wird. Bei jeder Änderung muss die letzte Revisionsnummer (*_rev*) des Dokumentes angegeben werden. Wird versucht, eine ältere Revisionsnummer anzugeben, gibt CouchDB folgende Fehlermeldung zurück:

```
HTTP/1.1 409 Conflict
```

```
{"error":"conflict","reason":"Document update conflict."}
```

Es ist einfach nachzuvollziehen, dass diese Situation eintreten kann, wenn von zwei Seiten parallel versucht wird, ein Dokument unter Verwendung der gleichen Revisionsnummer zu ändern. Der erste Request wird Erfolg haben, der zweite schlägt fehl, weil die Revision, die von A angegeben wurde, beim Speichervorgang nicht mehr mit der jetzt aktuellen Revision des Dokuments übereinstimmt. Die Revision wurde zwischenzeitlich durch den Speichervorgang von B geändert.

1.1.4 Was ist »ACID«?

Die Abkürzung bzw. das Akronym »ACID« setzt sich aus den Initialen dieser Begriffe zusammen und übernimmt deren Bedeutung:

ACID

- **Atomicity:**
  gleichzeitig ausgeführte Änderungen sind erfolgreich, oder es gibt keine Änderungen (all or nothing)

- **Consistency:**
  die Datenbank befindet sich immer in einem konsistenten Zustand

- **Isolation:**
  Änderungsvorgänge dürfen sich nicht gegenseitig beeinflussen oder überschreiben

- **Durability:**
  die Zusage, dass erfolgreich ausgeführte Änderungen dauerhaft vorhanden sind

Was bedeutet das nun konkret für CouchDB? Prinzipiell geht CouchDB durch das Umsetzen der ACID-Eigenschaften eine Vereinbarung ein, dass die Daten zuverlässig gespeichert werden und damit auch zuverlässig auf diese wieder zugegriffen werden kann. Alle Eigenschaften von ACID wurden dabei beim Entwickeln des Dateisystems und des Commitment-Systems berücksichtigt. Hier kommt auch die Versionierung der Dokumente bzw. Daten zum Tragen, denn ein Commit wird nie überschrieben.

CouchDB erreicht somit ein sehr hohes Maß an Zuverlässigkeit und Sicherheit für die gespeicherten Daten.

1.1.5 Was ist »JSON«?

RFC 4627

Mit Sicherheit haben Sie bereits von JSON (JavaScript Object Notation) gehört. JSON ist eine einfache Datenstruktur für den Austausch von Daten. Einfach bedeutet hier in erster Linie, »einfach zu lesen für den Menschen«. Entwickelt wurde JSON von Douglas Crockford[4] – einem der JavaScript-Gurus schlechthin in der IT-Welt. JSON wurde 2006 in RFC 4627[5] spezifiziert. Einer der größten Vorteile bei der Nutzung von JSON ist der native Zugriff auf diese Datenstruktur durch JavaScript.

CouchDB speichert alle Daten im JSON-Format. Eine Ausnahme dabei sind »_attachments«. Diese werden in dem Format bzw. Mime-Type gespeichert, wie im HTTP-Header `content-type` angegeben. Das kann natürlich auch JSON sein (`content-type: applcation/json`).

[zB] Ein einfacher JSON-String sieht folgendermaßen aus:

---

4 *http://www.crockford.com/*
5 *http://www.ietf.org/rfc/rfc4627*

```
{
  "_id": "org.couchdb.user:admin",
  "_rev": "1-b8767f0228e22a1d3fe10e12e6d3d656",
  "name": "admin",
  "type": "user",
  "roles": [
  ]
}
```

Und noch ein Beispiel mit weiterer Verschachtelung (aus der Futon Test Suite):

[zB]

```
{
  "_id": "_design/test2",
  "_rev": "1-351f0a7bd03ddf030fd2f6b79991f2f4",
  "views": {
    "testing": {
      "map": "function(){emit(1,1)}"
    }
  }
}
```

Wenn Sie noch nicht vertraut sind mit JSON, sollten Sie die Gelegenheit nutzen und sich unter *http://www.json.org/json-de.html* mit dem Format bekannt machen. Es sei Ihnen versichert, dass der Einstieg nicht schwer ist. Spätestens nach den ersten praktischen Beispielen werden Sie JSON lieben gelernt haben.

1.1.6 Was ist »MapReduce«?

In der Welt der relationalen Datenbanken hat sich eine Abfragesprache durchgesetzt: SQL (Structured Query Language). Mit Hilfe von JOIN-Abfragen ist es möglich, auf Daten unterschiedlicher Tabellen zuzugreifen und diese aufzubereiten (z.B. durch die WHERE-Klausel). Bei CouchDB hingegen liegt, wie in Abschnitt 1.1.1, »Was bedeutet ›dokumentbasiert‹?«, besprochen, eine völlig andere Art und Weise der Datenhaltung, nämlich als Dokumente, vor. Das führt dazu, dass auf diese Daten auch anders zugegriffen werden muss. Hier kommt MapReduce ins Spiel.

MapReduce

Ein Vorreiter in der Nutzung von MapReduce ist Google. Der Hintergund für die Nutzung ist die parallele Berechnungen über große Datenmengen.

[«]

Der Name MapReduce setzt sich aus »Map« und »Reduce« zusammen. Diese Namen bezeichnen die einzelnen Phasen und haben ihren Ursprung in funktionalen Programmiersprachen.

Neben den Namen bedienen sich sowohl »Map« als auch »Reduce« eines weiteren Konzeptes aus der funktionalen Programmierung: Beide Funktionen dürfen keine Nebeneffekte haben. Das heißt, dass es den Funktionen nicht erlaubt ist, auf Objekte außerhalb ihres aktuellen Scopes – dem aktuellen Dokument – zuzugreifen. Kommunikation mit der »Außenwelt« erfolgt nur über Parameter und Rückgabewerte. Auf Grund dieser Eigenschaften wird Parallelität und damit Skalierbarkeit ermöglicht.

MapReduce wird oft als SQL der Key-Value-Datenbanken bezeichnet. Im Gegensatz zu SQL ist MapReduce aber keine Sprache, sondern ein Konzept. Ein wackeliger Versuch, das Konzept auf SQL zu übertragen, würde bedeuten, dass der SQL-Befehl SELECT Map und GROUP BY Reduce entspricht. Das soll aber nur als Orientierung beim Übergang zwischen der relationalen zur dokumentbasierten Datenstruktur dienen.

Während bei relationalen Datenbanken Operationen wie zum Beispiel eine Suche, JOINs und Gruppierung als Werkzeuge zur Verfügung stehen, sind diese bei Key-Value-Datenbanken wie CouchDB nicht vorhanden. Grundsätzlich sind Abfragen über den »Key« möglich. Um Daten dennoch verarbeiten zu können, kommt MapReduce zum Einsatz.

[»] Obwohl wir MapReduce ausführlich in Abschnitt 2.5.1, »MapReduce und CouchDB«, besprechen, wollen wir die Grundprinzipien schon hier mit einem kurzen und einfachen Beispiel erläutern.

Map Map dient im ersten Schritt dazu, eine Datenmenge nach gewissen Kriterien aus der Datenbank zu erhalten. Dabei werden alle Dokumente betrachtet. Als Beispiel haben wir in einer Datenbank drei Dokumente erstellt:

```
{
    "_id": "493dbd6da1a2b67079bbc21fcf001301",
    "_rev": "1-81c34dbbab24d9d11a44a05b82dbe3e0",
    "name": "Till",
    "age": 28
}

{
    "_id": "493dbd6da1a2b67079bbc21fcf000cd9",
    "_rev": "1-17595246d740e3c936432a4ab1cbf4b9",
    "name": "Andy",
    "age": 40
}
```

```
{
  "_id": "493dbd6da1a2b67079bbc21fcf001e79",
  "_rev": "1-f87bfe22c8a1dcd5ff47283fbf11971a",
  "name": "Andy",
  "age": 41
}
```

Nun erstellen wir eine Map-Funktion. In CouchDB werden alle Map- und Reduce-Funktionen in JavaScript geschrieben. Einer Map-Funktion sollte als Parameter immer ein Dokument-Objekt übergeben werden. Welche Daten nun ausgelesen werden sollen, wird über die von CouchDB bereitgestellte Funktion `emit` bestimmt. Diese erwartet als ersten Parameter einen Key und als zweiten einen Value. Wenn wir nun im einfachsten Fall alle Dokumente in der Datenbank auslesen wollen und die Ausgabe dabei etwas hübsch machen, sieht die Funktion folgendermaßen aus:

Map-Funktion

```
function(doc) {
  emit(doc.name, {Name: doc.name, Alter: doc.age});
}
```

Als Ergebnis erhalten wir das in Tabelle 1.2 Dargestellte:

Key	Value
"Till" ID: 493dbd6da1a2b67079bbc21fcf001301	Name: "Till", Alter: 28
"Andy" ID: 493dbd6da1a2b67079bbc21fcf001e79	Name: "Andy", Alter: 41
"Andy" ID: 493dbd6da1a2b67079bbc21fcf000cd9	Name: "Andy", Alter: 40

Tabelle 1.2 Ergebnis der Map-Funktion

Vergleichbar ist diese Abfrage mit dem Konstrukt `SELECT * FROM` aus der SQL-Welt. Allerdings fehlt hier natürlich die Angabe einer bestimmten Tabelle, denn wir fragen alle Dokumente ab. Ein entscheidender Unterschied.

Um nun aus den erhaltenen Daten eine weitere Auslese zu treffen, wird eine Reduce-Funktion erstellt. Um einfach zu zählen, wie viele Dokumente gefunden wurden, könnte folgende Reduce-Funktion geschrieben werden:

Reduce

```
function(keys,values,rereduce) {
  return sum(values)
}
```

Und so wie in Tabelle 1.3 sähe das Ergebnis aus:

Key	Value
"Till"	1
"Andy"	2

Tabelle 1.3 Ergebnis der Reduce-Funktion

Die Reduce-Funktion aggregiert aus dem Ergebnis der Map-Funktion die Summe der Values. Und das ist in diesem Fall doc.name. Sie können sich dies am ehesten wie COUNT oder GROUP BY in SQL vorstellen. Ein ORDER BY aus SQL wird in CouchDB am ehesten mit Query-Parametern, die an einen View übergeben werden können, abgebildet. Dazu aber auch später mehr.

An diesem Punkt wollen wir nicht weiter in die Tiefe gehen, was Map-Reduce angeht. Sie sollten hier eine Vorstellung davon bekommen, wie Daten aus der CouchDB »selektiert« werden können.

1.1.7 Was ist ein »B+Tree-Index«?

B+Tree Wagen wir einen Blick unter die Motorhaube von CouchDB und in diesem Fall einen Blick auf die Datenstruktur, in der CouchDB die Daten organisiert: B+Tree. Wenn Sie nicht wirklich an diesem ziemlich theoretischen Thema interessiert sind, können Sie es überspringen. Sie müssen dies nicht zwangsläufig wissen, um mit CouchDB arbeiten zu können. Die meisten von uns wissen ja auch nicht, wie eine Mikrowelle funktioniert. Auf der anderen Seite ist es schon ziemlich interessant, was denn prinzipiell mit unserer Mahlzeit so alles darin passiert, oder?

Indizierung Ein Datenbanksystem wäre ohne den Einsatz irgendeiner Art Indizierung seiner Objekte eine gähnend langsame und wahrscheinlich unbrauchbare Ansammlung von Daten. Stellen Sie sich vor, Sie wollten in einem 1000-Seiten-Buch den Bereich finden, in dem ein spezielles Thema behandelt wird. Ohne einen Index (bzw. ein Stichwortverzeichnis) wären Sie gezwungen, das Buch Seite für Seite durchzublättern. Sie könnten natürlich versuchen, per Zufallstreffer den Suchbegriff zu finden – allerdings ist das nicht wesentlich effizienter und birgt die Gefahr, dass Sie nichts finden.

Aus diesem Grund werden in Datenbanksystemen Indizes eingesetzt. In einem RDBMS kann nach dem Schreiben der Daten in eine Tabelle für den effizienten Zugriff auf die Daten ein Index auf ausgewählte Spalten einer Tabelle gesetzt werden. In PostgreSQL stehen z.B. der B-Tree-, Hash-, GIN- und GiST-Index zur Verfügung. Standardmäßig wird z.B. beim Absetzen eines `CREATE INDEX`-Befehls ein B-Tree-Index eingesetzt, da dieser für die meisten Anwendungsfälle der passendste bzw. der mit der besten Performance ist.

Der Index dient nun dazu, die Daten nach einem bestimmten Algorithmus zu strukturieren. Im Fall eines B-Tree-Index besteht die Struktur des Baumes aus einem Root-Knoten (root node) als Ausgangspunkt, von dem mehrere Knoten (node, auch *internal node* genannt) abzweigen. In diesen Knoten werden jeweils Schlüssel vorgehalten, die zur Identifizierung des Knotens dienen. Von diesem Knoten zweigen wiederum Blatt-Knoten (leaf node) ab. Jeder der Knoten hat immer einen Zweig mit Blatt-Knoten mehr, als er Schlüssel hat. Dabei ist die Anzahl der Schlüssel in einem Knoten mindestens n oder 2n – also 1, 2, 4, 6, 8. Das bietet die Möglichkeit Blatt-Knoten zu teilen.

Die Struktur des Baums bzw. die Anordnung der Eltern- (parent node) und Kindknoten (child node) wird auf Grundlage der Schlüssel der einzelnen Knoten so aufgebaut, dass die Suche innerhalb des Baums extrem schnell und effizient vonstattengeht. Dabei gilt, dass der am weitesten links abzweigende Blatt-Knoten nur Schlüssel enthält, die kleiner als die des übergeordneten (parent) Knotens sind. Der am weitesten rechts abzweigende Blatt-Knoten darf dagegen nur Schlüssel enthalten, die größer sind als die des übergeordneten Knotens. Daraus ergibt sich, dass eine Suche nach *O(log n)* Vergleichen des gesuchten Wertes mit den Schlüsseln der Knoten zum Erfolg führt. Beispielsweise würde das Finden eines Wertes bei 50.000 Datensätzen ca. 16 Suchschritte bedeuten (der Logarithmus mit der Basis 2 von 50.000 ist 15.6096404744368). Das ist recht schnell. Richtig schnell ist aber die Suche in 10.000.000 Datensätzen, denn es werden nur ca. 23 Suchschritte benötigt.

$O(\log n)$

In der Praxis werden oft mehr als zwei Referenzen pro Knoten im Baum vorhanden sein, so dass die Anzahl der Suchschritte nicht der Logarithmus zur Basis 2, sondern zur Basis 10 ist. Das bedeutet, dass die Anzahl der Suchschritte bei 50.000 Datensätzen sogar nur ≈5 ist.

Am einfachsten vergleichbar sind die Suchschritte hier wieder mit einem Index in einem Buch: Der gesuchte Begriff bzw. Bereich befindet sich auf Seite 42 in Abschnitt 3, Unterabschnitt 3.6. In einem B-Tree-Index-Baum würden wir also vom Root-Knoten über den Knoten mit dem Schlüssel 42 zu dem Knoten mit dem Schlüssel 3 und zu dessen Blatt-Knoten mit dem Schlüssel 3.6 navigieren und das Ergebnis vorfinden. Ziemlich effizient.

Die Datenstruktur in CouchDB nutzt einen B+Tree-Index – eine Variante des B-Tree-Index mit einer noch besseren Performance. Hierbei werden die Daten nur in den Blatt-Knoten gespeichert, die Keys in den (internen) Knoten. CouchDB nutzt die IDs der Dokumente als Schlüssel im Baum. Dieser Index heißt `by_id_index`. Außerdem existiert ein zweiter Index namens `by_sequence_index`. Die Sequenz ist ein fortlaufender Wert, der bei jedem Schreib- oder Aktualisierungsvorgang hochgezählt wird. Er dient hauptsächlich der Replication als Ausgangspunkt für das Aktualisieren der Daten.

[»] Halten wir also fest, dass der Einsatz eines Index und im Fall von CouchDB speziell der Einsatz des B+Tree-Index sicherstellt, dass sehr effizient auf Dokumente bzw. Daten zugegriffen werden kann. Und das bei vielen Millionen oder Milliarden Dokumenten. Datenmengen im Giga- oder Terabyte-Bereich sind also kein Problem.

1.1.8 Resümee

So, da wären wir angekommen – am Ende des Anfangs.

Sie haben in dieser kurzen Einführung bereits einiges über CouchDB und deren Konzepte erfahren. Das Verständnis, wie CouchDB funktioniert, ist Voraussetzung, um nachvollziehen zu können, was diese Datenbank von klassischen relationalen Datenbanksystemen unterscheidet. Ganz wichtig in diesem Zusammenhang ist die Tatsache, dass sich der Zugriff auf die Datenbank per MapReduce grundlegend vom Zugriff per SQL auf ein RDBMS unterscheidet.

Im nächsten Abschnitt werden wir die (noch kurze) Geschichte des CouchDB Projektes erzählen.

1.2 Das CouchDB-Open-Source-Projekt

Damien Katz — Wir werden in Abschnitt 1.3.1 noch näher auf den Erfinder von CouchDB, Damien Katz, eingehen. Natürlich macht er einen ziemlich großen Teil der Geschichte von CouchDB aus. Aber es gibt noch weitere Akteure, die nicht unerwähnt bleiben sollen.

Alan Bell — Seit 2008 ist CouchDB ein Projekt der *Apache Software Foundation*. 2005 hat Damien Katz begonnen, CouchDB zu entwickeln, nachdem er viel Zeit als Entwickler für Lotus Notes verbracht hatte. Als einer der ersten Wegbegleiter muss Alan Bell erwähnt werden. Er hat damals die erste

Website und ein in JavaScript geschriebenes Web-Frontend entwickelt. Er ist heute nach wie vor im IRC-Channel anzutreffen. Außerdem gab es einige ehemalige Weggefährten aus der Zeit, als Damien noch Notes entwickelt hat. Sie haben ihn mit Patches und Kommentaren auf seinem Blog unterstützt.

Im Jahr 2006 stieß dann Jan Lehnardt zu Damien und übernahm neben der Weiterentwicklung von CouchDB viele Aufgaben im Community-Bereich. So hat er die Versionsverwaltung SVN und Google Code für den Source-Code eingeführt, ein Wiki erstellt und wurde schließlich Evangelist für CouchDB. Über die sehr aktive CouchDB-Google-Group[6] kamen dann Leute wie Noah Slater, J. Chris Anderson und Christopher Lenz zu CouchDB und wurden die ersten Entwickler mit Commit-Rechten.

CouchDB kann sich bis heute eines stetigen Wachstums erfreuen und hat mittlerweile zwölf Commiter im Projekt. Hierbei sollte Benoit Chesnau erwähnt werden, der das von J. Chris Anderson gestartete Projekt *CouchApp*[7] nicht nur von Ruby nach Python portiert hat, sondern dieses ständig weiterentwickelt, die Dokumentation schreibt und alle Fragen und Featurewünsche in der Google-Group[8] bearbeitet.

<small>CouchApp</small>

Lesen Sie in den nächsten beiden Abschnitten mehr über die Community und CouchDB als *ASF-Projekt* sowie über Damien Katz.

1.3 Die CouchDB-Community

CouchDB ist ein Open-Source-Projekt. Genauer gesagt ein Projekt, das mittlerweile der Apache Software Foundation (ASF)[9] angehört. Klassischer Weise kommt ein ASF-Projekt zuerst in den sogenannten Incubator (Brutkasten). In diesem Incubator muss das Projekt »heranreifen« und beweisen, dass es eine ausreichende Größe erreichen kann, eine funktionierende Infrastruktur etabliert hat und eine entsprechend große Community aufgebaut hat. Nach einer gewissen Zeit entscheiden dann die Gründer des Projekts mit der entstandenen Community, ob der Antrag für die Aufnahme als vollwertiges ASF-Projekt gestellt werden soll. In einem weiteren Schritt entscheidet dann der »Sponsor« und »Mentor« des Projektes, ob alle Voraussetzungen für den Übergang vom Incubator zum Top-Level-ASF-Projekt gegeben sind.

<small>ASF</small>

---

6 *http://groups.google.com/group/couchdb-user-archive*
7 *http://couchapp.org/*
8 *http://groups.google.com/group/couchapp*
9 *http://www.apache.org*

CouchDB ist seit November 2008 ein Top-Level-ASF-Projekt und genießt daher die Vorteile des ASF. Darunter fallen zum einen finanzielle Unterstützung, aber auch ein hervorragendes Netzwerk aus Personen und Institutionen mit einer gut etablierten Infrastruktur, um viele Themen rund um ein Open-Source-Projekt abdecken zu können. Schließlich reicht die Unterstützung auch in den juristischen Bereich hinein. Das ist ein immenser Vorteil, gerade wenn die Open-Source-Ideologie und die Apache Licence verletzt wird.

Aber was wäre ein Open-Source-Projekt ohne eine funktionierende Community. Ein Haufen Quellcode und eine Idee, die nie zum Tragen kommt. CouchDB kann sich über großes Interesse, großen Zuspruch und eine große Community freuen. Dabei ist ziemlich herausragend, dass die Community-Mitglieder extrem hilfsbereit und enthusiastisch sind. Das wird nicht zuletzt von den Core-Entwicklern vorgelebt, da diese fast täglich im IRC-Channel oder auf der Mailingliste anzutreffen sind. Hier kurz die wichtigsten Community-Anlaufpunkte im Internet:

Beschreibung	URL
offizielle CouchDB-Website	http://couchdb.apache.org
Mailingliste	http://couchdb.apache.org/community/lists.html
Wiki	http://wiki.apache.org/couchdb/
IRC-Channel	irc://irc.freenode.net/couchdb

Tabelle 1.4 CouchDB-Community im Internet

1.3.1 Der Erfinder: Damien Katz

Damien Katz
Der Vater und Erfinder von CouchDB ist Damien Katz. Er hat 1995 seinen Abschluss in Computer Science an der North Carolina State University gemacht und seither bei Iris Associated, Lotus, MySQL und IBM gearbeitet. Die Entstehungsgeschichte von CouchDB ist ziemlich interessant, weshalb wir sie an dieser Stelle gerne erzählen möchten.

Ray Ozzie
Ende der neunziger Jahre arbeitete Damien als Freelancer für den Softwarehersteller Iris Associated. Iris Associated wurde 1984 von Ray Ozzie gegründet und hat die Software »Notes« ins Leben gerufen (später wurde Ozzie übrigens Chief Software Architect bei Microsoft). Interessant ist, dass Notes von Iris entwickelt und von der Firma Lotus vertrieben wurde. Das ist eine Konstellation, die eher selten vorkommt und noch seltener auch zum Erfolg führt. Damien hat in dieser Zeit für Kunden von

Iris Projekte mit Notes erstellt. Nachdem das gut funktioniert hat, war die logische Konsequenz, dass Iris ihn als festen Mitarbeiter eingestellt hat.

Von da ab stieg Damien immer tiefer in die Software ein und blieb schließlich bei der Storage Engine »Domino« von Notes hängen. Um auf Daten zugreifen zu können, entwickelte Ray Ozzie Ende der siebziger Jahre eine Scripting-Sprache namens *Formula*. Iris hatte nun den Wunsch, die »Formula Language Engine« neu zu schreiben – und zwar in C++. Damien hatte zu dieser Zeit geringe Erfahrung in C und keine in C++, bekam diese Aufgabe aber trotzdem als Junior Developer. Eigentlich dachte keiner daran, dass er es schaffen könnte. Aber Damien hat allen das Gegenteil bewiesen. Nach ca. einem Jahr hat er in 30.000 Zeilen Code eine komplett neue und erweiterte Implementierung der Formula Language geschrieben. Diese war 300 % schneller als die alte und verfügte dann auch über Schleifen[10], ein Feature, das die alte Version nicht hatte, wonach sich aber viele Entwickler sehnten. Dieses Feature war in die alte Version kaum einzubinden, da sie Anfang der 80er noch von Ray Ozzie selbst assembliert wurde.

Domino

Damien hat weiter an Notes entwickelt und Patente für die Entwicklung des »Lotus Notes R5 Database Subscription Feature« und für die Implementierung der »Unread Mark Replication« erhalten. Im Jahr 1994 wurde Iris von Lotus und Lotus dann 1995 von IBM gekauft. Damien arbeitete bei IBM weiter bis 2002 an allen Teilen von Notes und verließ das Unternehmen dann schließlich. Zu dieser Zeit lebte Damien mit seiner Familie in Bosten und gehörte der Hightech-Szene an. Dort arbeitete er kurz bei einem Startup, das allerdings wieder erfolglos von der Bildfläche verschwand. Hier reifte sein Entschluss und die Vision, etwas Eigenes machen zu wollen. Unterstützt durch seine Frau und mit ihrem Kind ziehen sie aus Kostengründen und wegen der Nähe zur weiteren Familie zurück nach Charlotte, North Carolina.

IBM

Damien hatte nach einigen Überlegungen die Idee, ein verteiltes Dateisystem für Windows zu entwickeln. Allerdings verwarf er diese Idee wieder, nachdem er sich auf MSDN[11] in die API für Windows-basierte Dateisystem einliest. Eine Umsetzung seiner Idee war für eine Einzelperson zu aufwendig, langwierig und kompliziert. Einige Zeit später besinnt er sich wieder auf die Notes Storage Engine von Domino, die er ziemlich cool findet, weil sie bidirektional synchronisieren kann. Die Idee für etwas Eigenes war geboren: eine dokumentbasierte Datenbank mit mehr Featu-

MSDN

---

10 *http://www.damienkatz.net/2005/01/formula-engine-rewrite.html*
11 *http://msdn.microsoft.com/*

res, als Notes vorweisen kann. Er fängt also an, eine Storage Engine und eine Query Engine in C++ zu bauen. Letzterer gibt er übrigens den Namen »Fabric«. Sein Wunsch war auch, parallelisierten Zugriff auf Dokumente zu integrieren (Concurrency). Leider lässt sich dies mit C++ genau so einfach umsetzen wie ein Dateisystem für Windows. Er sieht sich also unter anderem auf dem Tech-Blog *http://lambda-the-ultimate.org* nach Alternativen um. Nach kurzen Versuchen mit OCaml landet er schließlich bei der Programmiersprache Erlang.[12]

Er portiert dann innerhalb von sechs Wochen die Storage Engine nach Erlang. Wir befinden uns jetzt im Jahr 2005, und CouchDB verfügt über eine XML-basierte Storage Engine, eine Query Engine (noch in C++) mit SQL-artiger Syntax für Abfragen, Replication und Versionierung der Dokumente. CouchDB ist geboren.

JSON, MapReduce

Die Idee, etwas Eigenes wie CouchDB zu bauen, ist zwar großartig, bringt allerdings in den ersten Schritten keinen finanziellen Erfolg. Aus diesem Grund entschließt sich Damien, CouchDB als privates Projekt weiterzuentwickeln und landet schließlich bei MySQL. Zuvor hat er noch das XML-Format der Storage Engine durch JSON ersetzt und außerdem die Query Engine gegen JavaScript und MapReduce ausgetauscht. Dabei ist beachtenswert, dass er MapReduce um inkrementelle Zwischenspeicherung der Ergebnisse aus Map und Reduce pro Dokument erweitert bzw. diesen Mechanismus erfindet.

Die Arbeit bei MySQL war sehr interessant, aber doch nicht erfüllend für Damien. Zu dieser Zeit wird er von Sam Ruby aus dem Hause IBM umworben, wieder bei IBM zu arbeiten. Damien macht allerdings klar, dass er CouchDB nicht verkauft, sondern als Open-Source-Projekt weiterführen möchte. Die Einigung sieht schließlich vor, dass Damien eine Research-Position bei IBM bekleidet und CouchDB ein Apache-Open-Source-Projekt werden soll. Der Vorteil für IBM ist natürlich zum einen, dass sie so über Damiens Fachkompetenz im Bereich CouchDB verfügen und zum anderen die Möglichkeit haben, die Weiterentwicklung von CouchDB zu sponsorn. IBM waren durch diesen Zug definitiv die »good guys«.

Apache-Incubator

Schließlich kommt CouchDB mit einer bereits beachtlichen Community und großem Interesse aus der IT-Welt in den Apache-Incubator, um dann acht Monate später als vollwertiges Apache-Software-Foundation-(ASF)-Projekt das Licht der IT-Welt zu erblicken. Damien Katz hat sein Ziel erreicht.

---

12 *http://www.erlang.org*

1.4 Aktueller Stand und Aussichten

Während wir diese Zeilen schreiben, liegt CouchDB in der Version 1.1.0 vor. Die nächste geplante Version ist 1.2.0. Natürlich kann es sein, dass vor der Version 1.2.0 noch »bugfix«-Releases erscheinen. Das würde dann zu einer Version 1.1.1, 1.1.4 usw. führen. Wann 1.2.0 erscheint, ist nicht wirklich vorhersehbar. Besonders deshalb, weil ja die Version 1.1.0 gerade erst erschienen ist. Bei einem Open-Source-Projekt wie CouchDB gibt es keinen »Release-Druck«, der ja bei kommerzieller Software meist durch die Marketing-Abteilung ausgeübt wird. Nein, es gilt eher das Motto »it's done when it's done« (es ist fertig, wenn es fertig ist).

1.5 NoSQL

Der Begriff »NoSQL« wurde das erste Mal 1998 von Carlo Strozzi verwendet.[13] Er beschrieb damit eine *einfache* Open-Source-Datenbank ohne SQL-Schnittstelle. Im Jahr 2009 wurde der Begriff von Eric Evans erneut verwendet, und zwar beschrieb er damit die wachsende Anzahl nicht relationaler Datenbanken und Key-Value-Stores.

Diese Beschreibung setzte sich am Ende durch, und deshalb wird heutzutage bei Datenbanksystemen, die sich von klassischen relationalen Datenbanken unterscheiden, von NoSQL-Datenbanken gesprochen.

1.5.1 Der Begriff

Sowohl der Begriff »NoSQL« als auch die Bewegung polarisieren. Größter Kritikpunkt ist, dass über »no« – beziehungsweise »gegen« – eine Abneigung gegen etwas ausgedrückt wird.

Die Absicht der sogenannten NoSQL-Bewegung ist es nicht, gegen SQL zu sein, sondern es geht, wenn überhaupt, um »weniger« SQL. Es geht darum, Alternativen zu herkömmlichen Lösungen aufzuzeigen.

Natürlich finden sich auch extremere Meinungen im NoSQL-Umfeld, jedoch sollten einzelne Aussagen nicht für die gesamte Bewegung stehen.

Abgesehen von der Tatsache, dass zum Beispiel dokumentbasierte Datenbanken keine Erfindung dieser Zeit sind (die erste Version von Lo-   **Lotus Notes**

---

13 »Investigating storage solutions for large data: A comparison of well performing and scalable data storage solutions for real time extraction and batch insertion of data«, *http://publications.lib.chalmers.se/records/fulltext/123839.pdf*

tus Notes erschien bereits 1989), finden sich unter dem Begriff NoSQL auch Objekt-, Graphdatenbanken und auch spaltenorientierte Speicher wie zum Beispiel Googles BigTable[14] oder Amazons Dynamo[15] wieder. Auch Objektdatenbanken existieren bereits seit den 80er Jahren und Graphdatenbanken seit Anfang 2000.

Die Anfänge von NoSQL sind schnell erklärt. Google und Amazon standen vor einem Problem: Wie skalieren wir wirtschaftlich sinnvoll? Verlassen wir uns zum Beispiel auf individuelle Lösungen von SUN, oder benutzen wir – spitz übertrieben – den Aldi-Rechner im Rechenzentrum? Beide entschieden sich am Ende für den Aldi-Rechner.

[»] Natürlich werden in den Rechenzentren von Google und Amazon keine Aldi-Rechner eingesetzt! In diesem Zusammenhang fällt immer der Begriff *commodity hardware*. Er beschreibt schlussendlich *herkömmliche* Computer und eben keine besondere Server-Lösung. In letzter Zeit hat sich auch dieses Bild leicht gewendet. Das grüne Rechenzentrum ist nicht nur aus Publicity-Gründen »in«, sondern auch aus rein wirtschaftlichen Gründen (die monatliche Stromrechnung). Das Konzept bleibt am Ende dasselbe: Die Anbieter betreiben eine große Anzahl *austauschbarer* Rechner im Verbund.

Demzufolge ist NoSQL vor allem praxisorientiert – genau dann, wenn wir über Alternativen nachdenken. NoSQL steht nicht dafür, andere zu bekehren oder etwa in der weißen Rüstung Datenbankadministratoren zu retten. NoSQL ist und bleibt ein sehr pragmatischer Ansatz, um wirtschaftlicher zu skalieren.

1.5.2 Das CAP-Theorem

Vielen NoSQL-Projekten liegt das sogenannte CAP-Theorem – kurz CAP – zu Grunde. CAP wurde das erste Mal von Dr. Eric Brewer erwähnt. Im Juni 2000 hielt Brewer einen Vortrag (»Towards Robust Distributed Systems«[16]) an der University of California, Berkeley, im Rahmen von PODC[17] 2000 (»ACM Symposium on Principles of Distributed Computing«).

ACID Brewer sprach während des Vortrags über die Vor- und Nachteile von ACID (Atomicity, Consistency, Isolation, Durability) und BASE (Basically

---

14 *http://labs.google.com/papers/bigtable.html*
15 *http://www.allthingsdistributed.com/2007/10/amazons_dynamo.html*
16 Brewer, Eric: »Towards Robust Distributed Systems.« 2000. Internet. 1.1.2011.
   http://www.eecs.berkeley.edu/~brewer/cs262b-2004/PODC-keynote.pdf.
17 *http://www.podc.org*

Available Soft-state Eventual consistency) und befand, dass beide Theorien nicht als »entweder oder« verglichen werden sollten, sondern als eine Art Kiste mit Legobausteinen behandelt werden sollten.

> **ACID**
>
> ACID – beziehungsweise zu Deutsch AKID (Atomarität, Konsistenz, Isoliertheit und Dauerhaftigkeit) – beschreibt die Eigenschaften von Transaktionen bei Datenbanken und verteilten Systemen.
>
> Diese Eigenschaften gelten als Skala für die Verlässlichkeit des Systems (siehe auch Abschnitt 1.1.4, »Was ist ACID?«).
>
> ▸ **Atomarität**
> Eine Ganz-oder-gar-nicht-Eigenschaft. Bei vielen Systemen wird mit Hilfe von Transaktionen Atomarität erreicht.
>
> ▸ **Konsistenz**
> Bedeutet, dass eine Abfolge von Operationen *gegen* das System einen konsistenten Datenbestand zur Folge hat. Voraussetzung dafür ist, dass das System vorher ebenfalls in einem konsistenten Zustand war. Bei RDBMS wird Konsistenz der (normalisierten) Daten vor allem mit Hilfe von (Fremd-)Schlüsseln erreicht.
>
> ▸ **Isoliertheit**
> Beschreibt, dass Operationen in einem System sich gegenseitig nicht beeinflussen.
>
> ▸ **Dauerhaftigkeit**
> Die Ergebnisse aller Operationen sind immer dauerhaft. Es kommt zum Beispiel nicht vor, dass das Ergebnis einer Operation ein veralteter Datensatz ist. Die Dauerhaftigkeit wird oft mit Hilfe von Sperrmechanismen (»row-« und »table-locks«) erreicht.

Aus dieser Legokiste sucht sich der Entwickler Bausteine aus – diese Richtlinie nannte er CAP.

Im Jahr 2002 veröffentlichten Seth Gilbert und Nancy Lynch einen axiomatischen Beweis[18] von Brewers *Vermutung*, bestätigten CAP und etablierten es als Leitsatz.

CAP besteht aus drei Bausteinen: Consistency (Konsistenz), Availability (Verfügbarkeit) und Partition Tolerance (dazu später mehr). Das CAP-Theorem sagt aus, dass ein echtes verteiltes System nur zwei dieser drei

---

18 Gilbert, Seth and Nancy Lynch. »Brewer's Conjecture and the Feasibility of Consistent, Available, Partition-tolerant Web Services.« 2000. Web. 1.1.2011. *http://citeseerx.ist.psu.edu/viewdoc/download?doi=10.1.1.20.1495&rep=rep1&type=pdf*.

Bausteine garantieren kann. Wird zum Beispiel auf Konsistenz und Verfügbarkeit Wert gelegt, dann wird Partition Tolerance vernachlässigt.

Dementsprechend konzentrieren sich die meisten NoSQL-Projekte immer auf zwei von drei Bausteinen.

1.5.3 CAP im Detail

Consistency
: Wenn man mit relationalen Datenbanken arbeitet, gibt es kein Grau: Ein System ist konsistent oder nicht. Konsistenz bei CAP kann zum Beispiel bedeuten, dass, nachdem der Schreibvorgang abgeschlossen wurde, der entsprechende Datensatz zurückgeliefert wird.

[zB]
: Schreibe ich den Wert »Galileo« in die Spalte »Verlag«, erwarte ich den Wert »Galileo« beim nächsten Lesezugriff auf die Spalte.

Eventual Consistency
: Im Zusammenhang mit CAP und NoSQL lesen wir oft den Begriff *eventual consistency* – dabei ist »schließliche Konsistenz« gemeint. In der Praxis bedeutet das, dass ein über Knoten verteiltes System auf jedem Knoten autarke Entscheidungen fällen kann.

Availability
: Bei Verfügbarkeit verhält es sich ähnlich wie bei der Konsistenz. Ein System ist verfügbar oder nicht. CAP bietet hier ebenfalls keine schicke neue Definition.

Partition Tolerance
: Die schlechte Nachricht zuerst: Für Partition Tolerance gibt es zurzeit keinen adäquaten deutschen Begriff.

Sobald ein System von einem physischen Knoten auf mehrere Knoten verteilt wird, entsteht das Risiko einer Partitionierung.

[zB]
: Ein Knoten stellt dabei zum Beispiel eine virtuelle Instanz oder auch physisch unterschiedliche Systeme dar. Nehmen wir an, dass unser System Nachrichten auf zwei Knoten aufteilt und zwischen beiden Knoten keine Verbindung besteht – d.h., wenn Nachrichten »verloren« gehen – dann sprechen wir von Partitionierung.

Die abschließende Frage ist, wie tolerant das System mit dem Verlust der Nachrichten umgehen kann. Denn wenn Partition Tolerance garantiert wird, dann besagt die (CAP-)Regel, dass außer einem Komplettausfall das System nichts beeinträchtigen darf.

1.5.4 CAP und CouchDB

CAP ist bei CouchDB wie folgt umgesetzt:

C ist bei CouchDB »eventual consistent« – *irgendwann* liefert jeder Lesevorgang das gleiche Ergebnis. Hierbei muss man darauf verweisen, dass ein Schreibvorgang in CouchDB natürlich die klassischen Eigenschaften von ACID bietet, jedoch beschäftigt sich das **C** in CAP mit Konsistenz im verteilten Kontext.

Consistency

Was heißt das? Wenn ich zum Beispiel dasselbe Dokument auf zwei CouchDB-Instanzen bearbeite, werden beim Lesen von den Instanzen jeweils unterschiedliche Ergebnisse geliefert. Sobald die Instanzen miteinander replizieren, ist das Ergebnis auf allen Instanzen wieder konsistent.

[zB]

Sollten die Änderungen am betreffenden Dokument zu einem Konflikt führen, bietet CouchDB eine Lösung an, die zum gleichen konsistenten Ergebnis auf beiden Instanzen führt. Obwohl dann die Konsistenz hergestellt ist, sind Anbieter beziehungsweise Nutzer der Anwendung in der Pflicht, den Konflikt manuell zu lösen. Diese Lösung muss in der eigentlichen Anwendung passieren.

Verfügbarkeit – **A** – kann klassischer Weise über ein Master-Slave-Prinzip hergestellt werden. Zum Beispiel greifen wir schreibend auf einen CouchDB-Server zu und replizieren im Hintergrund auf einen zweiten Spare-Server.

Availability

P – der größte Kritikpunkt jedoch ist, dass CouchDB per Definition kein verteiltes System ist.

Partition Tolerance

Zwar enthält CouchDB Funktionen, wie zum Beispiel Replication, die das Synchronisieren mit anderen Knoten möglich machen, jedoch bietet CouchDB mit Bordmitteln zurzeit noch keine Funktionalität, einen echten Cluster (verteiltes System) wie zum Beispiel Cassandra, MongoDB oder Riak aufzusetzen.

Und ohne einen Cluster, in dem Daten aufgeteilt werden, ist Partition Tolerance nicht relevant und deshalb kein Problem für CouchDB.

Es existieren bereits verschiedene Projekte (BigCouch, CouchDB-Lounge und lode), die diese Lücke zu schließen versuchen – dazu später mehr in Abschnitt 5.4, »Skalierung«.

1.5.5 Wieso CAP?

Ist die eigentliche Bedeutung von CAP klar, hört sich CAP vor allem nach einem Alptraum an. Wieso konzentrieren sich diese NoSQL-Projekte nur auf zwei von drei Eckpunkten, wenn wir im Idealfall natürlich alles wollen?

1 | Einführung

single-point-of-failure

Der Leitsatz »CAP« ist eng mit den Eigenschaften eines verteilten Systems verbunden. Die Notwendigkeit für ein solches System ist im Anwendungsfall begründet, wenn versucht wird, den berühmten »single-point-of-failure« in einer Anwendung abzuschwächen oder zu entfernen. Per Definition ist ein verteiltes System ein Zusammenschluss von voneinander unabhängigen Rechnern (oder Knoten), die sich dem Nutzer als einzelnes System präsentieren. Der Fokus liegt dabei klar auf der Unabhängigkeit der Knoten voneinander.

Im Umfeld relationaler Datenbanken wird oft versucht, Verfügbarkeit über das Master-Slave-Prinzip zu erreichen. Ganz Mutige versuchen sich auch an Master-Master. Dabei ist der grundsätzliche Nachteil beider Prinzipien, dass die Knoten nicht voneinander unabhängig sind und damit zusätzlich Faktoren einkalkuliert werden müssen, die schnell zum berühmten *single-point-of-failure* – also der Schwachstelle, die das gesamte System zerstören kann – werden können.

Aber im Gegensatz zu verteilten Systemen legen relationale Systeme größeren Wert auf Konsistenz und bieten unter anderem Transaktionssicherheit.

Somit bleibt als Schlussfolgerung und generelle Empfehlung stehen, dass in jedem Fall der Anwendungsfall untersucht werden muss, bevor man sich für oder gegen ein relationales System oder ein verteiltes System (auf NoSQL-Basis) entscheidet.

1.5.6 Consistent Hashing und Partition Tolerance

Um Partition Tolerance zu erreichen, setzen einige NoSQL-Projekte auf *Consistent Hashing*.

Harding

Zum Beispiel existieren für CouchDB die Projekte *CouchDB-Lounge* und *lode*. Diese setzen zum einen eine Technik names *Sharding* ein. Sharding verteilt Dokumente auf Knoten im System. Als *single-point-of-failure* gibt es bei diesem System allerdings einen Proxy, der sich den Ort eines Dokumentes mit Hilfe eines Algorithmus (Consistent Hashing) merkt.

Consistent Hashing hat den Vorteil, dass, auch wenn ein Knoten aus dem System verschwindet, die Reihenfolge der Knoten nicht verändert wird. Dadurch ist es möglich, jederzeit Dokument A, B, C usw. aus dem jeweiligen Knoten (zum Beispiel 1, 2, 3) wiederzufinden. Auch wenn zum Beispiel Knoten 2 durch einen Ausfall vorübergehend vom verteilten System getrennt ist.

Um weiter die Partition Tolerance zu steigern, werden je nach Redundanzlevel (Vergleich, RAID) die Dokumente auf weitere Knoten zum Beispiel ein zweites oder drittes Mal geschrieben, wodurch die Ausfallsicherheit gegenüber der Partitionierung deutlich erhöht wird.

Redundanzlevel

1.5.7 Der Tellerrand

Wie bereits angemerkt, ist CouchDB nicht der alleinige Vertreter von NoSQL oder gar dokumentbasierter Datenbanken. Andere Technologien sind zum Beispiel Redis[19] – ein Memcache-ähnliches Key-Value-Lager, das neben atomaren Operationen auch Listen und Sets unterstützt –, MongoDB[20] – ebenfalls eine dokumentbasierte Datenbank – und Riak[21] – ein verteiltes Key-Value-Lager.

Als bekanntestes kommerzielles Produkt im NoSQL-Bereich gilt zurzeit Amazons SimpleDB[22].

Die Autoren fordern Sie hiermit dazu auf, sich auch mit anderen Technologien aus diesem Bereich vertraut zu machen. Denn nach wie vor gilt die Devise: *Use the right tool for the job!*

---

19 *http://redis.io*
20 *http://mongodb.org*
21 *http://basho.com*
22 *http://aws.amazon.com/simpledb*

RESTful ist kein Buzz Word, sondern der gute Ton des Internets. CouchDB ist RESTful durch und durch. Die einfache, aber zugleich mächtige CouchDB API ist der Weg, mit der Datenbank zu sprechen. Diese Vokabeln und die weiteren Features von CouchDB lernen Sie in diesem Kapitel kennen.

2 Die Grundlagen

Jede Software will bedient werden. Dabei kann die »Bedienung« auf unterschiedliche Weise erfolgen. Zum Beispiel über ein *Graphical User Interface (GUI)* mit der Maus und der Tastatur als Eingabemedium. Oder aber über ein *Command Line Interface* – kurz: CLI –, in dem meist nur die Tastatur als Eingabemedium dient. In beiden Fällen werden Befehle abgesetzt, die das Programm anweisen, Operationen auszuführen. Die Befehle wiederum werden durch das *Application Interface – API* von den Entwicklern der Software festgelegt und dem Benutzer der Software zur Verfügung gestellt. Ob der Befehl und die darauf ausgeführte Operation nun durch einen Klick auf einen Button oder per schriftlicher Anweisung auf der Befehlseingabe gestartet wird, ist letzten Endes egal.

_{GUI, CLI, API}

Wenn der Gedanke weitergeführt wird, stellt sich im Anschluss die Frage, über welche Schnittstelle bzw. welche »Sprache« die Befehle an die Software transportiert werden. Im Fall von CouchDB ist das HTTP – die Sprache des Web. Dabei ist HTTP ein Protokoll und die Abkürzung für *Hypertext Transfer Protocol*.

HTTP

Und zu guter Letzt darf auch nicht vergessen werden, dass jede Software konfiguriert werden kann, werden muss, werden sollte.

All diese angesprochenen Themen gelten natürlich auch für CouchDB. Nachdem Sie im vorigen Kapitel einen guten Überblick über einige dieser Themen gewonnen haben, gehen wir in diesem Kapitel auf diese (und weitere) Themen en détail ein. Sie werden dann mit dem nötigen Wissen gewappnet sein, um sich in den darauf folgenden Kapiteln in die Praxis stürzen zu können.

2.1 Man spricht HTTP – CouchDBs RESTful API

CouchDB ist aus dem Web für das Web. Man kann es nicht oft genug sagen. Daher spielt HTTP eine zentrale Rolle.

HTTP 1.1, RFC 2616 — HTTP ist ein Protokoll, das schon seit der Geburtsstunde des Internets da ist und momentan in der Version 1.1 vorliegt. Die Bedeutung der Zahl 2616 sollte Ihnen (neben der Bedeutung der Zahl 42) als Nutzer des World Wide Web, und damit dieses Protokolls, nicht fremd sein. Genauer gesagt ermutigen wir Sie, die Spezifikation des HTTP-1.1-Protokolls, festgehalten in RFC 2616, zu verinnerlichen. Sie finden das Dokument z.B. unter *http://www.faqs.org/rfcs/rfc2616.html*.

2.1.1 Der erste Request – auf unterschiedliche Weise

RESTful — Im vorigen Abschnitt 1.1.2, »Was ist RESTful?«, haben wir den Begriff RESTful bereits erklärt. Schreiten wir jetzt zur Tat, und sprechen wir mit CouchDB. Aber Moment, wie tun wir das? Die einfachste Möglichkeit ist natürlich das Eingeben einer URL in der Adresszeile Ihres Lieblings-Browsers. Sehen wir uns das kurz an.

Davon ausgehend, dass Sie CouchDB standardmäßig lokal auf Port 5984 laufen lassen, erhalten Sie nach Eingabe der URL *http://127.0.0.1:5984* folgendes, in Abbildung 2.1 gezeigtes Ergebnis:

Abbildung 2.1 Welcome CouchDB

Sie sehen hier den einfachsten HTTP-Request an die Datenbank und die Standardantwort von CouchDB als JSON-Objekt. Allerdings können Sie auf diese Art und Weise nicht die Header des HTTP-Requests sehen.

Firefox, Chrome — Eine Möglichkeit, um diese Informationen sehen zu können, besteht darin, die Developer-Tools Ihres Browsers anzuwerfen. Google Chrome und Apple Safari bieten diese von Haus aus an, und im Mozilla Firefox installieren Sie einfach die Erweiterung FireBug, die Sie unter *http://getfirebug.com* herunterladen können. Das Ergebnis in Chrome sieht aus wie in Abbildung 2.2.

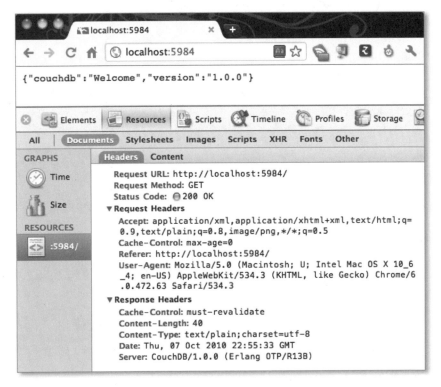

Abbildung 2.2 Welcome CouchDB mit HTTP-Header

Schließlich gibt es noch eine weitere Möglichkeit, die HTTP-Header- und Body-Informationen anzusehen – die Verwendung des Programms *cURL* auf der Kommandozeile (CLI). Die Nutzung von cURL ist ganz einfach und liefert folgendes Ergebnis:

cURL

```
$  curl -i -X GET http://127.0.0.1:5984
HTTP/1.1 200 OK
Server: CouchDB/1.0.0 (Erlang OTP/R13B)
Date: Thu, 07 Oct 2010 23:14:28 GMT
Content-Type: text/plain;charset=utf-8
Content-Length: 40
Cache-Control: must-revalidate

{"couchdb":"Welcome","version":"1.0.0"}
```

Die Ausführung des Programms cURL erwartet als Parameter mindestens eine URL. Wenn Sie durch die Option -X keine HTTP-Methode (POST, PUT,

HTTP-Methoden

GET usw.) angeben, wird standardmäßig ein GET-Request abgesetzt. Die Option -i gibt an, dass wir als Ausgabe die Header erhalten möchten. Um alle *request*- und *response*-Informationen zu erhalten, können Sie übrigens die Option -v (verbose, redselig) nutzen. Für weitere Optionen lesen Sie bitte die cURL-Manpage, die Sie mit man curl auf der Kommandozeile aufrufen.

> **Fehlermeldungen**
>
> Ein großer Vorteil bei der Nutzung von cURL ist die Ausgabe von Meldungen – im Besonderen Fehlermeldungen. Alle Meldungen werden als Antwort im JSON-Format von CouchDB zurückgegeben. Wenn alles gut geht, erhalten Sie meist eine Meldung der Art:
>
> ```
> {"ok":"true"}
> ```
>
> In der CouchDB-Version 1.1 wurden die Fehlermeldungen weiter verbessert. Nehmen wir z.B. an, dass die Konfigurationsdatei nicht dem Systembenutzer gehört, der CouchDB startet, und wir versuchen, etwas an dieser Datei zu ändern, erhalten wir eine ziemlich aussagekräftige Meldung:
>
> ```
> $ cd /usr/local/etc/couchdb
> $ chown root:root local.ini
> $ curl -X PUT http://127.0.0.1:5984/_config/ \
>   couchdb/delayed_commits -d '"false"'
> {"error":"file_permission_error","reason":" \
>   /usr/local/etc/couchdb/local.ini"}
> ```

JSON-String im Response-Body Wie bereits erwähnt, ist der Request aus Abbildung 2.2 bzw. aus dem Quellcode auf Seite 57 der einfachste überhaupt. CouchDB antwortet mit der HTTP-Version und dem HTTP-Statuscode 200, was bedeutet, dass der Request erfolgreich war. Danach folgen weitere Informationen wie die Version des CouchDB-Servers, die Art des Inhaltes und das Encoding der Antwort. Schließlich sendet CouchDB auch einen JSON-String als HTTP-Response-Body zurück. Danach ist die Kommunikation beendet. Sie haben soeben das erste Mal mit der CouchDB gesprochen.

> **Ausgabe der Beispiele**
>
> Wir haben uns dazu entschieden, in den folgenden Abschnitten die Kommandozeile und das Programm cURL für alle Beispiele zu nutzen. Dabei werden wir nicht die gesamten Header ausgeben und deshalb beim curl-Kommando nicht immer die Option -i angeben.
>
> Weil der HTTP-Response-Code allerdings in vielen Fällen sehr wichtig ist, werden wir diesen an geeigneter Stelle zusätzlich ausgeben.

> Natürlich steht es Ihnen frei, die Beispiele auch auf anderem Wege als per cURL, z.B. wie in der Einführung beschrieben, nachzuvollziehen.

2.1.2 Datenbanken erstellen und löschen

In Abschnitt 2.3, »Datenbanken«, werden wir ausführlich auf das Thema Datenbanken eingehen. Prinzipiell stehen die HTTP-Methoden `GET`, `PUT` und `DELETE` für das Aufrufen, Erstellen und Löschen von Datenbanken zur Verfügung. Außerdem haben Sie die Möglichkeit, mit der HTTP-Methode `POST` Konfigurationseinstellungen bzw. interne Operationen für eine einzelne Datenbank vorzunehmen. Zum Beispiel können Sie »Compaction« wie auf Seite 74 beschreiben so starten:

Compaction

```
POST /db/_compact
```

Im weiteren Verlauf des Kapitels werden wir die wichtigsten Methoden für den Umgang mit Datenbanken zeigen.

2.1.3 Dokumente erstellen, aktualisieren und löschen

In Abschnitt 2.4, »Dokumente«, lernen Sie die RESTful API von CouchDB im Umgang mit Dokumenten kennen. Auch hier stehen Ihnen die HTTP-Methoden `GET`, `PUT`, `POST` und `DELETE` zur Verfügung. Außerdem können Sie die CouchDB-eigene Methode `COPY` nutzen, um einzelne oder mehrere Dokumente zu kopieren.

2.2 Futon – das CouchDB-Web-Interface

Im ersten Abschnitt dieses Kapitels haben Sie die RESTful API von CouchDB kennengelernt. Wie für viele Datenbanksysteme gibt es auch für CouchDB ein grafisches Administrations-Tool, das Ihnen das Leben bei der Arbeit mit CouchDB erleichtert. Dieses Tool heißt »Futon«. Es gibt zwei gravierende Unterschiede zu Administrations-Tools anderer Datenbanken.

Administration

Zum einen bekommen Sie Futon geschenkt – sprich das Tool ist nach der Installation sofort verfügbar. Ohne extra Download und Installation. Sie können es allerdings auch nicht »nicht haben wollen«. Aber das wollen Sie ja auch nicht. Tippen Sie nach der Installation von CouchDB auf dem Standardport 5984 in einen Browser Ihrer Wahl einfach *http://127.0.0.1:5984/_utils/* ein, und Sie erreichen Futon.

Ein weiterer Unterschied ist die Tatsache, dass Futon eine Web-Applikation ist. Einen Browser finden Sie in der Regel auf jedem PC (sollte das auf Ihrem Rechner nicht der Fall sein, stellt sich doch die Frage, ob Sie gerade das richtige Buch in Händen halten). Und dann steht Ihnen auch Futon zur Verfügung. Im Vergleich zu dieser Leichtigkeit sei hier die MySQL-Datenbank erwähnt. Mitgeliefert wird das MySQL-Client-Programm, das allerdings nur über die Kommandozeile genutzt werden kann. Angeboten wird als GUI der MySQL-Query-Browser. Die Nutzung bedarf allerdings einer extra Installation. Oder es steht phpMyAdmin als Webapplikation zur Verfügung – muss aber auch erst installiert werden.

Futon – out of the box

Einigen wir uns doch einfach darauf, dass »out of the box« wesentlich angenehmer und komfortabler ist.

2.2.1 Der Aufbau von Futon

Starten wir mit den Grundlagen und dem Aufbau von Futon.

iriscouch

In Abbildung 2.3 sehen Sie Futon im Zustand direkt nach der Installation. Rechts unten sehen Sie die Zeile FUTON ON IRIS COUCHDB 1.1.0. Also steht während des Schreibens dieser Zeilen die Version 1.1.0 von CouchDB auf den iriscouch-Servern zur Verfügung.

[+] In diesem Zusammenhang beachten Sie bitte, dass Sie für die Nutzung einer CouchDB-Instanz bei iriscouch immer einen Admin anlegen müssen. Sonst können Sie z.B. den Bereich CONFIGURATION weder einsehen noch editieren.

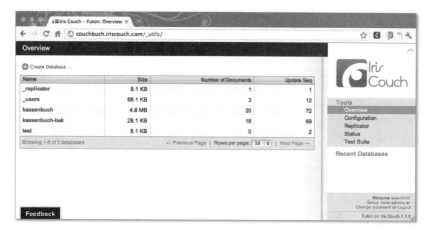

Abbildung 2.3 Futon

Wenn Sie CouchDB lokal auf Ihrem System installieren, lesen Sie im Futon-Webinterface anstatt FUTON ON IRIS COUCHDB 1.1.0 die Zeile FUTON ON APACHE COUCHDB 1.1.0 und sehen anstatt dem Iris Couch Logo natürlich auch das Apache CouchDB Logo.

[«]

> **Eine CouchDB bei iriscouch.com**
>
> In Abbildung 2.3 lesen Sie in der Adresszeile des Browsers die URL *http://couchbuch.iriscouch.com/* und nicht *http://127.0.0.1:5984*.
>
> Der Grund hierfür ist ziemlich pragmatisch. Für Anschauungszwecke und Beispiele haben wir unter anderem bei *http://www.iriscouch.com* eine CouchDB-Instanz angelegt. Somit haben Sie als Leser die Möglichkeit, auf einfache und schnelle Weise in die Datenbanken, die wir hier erstellen und besprechen, hineinzusehen. Und noch besser – Sie können sich bei *http://www.iriscouch.com/* selbst eine Instanz erstellen, und zwar kostenlos: *http://www.iriscouch.com/service*!
>
> Ein alternativer CouchDB-Hosting-Anbieter ist *http://www.cloudant.com*. Auch hier gibt es kostenlose Modelle, mit denen Sie Ihre Datenbanken hosten können. Zum Zeitpunkt der Entstehung dieser Zeilen gibt es das Produkt Cloudant 1.3.20, das auf CouchDB 1.0.2 basiert.

Auf der rechten Seite sehen Sie die Hauptnavigation. Diese ist unterteilt in zwei Bereiche: TOOLS und RECENT DATABASES. Über den Punkt TOOLS gelangen Sie zu den wichtigsten Bereichen von Futon. Standardmäßig ist OVERVIEW ausgewählt, worunter Sie alle Datenbanken aufgelistet sehen. Zu diesem Punkt kommen wir in Kürze.

Tools

Der Punkt CONFIGURATION beinhaltet sämtliche Konfigurationseinstellungen der CouchDB. Sie können den Wert der einzelnen Optionen ändern, indem Sie das entsprechende Feld in der Spalte VALUE per Doppelklick öffnen. Auf Einzelheiten der Konfiguration werden wir in Abschnitt 5.2, »Konfiguration«, näher eingehen.

Der nächste Punkt ist REPLICATOR. Hier können Sie Datenbanken replizieren. Einzelheiten dazu finden Sie in Abschnitt siehe Abschnitt 2.10, »Replication«.

Replicator

Der folgende Punkt STATUS dient als Übersicht über laufende Tasks wie der Fortschritt einer Replication. Mit dem Einstellen des »Poll interval« bestimmen Sie, in welchem Sekundenabstand die Anzeige aktualisiert wird.

Test Suite Und zu guter Letzt finden Sie den Punkt TEST SUITE. Die dort aufgeführten Tests dienen dazu, das System und die Installation der CouchDB zu prüfen. Wenn hier Fehler auftauchen, sollten Sie die Installation überprüfen. Die Test Suite auf einer CouchDB-Cloud wie *iriscouch.com* auszuführen, macht eher weniger Sinn, da Sie keinerlei Eingriffsmöglichkeiten haben, wenn es zu Fehlern kommt.

Admin Party Beachten Sie auch, dass vor dem Ausführen der Tests alle Admin Accounts gelöscht werden müssen, um CouchDB in den »Admin Party« – jeder darf alles machen – Zustand zu versetzen – Sie werden von Futon darauf hingewiesen und können entscheiden, ob Sie dies tun wollen.

couch.js Ein nettes Feature der Test Suite ist die Möglichkeit, sich den Quellcode der Tests anzusehen. Dazu klicken Sie doppelt auf den Namen des Tests in der Spalte NAME. Neben dem eigentlichen Testcode können Sie sehr viel über den Zugriff auf die CouchDB per JavaScript lernen. Hauptsächlich ist dabei die Datei *couch.js* von Interesse.

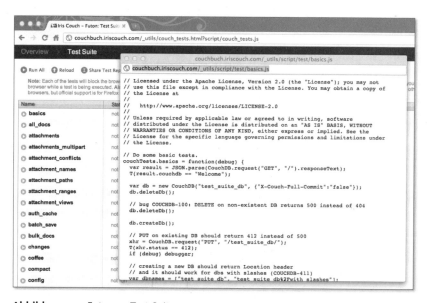

Abbildung 2.4 Futon – »Test Suite«

Custom Test Außerdem dient dem fortgeschrittenen Anwender der Quellcode des Tests als Grundlage für das Schreiben eigener Tests. Um das zu tun, klicken Sie in der horizontalen Navigation über der Tabelle mit den Tests auf CUSTOM TEST. Es wird ein neues Fenster geöffnet (siehe Abbildung 2.5) in dem Ihnen bereits ein »Testgrundgerüst« zur Verfügung gestellt wird. Erweitern Sie diesen Code, und probieren Sie ihn auch gleich aus, indem Sie den Button RUN klicken.

Abbildung 2.5 Futon – »Custom Test«

Dies waren die Navigationspunkte unterhalb von TOOLS. Darunter finden Sie einen weiteren Navigationspunkt, RECENT DATABASES. Dieser Punkt beinhaltet alle zuletzt betrachteten Datenbanken in Futon.

2.2.2 Administratoren erstellen

Rechts unten in Futon wird die aktuelle Version von CouchDB angezeigt. Aktuell ist das FUTON ON APACHE COUCHDB 1.1.0. Darüber haben Sie die Möglichkeit, sich als Administrator einzuloggen oder aber neue Administratoren zu erstellen. Beachten Sie dabei, dass Sie natürlich nur als Administrator weitere Administratoren anlegen können. Da stellt sich die Frage, wie das bei einer jungfräulichen CouchDB-Installation gehen soll. Die Antwort ist einfach: Sie müssen in der Datei *local.ini* manuell den ersten Administrator eintragen.

local.ini

Seit der Version 1.1 ist es möglich, den Namen eines bestehenden Administrators zu ändern. Ein kleines, aber häufig gefordertes Feature.

Für weitere Informationen zu Administratoren lesen Sie bitte Abschnitt 2.11.1, »Administration«.

2.2.3 Datenbank-Operationen in Futon

Sehen wir uns in diesem Abschnitt an, welche Datenbank-Operationen in Futon möglich sind. Wechseln Sie dazu zuallererst in den Bereich OVERVIEW.

Create Database — Die grundlegendste Operation ist sicherlich das Erstellen einer neuen Datenbank. Klicken Sie dazu auf den Punkt CREATE DATABASE ..., und geben Sie in der Lightbox einen Namen ein (beachten Sie dabei die Konventionen für einen gültigen Datenbanknamen). Nennen wir die Datenbank *kassenbuch*. In Abbildung 2.6 sehen Sie die entsprechende Ansicht, nachdem Sie die Datenbank erstellt haben.

Abbildung 2.6 Futon – neue Datenbank

Über die horizontale Navigation erreichen Sie alle relevanten Operationen, um mit der Datenbank arbeiten zu können:

- Dokumente erstellen – NEW DOCUMENT
- Admins und Readers erstellen – SECURITY...
- Compaction – COMPACT & CLEANUP
- die Datenbank löschen – DELETE DATABASE
- zu einem Dokument auf Grund seiner _id springen – JUMP TO:
- Views aufrufen – VIEW:
- STALE VIEWS aufrufen; d.h., dass das Ergebnis eines Views nicht aktualisiert wird, sondern ein vorher generierter View angezeigt wird.

Dokumente erstellen

New Document — Unsere Kassenbuch-Applikation braucht Dokumente. Futon hat eine aus unserer Sicht relativ komfortable Möglichkeit, neue Dokumente zu erstellen, wie Sie in Abbildung 2.7 sehen. Mit einem Klick auf den Navigationspunkt NEW DOCUMENT öffnen Sie ein Formular, um ein Dokument zu erstellen. Da in CouchDB jedes Dokument eine _id benötigt, müssen Sie als Erstes im Feld _id einen Wert eingeben oder den von CouchDB vorgeschlagenen MD5-Hash übernehmen.

Abbildung 2.7 Futon – neues Dokument

Neue Felder fügen Sie einfach über den Navigationspunkt ADD FIELD hinzu, wobei Sie zuerst den Key anlegen und dann per Doppelklick in der Spalte VALUE einen Wert eintragen. Neben jedem Formularfeld erscheint ein grünes Häkchen, um die Eingabe zu bestätigen, oder ein rotes Kreuz, um die Eingabe zu verwerfen. Sind Sie mit der Eingabe aller Keys und Values fertig, speichern Sie das Dokument mit dem Navigationspunkt SAVE DOCUMENT. In Abbildung 2.8 sehen Sie ein fertiges Dokument. Einmal in der »Futon-Ansicht« und einmal in der »JSON-Ansicht«. Beachten Sie, dass auch die Revision des Dokumentes im Feld mit dem Key _rev eingefügt wurde.

JSON-Ansicht

Abbildung 2.8 Futon – Dokumentansicht

Das Bearbeiten eines Dokumentes verhält sich wie erwartet. Sie wählen in der Ansicht OVERVIEW • KASSENBUCH das entsprechende Dokument aus und ändern die Werte für den Key (FIELD) oder VALUE, fügen Felder hinzu oder löschen welche.

> **Schnell mehrere Dokumente erstellen**
>
> Die JSON-Darstellung eines Dokumentes ist eine gute Möglichkeit, schnell mehrere gleichartige Dokumente anzulegen.
>
> Öffnen Sie dazu ein bereits erstelltes Dokument in der SOURCE-ANSICHT, und kopieren Sie alles nach den Einträgen für _id und _rev. Erstellen Sie dann ein neues Dokument, geben Sie eine _id ein, oder bestätigen Sie die vorgeschlagene, und fügen Sie dann in der SOURCE-ANSICHT die Inhalte aus der Zwischenablage ein. Danach müssen Sie nur noch die Values anpassen, und schon ist ein neues Dokument erstellt.

Attachment   Über die Navigation haben Sie schließlich noch die Möglichkeit, dem Dokument über UPLOAD ATTACHEMNT ... ein Attachment anzufügen, und Sie können das Dokument auch über DELETE DOCUMENT ... löschen.

Views erstellen

Temporary View   Views in Futon zu erstellen ist nicht minder komfortabel wie das Erstellen von Dokumenten. Am einfachsten erledigen Sie diese Aufgabe, indem Sie einen *Temporary view* erstellen und diesen dann unter einem bestimmten Namen speichern. Wählen Sie im Dropdown VIEW: also den Punkt TEMPORARY VIEW aus. Auf der linken Seite geben Sie den Quellcode für die MAP FUNCTION ein. Auf der rechten Seite die optionale REDUCE FUNCTION. Natürlich wollen Sie nach Eingabe des Quellcodes das Ergebnis sehen – und klicken deshalb auf RUN. Als Ergebnis erhalten Sie eine Liste aus Key-Value-Werten.

Grouping   Die Standardansicht der Ergebnisliste ist immer ohne die Ausführung der Reduce-Funktion. Soll diese ausgeführt werden, markieren Sie die Checkbox REDUCE in der Spalte VALUE. Beim näheren Betrachten der Map-Funktion in Abbildung 2.9 werden Sie sehen, dass der Funktion `emit` als erster Parameter ein Array mit mehreren Werten übergeben wird. Als zweiten Parameter übergeben wir den Wert des Feldes BETRAG aus allen Dokumenten. Dies dient der Gruppierung, denn in der Spalte KEY der Ergebnisliste können Sie für das Ausführen der Reduce-Funktion das GROUPING angeben, was bedeutet, dass die Beträge nach TYP (LEVEL 1), TYP UND DATUM (LEVEL 2) oder TYP, DATUM UND MWST gruppiert und letztlich addiert werden. Um das Beispiel nachvollziehen zu können, legen Sie folgende Dokumente an:

```
{
    "_id": "id_1", "betrag": 43.2,
    "beschreibung": "Schreibmaterial",
    "datum": "2011-01-24", "mwst": 0.07, "typ": "ausgabe"
}

{
    "_id": "id_2", "betrag": 1680,
    "beschreibung": "Rechnung 1234",
    "datum": "2011-01-21", "mwst": 0.19, "typ": "einnahme"
}

{
    "_id": "id_3", "betrag": 55.86,
    "beschreibung": "Tanken",
    "datum": "2011-01-18", "mwst": 0.19, "typ": "ausgabe"
}

{
    "_id": "id_4", "betrag": 14,
    "beschreibung": "Bürobedarf",
    "datum": "2011-01-23", "mwst": 0.07, "typ": "ausgabe"
}

{
    "_id": "id_5", "betrag": 12.5,
    "beschreibung": "Bürobedarf",
    "datum": "2011-01-23", "mwst": 0.07,  "typ": "ausgabe"
}
```

Und hier noch die JSON-Repräsentation der MapReduce-Funktionen:

```
{
    "_id": "_design/buchhaltung",
    "_rev": "1-c220db9411023372b2b8796d830a930a",
    "language": "javascript",
    "views": {
        "auswertung": {
            "map": "function(doc){emit([doc.typ,doc.mwst, \
                doc.datum], doc.betrag);}",
            "reduce": "_sum"
        }
    }
}
```

In Futon sieht das Ergebnis aus wie in Abbildung 2.9. Nehmen Sie sich etwas Zeit, und spielen Sie mit den MapReduce-Funktionen. Es lohnt sich!

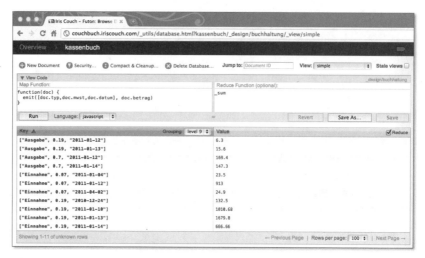

Abbildung 2.9 Futon – MapReduce

Mit diesem Beispiel wollen wir den Abschnitt über Futon abschließen. Sie haben gesehen, wie Sie die wichtigsten Datenbank-Operationen für eine CouchDB über Futon ausführen können. Ob Sie nun lieber die Kommandozeile oder Futon für das direkte »Sprechen« mit der CouchDB nutzen, liegt ganz bei Ihnen. Sie werden feststellen, dass unterschiedliche Aufgaben mit dem einen oder anderen Tool besser erledigt werden können. Im nächsten Abschnitt beschäftigen wir uns etwas genauer mit Datenbanken. Los geht's!

2.3 Datenbanken

Datenbank-Kernfunktionen

In den beiden vorangegangenen Abschnitten haben wir Ihnen die Grundlagen vermittelt, wie Sie mit einer CouchDB sprechen können. Zum einen mit Hilfe der Kommandozeile und zum anderen durch die Nutzung des Web-Interfaces »Futon«. In den jetzt folgenden Abschnitten beschäftigen wir uns eingehend mit den Kernfunktionen, die CouchDB bereitstellt. Namentlich sind das:

- Datenbanken
- Dokumente

- Views

- Show- und List-Funktionen

- Replication

- URL-Rewriting

- Virtual Hosts

- Sicherheitsaspekte

In diesem ersten Abschnitt »Datenbanken« sehen wir uns alles Wissenswerte zu CouchDB-Datenbanken an.

2.3.1 Interna

Eine CouchDB-Datenbank ist letztlich nichts anderes als eine auf der Festplatte eines Rechners abgelegte binäre Datei. Diese Datei hat die Endung *.couch*. Je nachdem, mit welchem Betriebssystem Sie arbeiten und wie Sie CouchDB installiert haben (siehe Abschnitt 5.1) werden diese Dateien an unterschiedlichen Stellen abgelegt. Bei der Installation auf Ubuntu oder Mac OS X liegen diese Dateien unter */usr/local/var/lib/couchdb*.

Datei .couch

Wenn Sie in dieses Verzeichnis sehen und auch die versteckten Ordner und Dateien anzeigen, finden Sie für jede Datenbank auch einen Ordner mit den Design-Dokumenten darin – natürlich sofern Design-Dokumente erstellt wurden. Der Ordner hat einen Namen nach der Konvention ».datenbankname_design«. Dieser enthält für alle Views (siehe Abschnitt 2.5) eine binäre Datei, in der die Key-Value-Paare aus dem Ergebnis des jeweiligen Views vorliegen. Diese Paare sind das Ergebnis der emit-Funktion aus einer Map-Funktion. Außerdem beinhaltet diese Datei auch Werte als Ergebnis einer Reduce-Funktion (siehe Abschnitt 2.5.1).

Ok – die Datenbank ist also in einer Datei vorhanden. Diese Datei kann ja nun auch kopiert werden. Ja – in der Tat können Sie diese Datei einfach irgendwo anders hinkopieren – z.B. auf einen anderen Rechner, um diese CouchDB-Instanz dann dort zu nutzen. Oder Sie können diese Datei auch umbenennen. Dabei sollten Sie darauf achten, auch den Design-Dokument-Ordner umzubenennen. Oder Sie müssen alle Views einmal ausführen, denn bei diesem Vorgang wird ein neuer Design-Dokument-Ordner mit den View-Dateien erstellt.

Datenbank umbenennen

2.3.2 Arbeiten mit der Datenbank

HTTP PUT

Was wäre der CouchDB-Server ohne Datenbanken? Genau – nutzlos! Also erstellen wir eine Datenbank – nennen wir sie »kassenbuch«. Laut Spezifikation werden Ressourcen auf einem Server per HTTP-Methode PUT erstellt. Daraus ergibt sich folgender Request:

```
$ curl -X PUT http://127.0.0.1:5984/kassenbuch
HTTP/1.1 201 Created

{"ok":true}
```

War der Request erfolgreich, erhalten wir als Antwort zum einen den HTTP-Status-Code 201, der so viel wie »Ressource erstellt« bedeutet, und zum anderen ein Key-Value-JSON-Objekt. Aber was passiert nun, wenn wir versuchen, eine weitere Datenbank mit demselben Namen zu erstellen? Probieren Sie es aus:

```
$ curl -X PUT http://127.0.0.1:5984/kassenbuch
HTTP/1.1 412 Precondition Failed

{"error":"file_exists","reason":"The database could not be created, the file already exists."}
```

Ziemlich eindeutig. CouchDB sendet einen entsprechenden HTTP-Code und eine entsprechende Meldung.

Konventionen für die Vergabe von Datenbanknamen
Sie dürfen für den Namen einer Datenbank folgende Zeichen verwenden: a–z (nur Kleinschreibweise), 0–9, _, $, (,), +, -, /. Das erste Zeichen muss ein Buchstabe sein, und alle Sonderzeichen müssen URL-tauglich codiert werden. Eine Übersicht der Unicode-Darstellung einiger Sonderzeichen finden Sie in der Tabelle 2.1.

Zeichen	Unicode
$	%24
(	%28
)	%29
+	%2B
/	%2F

Tabelle 2.1 Unicode-Darstellung von Sonderzeichen in URL

So gesehen wäre es angebracht, einmal festzustellen, welche Datenbanken jetzt im CouchDB-Server vorhanden sind. Dafür stellt CouchDB einen speziellen Request bzw. eine spezielle URL zur Verfügung:

```
$ curl -X GET http://127.0.0.1:5984/_all_dbs
["_users","kassenbuch"]
```

Als Antwort erhalten wir eine sortierte Liste aller vorhandenen Datenbanken. Schließlich entscheiden wir uns aber, dass wir die *kassenbuch* Datenbank nicht benötigen, und löschen diese wieder. Um Ressourcen zu löschen, stellt das HTTP-Protokoll die Methode DELETE zur Verfügung. Also:

```
$ curl -X DELETE http://127.0.0.1:5984/kassenbuch
HTTP/1.1 200 OK

{"ok":true}
```

An diesen ersten Beispielen sehen Sie wunderbar, wie die RESTful API und die Anwendung der HTTP-Methoden im Allgemeinen funktionieren: Die URL verweist auf eine Ressource – was mit dieser geschehen soll, wird durch die HTTP-Methode bestimmt. An dieser Stelle ist wichtig zu verstehen, dass die von der CouchDB-API bereitgestellten URLs nicht mit jeder HTTP-Methode aufgerufen werden können. Sie erhalten einen Fehler, wenn Sie versuchen, *http://127.0.0.1:5984/_all_dbs* mit der HTTP-Methode DELETE aufzurufen.

Funktionen der HTTP-Methoden

```
$ curl -X DELETE http://127.0.0.1:5984/_all_dbs
HTTP/1.1 405 Method Not Allowed
Allow: GET,HEAD

{"error":"method_not_allowed","reason":"Only GET, \
HEAD allowed"}
```

Diese »Antwort« ist relativ einfach nachzuvollziehen, denn der Request »lösche alle vorhandenen Datenbanken« ist schlichtweg nicht erlaubt. Es gibt nun noch weitere nützliche Methoden, um Informationen über eine einzelne Datenbank zu erhalten.

Allgemeine Info zu einer Datenbank

Rufen Sie einfach nur die Datenbank ohne weitere Angaben auf, erhalten Sie eine statistische Übersicht. Eine solche Ausgabe könnte folgendermaßen aussehen:

Statistische Übersicht

2 | Die Grundlagen

```
$ curl -X GET http://127.0.0.1:5984/kassenbuch
{
  "db_name":"kassenbuch",
  "doc_count":0,
  "doc_del_count":0,
  "update_seq":0,
  "purge_seq":0,
  "compact_running":false,
  "disk_size":79,
  "instance_start_time":"1296313943608507",
  "disk_format_version":5
}
```

Als Antwort erhalten Sie ein JSON-Objekt mit einigen Informationen über die Datenbank. So zum Beispiel den Namen der Datenbank, die Anzahl der in der Datenbank vorhandenen Dokumente, wie viel Speicherplatz die Datenbank auf der Festplatte in Anspruch nimmt oder aber auch den Zeitpunkt, zu dem die Datenbank-Instanz erstellt wurde (Unix Timestamp).

_changes

Überwachung | Eine weitere nützliche Informationsquelle, besonders für das Logging bzw. Überwachungszwecke, ist der Aufruf der URI _changes. Die dort zu findende Funktion bietet Ihnen die Möglichkeit, Änderungen an der CouchDB-Instanz zu überwachen. Dabei können Sie der Funktion über den Request mehrere unterschiedliche Parameter übergeben. Beachten Sie dabei, dass die URL auf Grund des Encodings der Sonderzeichen in Anführungszeichen geschrieben werden muss! Beispielsweise:

```
$ curl -X GET "http://127.0.0.1:5984/kassenbuch/ \
_changes?feed=continuous&heartbeat=2000"
{"seq":1,"id":"eintrag\_1", \
"changes":[{"rev":"1-864cb8fcc1b8c2358e6574346adfc08e"}]}
{"seq":2,"id":"ceb41f8b237b9790f9144d41f300083c", \
"changes":[{"rev":"1-967a00dff5e02add41819138abb3284d"}]}
```

tail -f | Sie sehen an der Ausgabe, dass die Datenbank *kassenbuch* bislang nur über ein Dokument verfügt. Wenn Sie nun ein neues Dokument erstellen, werden Sie dies in der obigen Ausgabe sehen. Das Gleiche gilt für das Aktualisieren eines Dokumentes. Diese Variante ähnelt einem `tail -f` unter Unix-artigen Systemen. Es bedeutet letztlich, dass die Ausgabe fortlaufend bei Änderungen aktualisiert wird und somit eingesehen werden kann.

In der nachfolgenden Tabelle finden Sie weitere hilfreiche Parameter, mit denen Sie die Ausgabe beim Aufruf von _changes steuern können.

Option	Beschreibung
since=n	n ist eine Zahl und stellt die Sequence-Nummer dar, nach der Änderungen angezeigt werden.
style=all_docs	Es werden detailliertere Angaben zu Revisions und Conflicts pro Ausgabezeile gemacht.
limit=n	nur n Ergebniszeilen ausgeben
feed=longpolling	Im Gegensatz zu *feed=continuous* wird beim Start eine HTTP-Verbindung geöffnet und, wenn eine Änderung auftritt, wieder geschlossen.
heartbeat=n	Alle n Millisekunden wird ein »newline-Zeichen« von CouchDB gesendet – damit kann überprüft werden, ob die Verbindung noch existiert.

Tabelle 2.2 URL-Parameter für die Steuerung von _changes

Die _changes-API lässt sich hervorragend nutzen, um in einer Applikation automatisch Prozesse anzustoßen, sobald es bestimmte Änderungen in der Datenbank gibt. Ein sehr gutes Beispiel dafür ist die Technologie hinter dem Projekt »The World's First Digital Foosball« – zu finden unter *http://digitalfoosball.com/*. Dort wird die Anzeige der gefallenen Tore durch die Überwachung des _changes-feeds umgesetzt.

_changes-API

Die Ausgabe von »_changes« filtern

Sie haben gesehen, dass der _changes-Feed ein sehr nützliches Tool ist, um eine CouchDB-Datenbank zu überwachen. Durch die Angabe unterschiedlicher Optionen bzw. Parameter in der URL ist bereits eine gute Filterung möglich. Damit aber nicht genug. Es besteht die Möglichkeit im _design-Dokument Filter mit einem beliebigen Namen zu setzen und diese dann per URL aufzurufen.

Filter

Nehmen wir an, Sie möchten nur Änderungen an Dokumenten überwachen, wenn der Betrag über 1.000 ist oder geändert wird. Im _design-Dokument erstellen wir einen Eintrag filters und fügen eine Funktion ein, die überwacht, ob die gegebene Bedingung erfüllt ist. Ist dem so, wird true, andernfalls false zurückgegeben.

```
{
  "_id": "_design/buchhaltung",
  "_rev": "261-03125704727a25aeececb9c02962c74d",
  "language": "javascript",
  "filters": {
```

```
            "big_amount": "function(doc, req) \
            { if(doc.betrag > 1000) \
            { return true; }
              else \
            { return false; }}"
        }
    }
```

Der Aufruf dieses Filters geschieht dann folgendermaßen:

```
$ curl -X GET "http://127.0.0.1:5984/kassenbuch/\
  _changes?feed=continuous& \
  filter=buchhaltung/big_amount"
{"seq":6,"id":"b0006","changes":\
  [{"rev":"1-c0cc402fd08cd613863743153d639210"}]}
{"seq":432,"id":"b0002","changes":\
  [{"rev":"3-46ce3a69d46977a25f47813d70276e51"}]}
```

Das Ergebnis soll hier nur als Beispiel dienen. Im Dokument mit der ID b0006 war der Betrag bereits über 1.000, und im Dokument mit der ID b0002 wurde der Betrag auf über 1.000 erhöht.

_compact

Compaction Von Zeit zu Zeit wird es notwendig, die Datenbankdatei (*dbname.couch*) aufzuräumen. Bei Aktualisierungen entstehen Bereiche in der Datei, die nicht weiter benötigt werden. Außerdem benötigen alle Versionen der Dokumente (_rev) der Datenbank physikalischen Speicher. Klar, dass bei vielen und großen Dokumenten im Zusammenhang mit vielen Aktualisierungen auch schnell viel Speicherplatz benötigt wird. Um nun aufräumen zu können, gibt es den »Compaction«-Mechanismus. Compaction schmeißt alte Dokumentversionen weg und entfernt nicht mehr benötigte Bereiche in der Datenbank-Datei. Danach schrumpft diese Datei erheblich. Allerdings können Sie dann auch nicht mehr auf ältere Versionen zugreifen.

Ein Beispiel:

```
$ curl -X POST http://127.0.0.1:5984/kassenbuch/_compact \
  -H "Content-Type: application/json"
HTTP/1.1 202 Accepted

{"ok":true}
```

content-type-Header Wenn Sie jetzt im Anschluss einfach den URI der Datenbank aufrufen, um die Informationen anzusehen, werden Sie einige Unterschiede erkennen. Übrigens müssen Sie den `content-type`-Header wie bei jedem

POST-Request mitsenden – obwohl Sie gar kein JSON-Objekt mitschicken. Beachten Sie auch, dass Views gesondert mit Compaction behandelt werden müssen.

Weitere Einzelheiten zu Datenbankoperationen entnehmen Sie bitte der API-Referenz.

_replicate

Dem Thema Replication haben wir ab Seite 120 einen eigenen Abschnitt gegönnt. Dieses Verfahren gehört allerdings auch zu den grundlegenden Datenbankoperationen, weshalb wir es an dieser Stelle kurz ansprechen möchten.

Replication

Die Replication ist ein Mechanismus, um auf einfache Weise eine Datenbank innerhalb eines CouchDB-Clusters oder auf einen anderen Host zu replizieren (identisch kopieren bzw. synchronisieren). Ein möglicher HTTP-Request sieht so aus:

```
$ curl -X GET http://127.0.0.1:5984/_all_dbs
["_users","kassenbuch"]

$ curl -iX POST http://127.0.0.1:5984/_replicate \
-H "content-type:application/json" \
-d '{"source": "kassenbuch", "target": "kassenbuch_copy", \
"create_target":true}'
HTTP/1.1 200 OK

{"ok":true, \
"session_id":"f75eb944bac70f40e77953f484afb64c", \
"source_last_seq":36, \
"history":[{ \
  "session_id":"f75eb944bac70f40e77953f484afb64c", \
  "start_time":"Thu, 14 Apr 2011 20:36:12 GMT", \
  "end_time":"Thu, 14 Apr 2011 20:36:12 GMT", \
  "start_last_seq":0, \
  "end_last_seq":36,
  "recorded_seq":36, \
  "missing_checked":0, \
  "missing_found":14, \
  "docs_read":14,
  "docs_written":14,
  "doc_write_failures":0
  }]
}
```

_replicate | Das JSON-Objekt, das wir an den URI `_replicate` übergeben, beinhaltet zum einen den Namen der zu replizierende Datenbank im Key »source«. Zum anderen im Key »target« die Zieldatenbank und außerdem den Key »create_target« mit dem Value »true«, um anzugeben, dass die Zieldatenbank vor dem Replizieren erstellt werden soll.

2.4 Dokumente

In diesem Abschnitt befassen wir uns mit CouchDB-Dokumenten. Der Umgang mit Dokumenten ist essenziell für Ihre Arbeit mit CouchDB. Deshalb gilt es, diesem Abschnitt besonderes Augenmerk zu schenken.

2.4.1 Grundlegendes zu Dokumenten

CouchDB-Dokumente werden in der Datenbankdatei *dbname.couch* abgelegt. Diese Datei haben Sie im vorigen Abschnitt bereits kennengelernt. Und wie generell alles in CouchDB liegen die Inhalte von Dokumenten als JSON-Objekte vor.

RAM | Die Größe von Dokumenten ist theoretisch nur durch die Größe des zur Verfügung stehenden Festplattenspeichers begrenzt. Praktisch ist aber eher die Größe des zur Verfügung stehenden RAM (Arbeitsspeicher) ausschlaggebend. Jedes Dokument muss von CouchDB zu einem JSON-Object serialisiert und wieder deserialisiert werden. Dies geschieht komplett im RAM, was bedeutet, dass bei einem sehr großen Dokument das RAM komplett für diese Operation benötigt wird. Wenn das Dokument zu groß ist, »swapt« der Rechner. Das bedeutet, zusätzlicher Speicher wird auf der langsamen Festplatte belegt. Im Endeffekt bedeutet dies, dass der Rechner extrem langsam wird. Ein befreundeter Sysadmin hat es in diesem Fall auf den Punkt gebracht:

> *Viel RAM ist gut – noch mehr RAM ist besser!*

Sollten Sie also mit sehr großen Dokumenten arbeiten, muss der/müssen die Rechner entsprechend von der Hardware dimensioniert sein.

> **Große Textdaten als Attachment**
>
> Es gibt auch die Möglichkeit, sehr große Datenmengen in Textform als Attachment zu speichern. Dabei geben Sie den Header `content-type: application/json` beim Einfügen in das Dokument an. Allerdings haben Sie keine Möglichkeit, diese Daten zu indizieren, sprich per View abzufragen, denn CouchDB reicht Attachments – egal in welcher Form – nicht an die View Engine weiter.

_id: Dokument-Name

Jedes CouchDB-Dokument muss eine eindeutige ID bzw. einen eindeutigen Namen haben. Sie haben bereits gesehen, dass Sie CouchDB anweisen können, eine ID zu erstellen (POST) oder aber selbst eine ID wählen können. Dabei sollten Sie beachten, dass Sie keinen Namen wählen, der mit einem »_« (Unterstrich) beginnt, da diese Namen von CouchDB selbst reserviert sind (z.B. _design). Außerdem sollten Sie keine Sonderzeichen nutzen. Als Faustregel für die Namensgebung gilt (regulärer Ausdruck in JavaScript):

Dokument-ID

```
var valid_id_name = /^[^_\W][a-zA-Z0-9-_]+$/.test(name)
```

Wenn Sie CouchDB anweisen, eine ID zu wählen, wird sich einer UUID (*Universally Unique IDentifier, http://tools.ietf.org/html/rfc4122*) bedient. Der URI sieht so aus:

UUID

```
$ curl -X GET http://127.0.0.1:5984/_uuids
HTTP/1.1 200 OK

"uuids":["6e5df481c02aa88e9bcd92741b0174c4"]
```

Wenn Sie an die obige URL *?count=4* anhängen, erhalten Sie anstatt einer, vier UUIDs.

[«]

_rev: Dokument-Versionen

Jedes Dokument hat eine Version. Diese wird im Key »_rev« gespeichert. Die Version ist die MD5-Repräsentation des Dokumentes. Außerdem wird zu Anfang eine fortlaufende Nummer, gefolgt von einem »-«-Zeichen, angegeben. Dies ist sehr hilfreich, um schnell erkennen zu können, um die wie vielte Version des Dokumentes es sich handelt. Die Version wird bei vielen Operationen im *ETag-Header* gespeichert. Ein Beispiel können Sie in Abschnitt 2.4.12 sehen.

ETag

Wenn Sie ein Dokument aktualisieren (UPDATE) oder löschen möchten (DELETE) müssen Sie immer die Version angeben. Wie das geht, sehen Sie in den Beispielen ab dem folgenden Abschnitt 2.4.2.

Weitere interne Keys in einem Dokument

Jedes Dokument kann noch weitere CouchDB-interne Keys enthalten. Hier eine tabellarische Übersicht:

CouchDB-interne Keys

key	Beschreibung
_attachments	Speicherort für alle Attachments
_deleted	True, wenn das Dokument als gelöscht markiert ist. Wird durch _compact entfernt.
_revisions	Beinhaltet alle Revisionen eines Dokumentes und kann per Parameter ?revs=true ausgegeben werden.
_rev_infos	Zeigt mehr Details als _revisions.
_conflicts	Info zu Konflikten
_deleted_conflicts	Info zu behobenen Konflikten

Tabelle 2.3 Dokument-Keys

2.4.2 PUT /db/id – Dokument erstellen

Das denkbar einfachste Dokument, das Sie in CouchDB erstellen können, sieht folgendermaßen aus:

```
{ "_id":"7b97ac5dd9873c63349453b66c003d81",
  "_rev": "1-967a00dff5e02add41819138abb3284d" }
```

Dies ist wiederum ein JSON-Objekt und enthält nur zwei Keys: _id und _rev. Halten wir also fest, dass jedes Dokument mindestens diese beiden Keys beinhalten muss. Dieses Dokument wurde mit folgenden Requests erstellt:

```
$ curl -X GET http://127.0.0.1:5984/_uuids
{"uuids":["7fd1e3606a017d9c94a3d9ef43000061"]}
$ curl -X PUT http://127.0.0.1:5984/kassenbuch/ \
7fd1e3606a017d9c94a3d9ef43000061 -d {}
HTTP/1.1 201 Created

{"ok":true,"id":"7fd1e3606a017d9c94a3d9ef43000061", \
"rev":"1-967a00dff5e02add41819138abb3284d"}
```

Alternativ können Sie wie folgt eine eigene ID angeben:

```
curl -X PUT http://127.0.0.1:5984/kassenbuch/eintrag_1 -d '{}'
{"ok":true,"id":"eintrag_1", \
"rev":"1-967a00dff5e02add41819138abb3284d"}
```

Automatische Versionsnummer
Wir haben mit den Requests folgenden Job ausgeführt: Zuerst haben wir eine eindeutige _id erstellt und danach auf Grundlage dieser _id mit der HTTP-Methode PUT ein Dokument in der Datenbank *kassenbuch* erstellt. Durch die Ausführung des PUT-Request wurde von CouchDB automatisch

eine Versionsnummer erstellt, die im Key `_rev` innerhalb des Dokuments gespeichert ist.

Es gibt noch eine zweite Möglichkeit, ein Dokument zu erstellen. Das sehen Sie im nächsten Abschnitt.

> **Hinweis zu den verwendeten IDs**
>
> Zugegebenermaßen sehen die in den Beispielen verwendeten IDs hässlich aus. Allerdings sieht CouchDB von Haus aus diese IDs vor, weshalb wir sie in unseren Beispielen nutzen. Es steht Ihnen auf der anderen Seite völlig frei, selbst IDs zu wählen, und das sollten Sie auch tun. Sie müssen nur darauf achten, dass Ihre IDs zum einen »unique« sind und zum anderen den Namenskonventionen entsprechen.

2.4.3 POST db – Dokument erstellen

Wie oben bereits erwähnt, bietet CouchDB neben der Möglichkeit, mit der HTTP-Request-Methode `PUT` ein Dokument zu erstellen auch die Option, die HTTP-Request-Methode `POST` zu nutzen. Der Unterschied besteht darin, dass Sie bei der Nutzung von `POST` keine »_id« vorgeben müssen. Das erledigt CouchDB für Sie. Allerdings müssen Sie den HTTP-Header `content-type: application/json` mitsenden. Der Request, mit dem ein leeres Dokument erstellt wird, sieht dann folgendermaßen aus:

```
$ curl -X POST http://127.0.0.1:5984/kassenbuch/ \
-H "Content-Type: application/json" -d '{}'
HTTP/1.1 201 Created

{"ok":true,"id":"7fd1e3606a017d9c94a3d9ef430004ce", \
"rev":"1-967a00dff5e02add41819138abb3284d"}
```

Ob Sie `PUT` oder `POST` nutzen, bleibt letztlich Ihnen überlassen. Wenn Sie die _id für ein Dokument nicht selbst erstellen wollen oder müssen, ist die Nutzung von `POST` wahrscheinlich einfacher. Wenn Sie die _id selbst erstellen, wie z.B. `eintrag_1`, `eintrag_2`, sollten Sie auf `PUT` zurückgreifen. Beachten Sie aber auf alle Fälle, dass Dokumente mit älteren Revisionen bei der Nutzung von »Compaction« (siehe Abschnitt 2.3.2, »Arbeiten mit der Datenbank«) verloren gehen.

Compaction

2.4.4 PUT /db/id -d JSON – Dokument erweitern

Zugegebenermaßen ist ein solches Dokument eher unspannend. Deshalb fügen wir diesem einen Key »name« hinzu. Um ein Dokument aktualisieren zu können, müssen Sie neben der _id auch die Version des Doku-

MVCC

mentes, das Sie ändern wollen und durch _rev definiert ist, angeben. Der Hintergrund ist die Nutzung der MVCC-Architektur, wie bereits besprochen (siehe Abschnitt 1.1.3 , »Was ist MVCC?«). Der Request sieht dann so aus:

```
$ curl -X PUT http://127.0.0.1:5984/kassenbuch/ \
7fd1e3606a017d9c94a3d9ef43000061 \
-d '{"_rev": "1-967a00dff5e02add41819138abb3284d",
"typ": "Ausgabe"}'
HTTP/1.1 201 Created


{"ok":true,"id":"7fd1e3606a017d9c94a3d9ef43000061", \
"rev":"2-53f21467344e4cb88384fc9e2e189049"}
```

2.4.5 PUT /db/id -d JSON – Dokument aktualisieren

Das Dokument zu aktualisieren ist im Prinzip genau das Gleiche wie dieses zu erweitern. Sie müssen nur darauf achten, dass Sie die neueste Version übergeben. Im vorhergehenden Beispiel möchten wir jetzt aus der »Einnahme« eine »Ausgabe« machen. Der Request sieht so aus:

```
$ curl -X PUT http://127.0.0.1:5984/kassenbuch/ \
7fd1e3606a017d9c94a3d9ef43000061 \
-d '{"_rev": "2-53f21467344e4cb88384fc9e2e189049",
"typ": "Einnahme"}'
HTTP/1.1 201 Created

{"ok":true,"id":"7fd1e3606a017d9c94a3d9ef43000061", \
"rev":"3-b2e8c24d7f00dee35c659d88a3652d57"}
```

2.4.6 PUT /db/id/attachment – Dokument-Attachment

Jedes Dokument kann sogenannte *Attachments* aufnehmen. Der Key dafür ist »_attachment«. Ein Attachment kann im Prinzip jegliche Art bzw. jeglichen Content-Type haben.

> **»Inline-Attachments« vs. »External Attachments«**
>
> Es gibt auch die Möglichkeit, sogenannte *Inline Attachments* zu generieren. Dabei muss der Inhalt »Base64-encoded« werden. Das bedeutet, dass Sie die Daten vorher bearbeiten müssen. Wir sehen hier eher wenige Anwendungsfälle und besprechen diese Art Attachments deshalb nicht. Weitere Informationen dazu erhalten Sie im Wiki unter *http://wiki.apache.org/couchdb/HTTP_Document_API#Attachments*.

Gehen wir davon aus, dass wir einen kleinen Text als Textdatei vorliegen haben und diesen als Attachment speichern möchten. Hier der Text:

Heute kann es regnen,
stürmen oder schneien,
denn du strahlst ja selber
wie der Sonnenschein.
Heut ist dein Geburtstag,
darum feiern wir,
alle deine Freunde
freuen sich mit dir.

Attachment

Diese Zeilen legen wir in einer Datei namens *geburtstag.txt* ab. Im URI geben Sie dann den Typ im entsprechenden Header content-type an. Hier ist wichtig zu beachten, dass Sie im Content-Type das Character-Set mit angeben (content-type: text/plain;charset=utf-8), denn wir wollen ja, dass das »ü« in »stürmen« auch als »ü« und nicht als »Ã¼« bei der Ausgabe erscheint. Das passiert, wenn versucht wird, ein nicht richtig encodiertes UTF-8-Zeichen als UTF-8 auszugeben.

UTF-8

Um das Attachment im Dokument zu speichern, gehen Sie folgendermaßen vor:

```
$ curl -iX PUT http://127.0.0.1:5984/kassenbuch/ \
d1d98e6fc0a07b967c6dd82c25003e70/ \
geburtstag.txt?rev=4-2a7e6056491908d36f7b75ad75f87863 \
--data-binary @geburtstag.txt \
-H "content-type: text/plain;charset=utf-8" \
HTTP/1.1 201 Created
Server: CouchDB/1.1.0 (Erlang OTP/R14B03)
Location: http://127.0.0.1:5984/kassenbuch/ \
d1d98e6fc0a07b967c6dd82c25003e70/geburtstag.txt
Etag: "5-d5171a67e9e27aeba9beac32149a86a9"
Date: Mon, 07 Feb 2011 22:53:25 GMT
Content-Type: text/plain;charset=utf-8
Content-Length: 95
Cache-Control: must-revalidate

{"ok":true,"id":"d1d98e6fc0a07b967c6dd82c25003e70", \
"rev":"5-d5171a67e9e27aeba9beac32149a86a9"}
```

Sie können ja mal sehen, ob das auch wirklich geklappt hat, und geben die URL *http://127.0.0.1:5984/kassenbuch/d1d98e6fc0a07b967 c6dd82c25003e70/geburtstag.txt* im Browser ein. Was Sie sehen, ist der Text aus der Datei *geburtstag.txt*.

> **Drei Varianten für den Datentyp in cURL**
>
> Wir haben im Beispiel die Option `--data-binary` genutzt. Denn wir wollen die Daten, »so wie sie sind«, an das Dokument anhängen. Sie können auch einfach `-d` nutzen, dann werden allerdings Zeilenumbrüche nicht erkannt.
>
> Oder Sie können auch `-data-urlencode` nutzen. Der Inhalt würde URL-tauglich encodiert werden: »Heute%20kann%20es%20regnen%2C%0A st%C3%BCrmen%20oder%20schneien ...«.
>
> Wenn Sie z.B. ein Bild hochladen wollen, würden Sie also immer `-data-binary` nutzen, damit die Daten auf keinen Fall »bearbeitet« werden. Die Daten gehen im HTTP-Request immer in den `body`.

Ein Attachment zu aktualisieren ist dasselbe wie es neu zu erstellen.

2.4.7 DELETE /db/id/attachment – Dokument-Attachment löschen

Das Löschen eines Attachments erfolgt wieder nach dem schon bekannten Muster. Sie müssen die Version und den Namen des Attachments angeben:

```
$ curl -iX DELETE http://127.0.0.1:5984/kassenbuch/ \
d1d98e6fc0a07b967c6dd82c25003e70/ \
geburtstag.txt?rev=10-1fe78a8ede50d32b2968cfa9931f3b33 \
-H "Content-Type: appliction/json"
HTTP/1.1 200 OK
Server: CouchDB/1.1.0 (Erlang OTP/R14B03)
Date: Mon, 07 Feb 2011 23:20:32 GMT
Content-Type: text/plain;charset=utf-8
Content-Length: 96
Cache-Control: must-revalidate

{"ok":true,"id":"d1d98e6fc0a07b967c6dd82c25003e70", \
"rev":"11-d0c4cb266b9ff56b8b54c57844cba7ae"}
```

2.4.8 GET /db/id/attachment – Dokument-Attachment lesen

Wie bereits in den vorhergehenden Abschnitten angemerkt, können Sie ein Attachment mit einer `GET`-Abfrage auch wieder aus CouchDB *abholen*. Ein weiteres nettes Feature im Zusammenhang damit sind Range-Queries!

Range-Queries – zu Deutsch: Bereichsabfragen – werden im Internet zum Beispiel beim Streamen von Videos und Musik eingesetzt. Auch das Anhalten und Fortsetzen von Downloads nutzt diese Eigenschaft aus.

Range-Queries

Seit der Version 1.1.0 von CouchDB unterstützen Attachments diese Funktionalität.

Praktisch werden diese Abfragen mit Hilfe des Headers (Kopfzeile) `Range` umgesetzt. Über diesen Header teilt der Client dem Server in der Anfrage mit, welchen Teil (in Byte) einer Datei er in der Antwort lesen möchte.

Um ein Range-Query benutzen zu können, müssen Sie beim Speichern/Anlegen von Attachments immer den Header `Content-Type: application/octet-stream` angeben.

[x]

Beispiel

Der Einfachheit sei es geschuldet, dass wir in diesem Beispiel keine Binärdatei, sondern eine Textdatei verwenden.

[«]

Zuerst erstellen wir eine Datei mit dem Namen *beispiel.txt*, dann erstellen wir ein neues Dokument (mit der `_id range-beispiel`) und laden den Anhang hoch:

```
$ echo "Sie lesen das CouchDB-Buch" > ./beispiel.txt
$ curl -X PUT \
http://127.0.0.1:5984/kassenbuch/range-beispiel
\ -d ' "beispiel":true'
{
  "beispiel":true,
  "id":"range-beispiel",
  "rev":"1-d82955fa0df6d6fe32ec056028848519"
}
$ curl -X PUT \
http://127.0.0.1:5984/kassenbuch/range-beispiel/beispiel.txt \
?rev="1-d82955fa0df6d6fe32ec056028848519" \
--data-binary @beispiel.txt
```

Danach führen wir einen kurzen Test aus, um zu sehen, ob die Range-Query auch wirklich unterstützt wird:

```
$ curl -I \
http://127.0.0.1:5984/kassenbuch/range-beispiel/beispiel.txt
HTTP/1.1 200 OK
Server: CouchDB/1.2.0a-3636047-git (Erlang OTP/R14B02)
ETag: "2-cde2cf75d35ec86175c976769ed9600b"
Date: Sun, 03 Jul 2011 17:51:40 GMT
Content-Type: application/octet-stream
Content-MD5: klYr4W3Y459RhQoOAxOnFA==
Content-Length: 27
Cache-Control: must-revalidate
Accept-Ranges: bytes
```

Herzlichen Glückwunsch, es ging alles gut! Sollte Ihnen beim Anlegen der Datei ein Fehler unterlaufen sein – zum Beispiel haben Sie den falschen `Content-Type` angegeben –, würde CouchDB mit `Accept-Ranges: none` antworten.

Last but not least – die Range-Query:

```
$ curl -H 'Range: bytes=14-27' \
http://127.0.0.1:5984/kassenbuch/range-beispiel/beispiel.txt
CouchDB-Buch
```

Da jeder Buchstabe in unserer Textdatei einem Byte entspricht, haben wir die ersten 14 Zeichen (`Sie lesen das`) weggelassen und nur die Antwort `CouchDB-Buch` erhalten.

[+] Die gesamte Anzahl der Bytes (in unserem Beispiel 27) erhalten Sie immer über den Header `Content-Length`.

2.4.9 GET /db/_all_docs – alle Dokumente anzeigen

Wir haben jetzt zwei Dokumente in unserer CouchDB-Datenbank *kassenbuch*. Das ist zugegebenermaßen relativ übersichtlich. Zumal die Dokumente auch nur einen konkreten Eintrag haben – nämlich den Key »typ«. Für unsere Anschauungszwecke reicht das aber völlig aus.

Im nächsten Schritt möchten wir gerne einmal alle Dokumente aus der *kassenbuch*-CouchDB als Übersicht sehen. Hier kein Problem – aber Vorsicht, wenn Sie viele Millionen Dokumente haben, kann das Anzeigen einige Zeit dauern. Ein Zugriff auf die Dokumente würde in solch einem Fall eher über Views laufen. Aber jetzt zum Request:

2.4 Dokumente

```
$ curl -iX GET http://127.0.0.1:5984/kassenbuch/_all_docs
HTTP/1.1 200 OK

{"total_rows":2,"offset":0,"rows":[
{"id":"7fd1e3606a017d9c94a3d9ef43000061", \
"key":"7fd1e3606a017d9c94a3d9ef43000061", \
"value":{"rev":"3-b2e8c24d7f00dee35c659d88a3652d57"}},
{"id":"7fd1e3606a017d9c94a3d9ef430004ce", \
"key":"7fd1e3606a017d9c94a3d9ef430004ce", \
"value":{"rev":"1-967a00dff5e02add41819138abb3284d"}}
]}
```

Als Ergebnis erhalten wir – wie nicht anders zu erwarten – ein JSON-Objekt mit allen relevanten Informationen zu jedem Dokument. Namentlich der ID und der Version. Diese Daten sehen Sie in der Liste ([{}, {}]) »rows«.

CouchDB bietet unterschiedliche Möglichkeiten, um die Ausgabeliste zu manipulieren. Der am einfachsten einzusetzende Parameter ist auf jeden Fall descending=true:

descending=true

```
$ curl -iX GET http://127.0.0.1:5984/kassenbuch/ \
  _all_docs?descending=true
HTTP/1.1 200 OK

{"total_rows":13,"offset":0,"rows":[
{"id":"b0012","key":"b0012","value": \
  {"rev":"1-213d17f1128a459670a5101a20d46cf5"}},
{"id":"b0011","key":"b0011","value": \
  {"rev":"1-213d17f1128a459670a5101a20d46cf5"}},
{"id":"b0010","key":"b0010","value": \
  {"rev":"1-3815d88459ba5aa5016115363d86b214"}},
...
{"id":"_design/buchhaltung", \
  "key":"_design/buchhaltung", \
  "value":{"rev":"35-100405fb6a5c51000a5bfdc6b85f9b87"}}
]}
```

CouchDB bietet auch die Möglichkeit, mehrere bestimmte Dokumente auszugeben. Diese werden in einem POST-Request als Keys in einer Liste (Array) übergeben:

```
$ curl -iX POST http://127.0.0.1:5984/kassenbuch/\
  _all_docs -d '{"keys":["b0001","b0002"]}'
HTTP/1.1 200 OK

{"total_rows":13,"offset":0,"rows":[
{"id":"b0001","key":"b0001","value": \
```

```
  {"rev":"3-d0a6522f7b8e07a9a49b332895362892"}},
{"id":"b0002","key":"b0002","value": \
  {"rev":"1-467e80017e61b506e2e856588c9946a4"}}
]}
```

Schließlich besteht auch die Möglichkeit, die Inhalte der Dokumente mit auszugeben:

```
$ curl -iX GET http://127.0.0.1:5984/kassenbuch/ \
  _all_docs?include_docs=true
...
```

Natürlich können Sie nun diverse Kombinationen aus diesen Parametern erstellen. Probieren Sie es doch mal aus.

2.4.10 GET /db/id – ein Dokument anzeigen

Für das Anzeigen eines einzelnen Dokumentes gibt es zwei Möglichkeiten – mit und ohne Version. Sie nutzen dafür die HTTP-GET-Methode und geben auf jeden Fall die ID des Dokumentes an:

```
$ curl -X GET http://127.0.0.1:5984/kassenbuch/ \
7fd1e3606a017d9c94a3d9ef43000061
HTTP/1.1 200 OK

{"_id":"7fd1e3606a017d9c94a3d9ef43000061", \
"_rev":"3-b2e8c24d7f00dee35c659d88a3652d57", \
"type":"einnahme"}
```

Dokument-Versionen In diesem Fall sehen Sie das aktuellste Dokument, weil CouchDB ohne Angabe einer Version immer das aktuellste zurückgibt. Im nächsten Beispiel wollen wir, aber eine ganz bestimmte Dokumentversion sehen. Sagen wir, die zweite. Dazu geben Sie dem Request die Version als Parameter mit:

```
$ curl -X GET http://127.0.0.1:5984/kassenbuch/ \
7fd1e3606a017d9c94a3d9ef43000061 \
?rev=2-53f21467344e4cb88384fc9e2e189049
HTTP/1.1 200 OK

{"_id":"7fd1e3606a017d9c94a3d9ef43000061", \
"_rev":"2-53f21467344e4cb88384fc9e2e189049", \
"type":"ausgabe"}
```

rev=true Wenn Sie alle vorhandenen Versionen des Dokumentes sehen möchten, geben Sie an den URI den Parameter `rev=true` mit:

```
$ curl -X GET http://127.0.0.1:5984/kassenbuch/ \
7fd1e3606a017d9c94a3d9ef43000061?revs=true
{"_id":"7fd1e3606a017d9c94a3d9ef43000061", \
"_rev":"4-a370d69068650c5bf48312ce2f9a0188", \
"type":"einnahme", "_revisions":{"start":4,\
"ids":["a370d69068650c5bf48312ce2f9a0188", \
"b2e8c24d7f00dee35c659d88a3652d57", \
"53f21467344e4cb88384fc9e2e189049", \
"967a00dff5e02add41819138abb3284d"]}}
```

Wie schon weiter oben beschrieben, können Sie auch den Parameter `revs_info=true` nutzen, um noch detailliertere Revisions-Informationen zu erhalten.

revs_info=true

2.4.11 DELETE /db/id – ein Dokument löschen

Wenn Dokumente erstellt werden können, muss es auch eine Möglichkeit geben, diese wieder zu löschen. HTTP bietet für das Löschen einer Ressource die Methode DELETE. Um ein Dokument löschen zu können, müssen Sie neben der ID auch die Version angeben:

DELETE

```
$ curl -iX DELETE http://127.0.0.1:5984/kassenbuch/ \
7fd1e3606a017d9c94a3d9ef430004ce \
?rev=1-967a00dff5e02add41819138abb3284d
HTTP/1.1 200 OK

{"ok":true,"id":"7fd1e3606a017d9c94a3d9ef430004ce", \
"rev":"2-eec205a9d413992850a6e32678485900"}
```

2.4.12 HEAD /db/id – Info über ein Dokument

HTTP bietet die Methode HEAD, um Informationen zu einer Ressource anzuzeigen. CouchDB unterstützt auch diese Methode. Sie kann hilfreich sein, um Informationen zu einem Dokument zu erhalten.

```
$ curl -X GET --head http://127.0.0.1:5984/kassenbuch/ \
7fd1e3606a017d9c94a3d9ef43000061
HTTP/1.1 200 OK
Server: CouchDB/1.1.0 (Erlang OTP/R14B03)
Etag: "4-a370d69068650c5bf48312ce2f9a0188"
Date: Thu, 03 Feb 2011 23:31:56 GMT
Content-Type: text/plain;charset=utf-8
Content-Length: 105
Cache-Control: must-revalidate
```

curl -head Leider ist das Programm cURL an dieser Stelle etwas inkonsistent. Der Aufruf `curl -X HEAD` funktioniert so leider nicht. Deshalb die etwas andere Schreibweise wie im Beispiel. Der Parameter `-head` kann für `GET`, `PUT` und `POST` angegeben werden, um eben nur die Header der Response und nicht den Body zu erhalten.

2.4.13 COPY /db/id – ein Dokument kopieren

CouchDB bietet eine eigene HTTP-Methode namens `COPY`. Wie der Name schon sagt, können Sie mit dieser Methode Dokumente kopieren. Zum einen können Sie ein bestehendes Dokument in der aktuellsten Version zu einem neuen Dokument kopieren:

```
$ curl -X COPY http://127.0.0.1:5984/kassenbuch/ \
7fd1e3606a017d9c94a3d9ef43000061 \
-H "Destination:2f9d4949a95949ace47ef053b600072eX"
HTTP/1.1 201 Created

{"id":"2f9d4949a95949ace47ef053b600072eX", \
"rev":"1-f5f678e8784e16196c3490a0d7fd3c33"}
```

COPY Alternativ haben Sie im Fall von `COPY` die Möglichkeit, auch von einer bestimmten Dokumentversion eine Kopie zu erstellen. Dafür geben Sie den entsprechenden Versions-Hash als Parameter an den URI:

```
$ curl -X COPY http://127.0.0.1:5984/kassenbuch/ \
7fd1e3606a017d9c94a3d9ef43000061?rev= \
3-53f21467344e4cb88384fc9e2e189049
...
```

Und schließlich haben Sie die Möglichkeit, eine Kopie eines Dokumentes in ein bereits bestehendes einzufügen. Dazu geben Sie die Version des Zieldokuments an:

```
$ curl -X COPY http://127.0.0.1:5984/kassenbuch/ \
7fd1e3606a017d9c94a3d9ef43000061 \
-H "Destination:2f9d4949a95949ace47ef053b600072eX \
?rev=1-f5f678e8784e16196c3490a0d7fd3c33"
HTTP/1.1 201 Created

{"id":"2f9d4949a95949ace47ef053b600072eX", \
"rev":"2-0590a99b8b6024a96891270751b1453f"}
```

Anhand des zurückgegebenen JSON-Objektes sehen Sie, dass eine neue Version des Zieldokumentes erstellt wurde.

Mehrere Dokumente gleichzeitig anlegen (_bulk_docs)

In bestimmten Situationen möchten Sie bestimmt mehrere Dokumente gleichzeitig anlegen. Dafür bietet CouchDB die `_bulk_docs`-Methode. Der Aufruf sieht folgendermaßen aus:

_bulk_docs

```
$ curl -X POST http://127.0.0.1:5984/kassenbuch/_bulk_docs \
  -H "content-type:application/json" \
  -d '{"docs":[{"_id":"b00b1","typ":"Ausgabe"}, \
  {"_id":"b00b2","typ":"Einnahme"}]}'
[{"id":"b00b1","rev":"1-ec700b25c2cfed526dcd03660fba8de7"}, \
{"id":"b00b2","rev":"1-7f20f0af782221eb13ff603152d552d1"}]
```

2.4.14 Zusammenfassung

In diesem Abschnitt haben Sie die wichtigsten Teile der Dokument-API von CouchDB kennengelernt. Sie sind nun in der Lage, Dokumente zu erstellen, zu aktualisieren, zu kopieren und zu löschen. Im nächsten Abschnitt, »Views«, lernen Sie alles über Abfragen in CouchDB mit Map-Reduce.

2.5 Views

In CouchDB werden Dokumente über ihren Key bzw. die ID gelesen.

Für komplexere Abfragen – zum Beispiel um mehrere Dokumente eines bestimmten Typs aus der Datenbank zu lesen oder Daten auszuwerten – bietet CouchDB sogenannte *Views*.

View

Die Views werden in Design-Dokumenten gespeichert und implementieren das so genannte *MapReduce*-Pattern.

MapReduce

Im Gegensatz zu relationalen Datenbanken wird der Index eines Views in CouchDB erst beim Lesen des Views aktualisiert, nicht beim Schreibvorgang in die Datenbank. Das hat den Vorteil, dass CouchDB beim Schreiben von Daten schneller ist – allerdings auf Kosten der Geschwindigkeit beim Lesen.

[«]

2.5.1 MapReduce und CouchDB

Während der Map-Phase werden grundsätzlich alle Dokumente in der Datenbank verarbeitet. Dabei ist die Reihenfolge, in der die Dokumente verarbeitet werden, nicht relevant. Relevant ist, dass die Daten verarbeitet werden.

Map

Eine einfache map-Funktion sieht in CouchDB wie folgt aus:

```
"_id": "_design/Beispiel",
"views": {
    "janzEinfach": {
        "map": "function (doc) {
            emit(doc._id, null);
        }"
    }
}
```

Der View wird wie folgt aufgerufen:

```
$ curl http://127.0.0.1:5984/DB/_design/ \
Beispiel/_view/janzEinfach
```

Im Allgemeinen wird bei MapReduce das Ergebnis der Map-Phase an die Reduce-Phase weitergegeben. Bei CouchDB ist dieser Schritt optional – die Reduce-Phase ist nicht zwingend notwendig.

Reduce Wenn die Ergebnisse der Map-Phase vorliegen und weiterverarbeitet werden sollen, wird in der Reduce-Phase eine Funktion auf die (Zwischen-)Ergebnisse ausgeführt.

[zB] Ein praktisches Beispiel für den Einsatz von Reduce ist das Erstellen einer Liste von verwendeten Schlagworten und ihrer Anzahl:

Die Datenbank enthält folgende Dokumente:

```
{
    "_id": "b58955b31849c35272c83b353e772fab",
    "_rev": "1-161aa57e2cffbbec2a062c946ff3a677",
    "type": "Schlagwort",
    "name": "andy"
}
{
    "_id": "da96aee30e0257a64c5afcfdb883ea2a",
    "_rev": "2-b5d608363bee2170606ffd234291706c",
    "name": "sebastian",
    "type": "Schlagwort"
}
{
    "_id": "be9163b78677a2349e41ceda9b38b183",
    "_rev": "4-778c3dc27f85857bc5fa5494b63eb479",
    "type": "Schlagwort",
    "name": "till"
}
{
```

```
    "_id": "75009b0e3183ad0fba385e284de4fa19",
    "_rev": "1-644563aa4d2787e578d05aef8b2cabcf",
    "type": "Schlagwort",
    "name": "sebastian"
}
```

Das Design-Dokument mit `map`- und `reduce`-Funktionen:

```
"_id": "_design/Schlagwort",
"views": {
    "Zaehler": {
        "map": "function (doc) {
            if (doc.type == 'Schlagwort') {
                emit(doc.name, 1);
            }
        }",
        "reduce": "function(keys, values, rereduce) {
            return sum(values);
        }"
    }
}
```

Der `curl`-Aufruf:

```
$ curl http://127.0.0.1:5984/DB/_design/ \
Schlagwort/_view/Zaehler?group=true
{"rows":[
{"key":"andy","value":1},
{"key":"sebastian","value":2},
{"key":"till","value":1}
]}
```

`group=true` sorgt dafür, dass während der Reduce-Phase gleiche Keys in den Ergebnissen reduziert werden.

2.5.2 ETags

ETag[1]-Header werden im HTTP-Protokoll zu 90% für das Cachen von Ressourcen verwendet. Hier eine gute Beschreibung aus Wikipedia[2]:

> *Bei der ersten Anfrage einer Ressource sendet der Server einen für diese Ressource spezifischen ETag-Wert im ETag-Header-Feld, der vom Client zusammen mit der Ressource lokal gespeichert wird. Bei einer erneuten Anfrage derselben Ressource sendet der Client in dem Header-Feld If-None-*

---

1 *http://www.w3.org/Protocols/rfc2616/rfc2616-sec14.html#sec14.19*
2 *http://de.wikipedia.org/wiki/HTTP_ETag*

> *Match den zuvor gespeicherten ETag-Wert mit. Auf der Server-Seite wird nun der gesendete ETag-Wert mit dem aktuellen verglichen und bei Übereinstimmung mit dem Statuscode 304 beantwortet. Die Daten der Ressource werden in diesem Fall nicht mitgeschickt und der Client verwendet die lokal gespeicherten Daten.*

View-Index — In CouchDB wird für alle Views in einem `_design`-Dokument bei jeder Änderung eines View-Index für alle Views ein neues ETag generiert. Dabei ist es egal, ob sich am jeweiligen View-Index etwas geändert hat – zum Beispiel durch die Änderung der Map- oder Reduce-Funktion. Dieses Verhalten wurde in der Version 1.1 geändert. Jetzt wird pro Anfrage eines Views ein ETag generiert, und dieses wird nur geändert, wenn sich an diesem einzelnen View-Index etwas ändert. Das hat zur Folge, dass häufiger der HTTP-Status-Code `304 Not Modified` als Antwort (Response) ausgegeben wird.

2.5.3 JavaScript

Spidermonkey — Von Haus aus werden Views in CouchDB in JavaScript geschrieben. Unter der Haube setzt CouchDB zum Ausführen dieser Funktionen das Mozilla-Projekt *Spidermonkey*[3] ein. Spidermonkey ist eine in C geschriebene JavaScript-Engine und wird unter anderem im Firefox Webbrowser verwendet.

2.5.4 CommonJS-Unterstützung in Views

Seit der CouchDB-Version 1.1 wird in Views die Nutzung von CommonJS[4]-Modulen unterstützt. CommonJS ist der Ansatz, eine einheitliche API für die Programmierung von JavaScript-gestützten Applikationen zu schaffen – egal auf welcher Plattform wie z.B. server-side, client-side oder aber auch auf dem Desktop. Auf der Community-Website finden Sie unter *http://www.commonjs.org/impl/* eine Liste mit vielen Projekten und Applikationen, die den CommonJS-Standard implementieren.

Die Nutzung eines CommonJS-Moduls erfolgt im View und unterliegt bestimmten Voraussetzungen. Hier zuerst der Ausschnitt eines Views:

---

3 *http://www.mozilla.org/js/spidermonkey/*
4 *http://www.commonjs.org/*

```
{
    "_id": "_design/buchhaltung",
    "_rev": "275-a3f8495cc032a09fb1dfdbaa26da0703",
    "views": {
        "lib": {
            "calculate": {
                "mwst19": "exports.mwst = function(betrag) \
                    { return [betrag, betrag * 0.19]; }",
                "mwst7": "exports.mwst = function(betrag) \
                    { return [betrag, betrag * 0.07]; }"
            }
        },
        "betrag_und_mwst19": {
            "map": "function(doc) { emit(doc.typ, require( \
                'views/lib/calculate/mwst19') \
                .mwst(doc.betrag))}"
        }
    }
}
```

Der Geltungsbereich für CommonJS erstreckt sich auf das gesamte Design-Dokument. Deshalb besteht auch die Möglichkeit, CommonJS-Module innerhalb von List- und Show-Funktionen einzubinden. Würde nun in Views von irgendwoher ein CommonJS-Modul eingebunden werden, würde das bedeuten, den Index des Views bei jeder Änderung neu zu erstellen. Um dies zu vermeiden, haben sich die Entwickler dazu entschieden, dass CommonJS-Module für Views nur innerhalb der Views eingebunden werden dürfen. Um es genau zu sagen, müssen die Module unter views.lib.modul_name abgelegt werden.

CommonJS-Module

Im obigen Beispiel gibt es unter views.lib das Modul calculate mit den Modulen mwst19 und mwst7. Diese Module exportieren jeweils eine Methode mwst, und diese erwartet als Parameter einen Betrag. Bei der Ausführung des Views werden dann als Value der Gesamtbetrag und die berechnete Mehrwertsteuer zurückgegeben.

Key	Value
Ausgabe ID: b0003	[6.3, 1.197]
Ausgabe ID: b0004	[84.2, 15.998000000000001]
Ausgabe ID: b0007	[15.6, 2.964]
Ausgabe ID: b0009	[127.8, 24.282]
Ausgabe ID: b0010	[19.5, 3.705]

Tabelle 2.4 Ergebnis CommonJS-View

Key	Value
Ausgabe ID: b1111	[85.2, 16.188000000000002]
Einnahme ID: byyyyy	[23.6, 4.484]

Tabelle 2.4 Ergebnis CommonJS-View (Forts.)

2.5.5 Parameter

Bei Abfragen an den View werden verschiedene Parameter unterstützt. Diese Parameter werden zum Beispiel benutzt, um das Ergebnis des Views einzuschränken, zu sortieren oder gruppieren. Die folgenden Abschnitte haben wir nach der Methode unterteilt, wie sie auf den View zugreifen – also zum Beispiel GET, HEAD und POST.

Abfragen über die Methoden GET und HEAD

GET- und HEAD-Requests unterstützen folgende Parameter:

Parameter	Wert	Standardwert	Beschreibung
key	Key-Value	–	JSON-Datenstruktur
startkey	Key-Value	–	JSON-Datenstruktur
startkey_docid	Dokument-ID	–	**Von** – Bis: Dokument-ID
endkey	Key-Value	–	JSON-Datenstruktur
endkey_docid	Dokument-ID	–	Von – **Bis**: Dokument-ID
limit	Anzahl	–	Anzahl der Dokumente, die zurückgeliefert werden soll
stale	ok	–	stale=ok/update_after: ok hat zur Folge, dass der View vor der Rückgabe nicht aktualisiert wird, und update_after hat zur Folge, dass der View nach der Rückgabe aktualisiert wird.
descending	true / false	false	Ausgabe umdrehen
skip	Anzahl	0	Anzahl der Dokumente, die übergangen werden sollen
group	true	false	Automatische Reduce-Phase, um gleiche Werte aus einem Map zu filtern

Tabelle 2.5 View-Parameter

Parameter	Wert	Standardwert	Beschreibung
group_level	Anzahl	–	Gibt an, auf welcher Ebene das Ergebnis von Map reduziert wird
reduce	true / false	true	Nutze die reduce-Funktion des Views. Standardmäßig true, wenn eine reduce-Funktion existiert, sonst false
include_docs	true / false	false	Integriert den Inhalt aller Dokumente in der Antwort des View, auch wenn nur der Key durch die emit-Funktion geliefert wurde
inclusive_end	true / false	true	Bestimmt, ob der endkey im Ergebnis integriert ist.

Tabelle 2.5 View-Parameter (Forts.)

POST-Requests

keys=[key1, key2, key3]

CouchDB verhält sich in 99.999999999 % aller Fälle RESTful – d.h., dass Lesezugriffe immer über GET-Requests realisiert werden. Ausnahme ist der keys-Parameter.

Grund ist, dass Requests über GET eine maximale Länge von 255 Byte haben dürfen. Dieser Wert könnte durch die Angabe mehrerer Schlüssel überschritten werden.

2.5.6 Eingebaute Reduce-Funktionen

Seit der CouchDB-Version 0.11.0 sind die drei folgenden Funktionen für die Reduce-Phase eingebaut: _sum, _count und _stats.

Reduce-Phase

Im Gegensatz zu Funktionen in JavaScript werden diese Funktionen innerhalb von CouchDB ausgeführt, da sie in Erlang implementiert wurden.

Abhängig von den Daten (Anzahl, generelle Größe sowie Lese- und Schreibzugriffe) in der Datenbank kann der Einsatz einer in Erlang geschriebenen Funktion deutliche Geschwindigkeitsvorteile gegenüber einer Funktion in JavaScript bieten. Genauere Daten zu den Geschwindigkeitsvorteilen erheben Sie am besten, indem Sie eine entsprechende Benchmark für Ihr Use Case durchführen.

Beispiel in JavaScript:

```
"reduce": "function(keys, values, rereduce) {
    return sum(values);
}"
```

Das Äquivalent _sum:

```
"reduce": "_sum"
```

2.5.7 Temporary View

Alle bisher genannten Funktionen stehen auch als sogenannte *Temporary Views* zur Verfügung. Temporary Views sind nicht persistent, da sie nur während des Requests existieren:

- **Schritt 1:**
  View wird erstellt.

- **Schritt 2:**
  View wird ausgeführt: Die Daten werden mit MapReduce analysiert.

- **Schritt 3:**
  Ergebnis wird an den Client geliefert.

- **Schritt 4:**
  View wird gelöscht.

Wie sich aus der Schrittfolge ableiten lässt, handelt es sich dabei um weniger performante Operationen.

Temporary Views bei der Entwicklung Der Vorteil gegenüber normalen Views ist, dass durch das Entfallen der Pflege von Design-Dokumenten Temporary Views vor allem während der Entwicklung lohnen.

[!] Temporary Views in CouchDB sind kein adäquater Ersatz für adhoc-Abfragen. Im produktiven Einsatz sollte auf Temporary Views verzichtet werden.

Hier sehen Sie ein Beispiel:

```
POST /datenbank/_temp_view  HTTP/1.0
Content-Length: 48
Date: Mon, 02 Dec 2010 00:00:00 +0200
Content-Type: application/json
```

```
{
    "map": "function(doc) {
        if (doc.hallo) {
            emit(null, doc.hallo);
        }
    }"
}
```

2.5.8 Fehleranalyse

Menschen machen Fehler – getreu dieser Devise kann es vorkommen, dass ein View eventuell nicht die Ergebnisse liefert, die erwartet werden.

- **JavaScript-Syntax:**
  Sollte es vorkommen, dass die von CouchDB gelieferten Fehlermeldungen wenig aufschlussreich sind, bietet es sich, an die Funktion(en) in eine Datei (*file.js*) zu speichern und die JavaScript-Syntax über folgenden Aufruf zu prüfen:

  ```
  $ js file.js
  ```

  Das Programm `js` wird automatisch bei der Installation von Spidermonkey mitinstalliert.

- **JSON-Syntax:**
  Die JSON-Struktur eines Dokuments kann ebenfalls mit Hilfe des `js`-Programms geprüft werden. Eine Alternative zu `js` ist die Website *http://www.jsonlint.com/*.

- **Log:**
  Angenommen, syntaktische Fehler können ausgeschlossen werden, so eignet sich die Funktion `log()` hervorragend dazu, in den View von außen reinzuschauen:

  ```
  {
      "map": "function(doc) {
          if (Bedingung) {
              log("Hallo Welt"); log(doc);
          }
      }"
  }
  ```

2.5.9 Validieren und prüfen

Seit CouchDB-Version 0.9.0 sind in Design-Dokumenten Funktionen zum Prüfen der Daten möglich.

2 | Die Grundlagen

validate_doc _update

Die Funktion wird in der Eigenschaft `validate_doc_update` des Design-Dokuments gespeichert und unterstützt drei Parameter:

- **newDocument:**
  Enthält die Daten, die hinzugefügt werden sollen.

- **currentDocument:**
  Ein optionaler Paramter – nur gesetzt, wenn bereits ein Dokument vorhanden ist.

- **userContext:**
  Der aktuelle angemeldete Benutzer und seine Rollen.

[»] Die Bezeichung der Parameter ist beliebig, nur die Reihenfolge im Kopf der Funktion ist wichtig.

```
{
    "_id": "_design/Beispiel",
    "_rev": "...",
    "views": ...,
    "validate_doc_update": "function (newDocument, \
      currentDocument, userContext) {
        ...
    }
}
```

Seperation of Concerns

Pro Design-Dokument ist es möglich, eine Funktion anzugeben. Die Funktion kann beliebig komplex sein. Es empfiehlt sich jedoch an dieser Stelle, auf SoC[5] zu achten, d.h. auf mehrere Design-Dokumente verteilte kurze Funktionen erhöhen auch in diesem Fall Lesbarkeit und Wartbarkeit des Quelltextes.

> **Das bedeutet »SoC«**
>
> Die Abkürzung »SoC« (»Separation of Concerns«) bedeutet, dass sich einzelne Funktionen in einem Programm so wenig wie möglich überschneiden sollen. Oft wird dies durch die Modularisierung der Funktionen innerhalb eines Programms erreicht.

[»] Bitte beachten Sie, dass beim Schreiben in die Datenbank – d.h. beim Anlegen und beim Bearbeiten jeglicher Dokumente – alle zum Prüfen angelegten Funktionen ausgeführt werden.

---

5 http://en.wikipedia.org/wiki/Separation_of_concerns

Im Detail könnte eine `validate_doc_update`-Funktion wie folgt aussehen:

```
function (newDocument, currentDocument, userContext) {
    if (!newDocument.email) {
        throw({forbidden:'Email required.'});
    }
}
```

Im Falle von Fehlern sollten diese semantisch korrekt behandelt werden.

- **Bitte einloggen:**
  `throw({unauthorized : message});`

- **Fehler aufgetreten:**
  `throw({forbidden : message});`

Wenn keine Exception aus der `validate_doc_update`-Funktion geworfen wird, geht CouchDB davon aus, dass die Eingaben richtig sind, und speichert das Dokument.

2.5.10 Views schreiben in andere Sprachen

Wie bereits aus diesem Kapitel ersichtlich wurde, unterstützt CouchDB von Haus aus *vor allem* Views in JavaScript. Wem JavaScript nicht genügt, der hat die Möglichkeit, einen sogenannten *View-Server* in jeder beliebigen Sprache zu implementieren.

View-Server

Was macht der View-Server?

Der View-Server in CouchDB kümmert sich um das Erstellen der Views in CouchDB. Egal ob die View in JavaScript geschrieben ist oder nicht, es handelt sich bei diesem Prozess immer um einen für CouchDB *externen* Prozess, mit dem CouchDB über ein textbasiertes Protokoll kommuniziert.

Zurzeit existieren neben dem View-Server in JavaScript weitere Server in Clojure, Coldfusion, Common Lisp, Erlang, Lisp, Perl, PHP, Python und Ruby. Eine aktuelle Liste findet sich im CouchDB-Wiki: *http://wiki.apache.org/couchdb/View_server#Implementations*

Andere View-Server

nodeoncouch

CouchDB nutzt als JavaScript-Engine Mozillas SpiderMonkey. Diese Engine ist sehr gut und bewährt. Eine schnellere und neuere JavaScript-Engine ist hingegen V8 aus dem Hause Google. Wenn Sie nun die größere Perfor-

Node.js

mance von V8 in CouchDB nutzen wollen, empfehlen wir Ihnen, einen Blick auf nodeoncouch zu werfen. Der Autor Meno Abels hat einen Weg gefunden, wie er der CouchDB beibringt, die V8-JavaScript-Engine von *Node.js* zu nutzen. Sie können das Git-Repository unter *https://github.com/mabels/nodeoncouch* forken oder clonen. Die Einbindung ist trivial.

View-Server einbinden

Als kleinen Bonus liefert CouchDB neben dem View-Server in JavaScript den View-Server in Erlang bereits mit. Um diesen oder einen anderen zu aktivieren, fügen Sie folgende Zeilen in der *local.ini* Ihrer CouchDB-Installation hinzu:

```
[native_query_servers]
erlang = couch_native_process, start_link, []
php = /home/till/viewserver.php
ruby = /home/andy/viewserver.rb
```

Danach ist ein Neustart von CouchDB erforderlich.

Einsatz

Ein View in Ruby würde nach Einbau des View-Servers so aussehen:

```
{
    "_id": "_design/kassenbuch",
    "_rev": "1-94bd8a0dbce5e2efd699d17acea1db0b",
    "language": "ruby",
    "views": {
      "benutzer": {
        "map": "proc { |doc| return doc \
           if doc['type'] == 'user' }"
      }
    }
}
```

Wichtig ist, dass `"language": "ruby"` angegeben wurde, damit der für Ruby konfigurierte View-Server auch verwendet wird.

[»] `"language": "javascript"` ist impliziert und muss nicht angegeben werden, wenn der View in JavaScript geschrieben wurde.

[!] Zusätzlich eingebundene View-Server werden von CouchDB nicht in einer Art Sandbox ausgeführt. Das heißt, je nachdem wie der View-Server implementiert ist, ist zum Beispiel über `_temp_view` auch das Ausführen von Befehlen auf dem Host-System (außerhalb von CouchDB) möglich.

2.6 _show-Funktionen

CouchDB bietet von Haus aus die Möglichkeit, die Daten eines Dokumentes und, wie wir im nächsten Abschnitt sehen werden, auch die Ergebnisse eines Views über List-Funktionen in anderen Formaten als JSON auszugeben, z.B in HTML oder XML. Wie dies funktioniert, sehen Sie ab Abschnitt 2.6.3, »Daten als HTML ausgeben«. Zuvor wollen wir aber eine gute Grundlage für unsere weiteren Beispiele schaffen und erstellen ein _design-Dokument. Außerdem sollen auch ein paar Dokumente erstellt werden.

Diese beiden Möglichkeiten bieten sich hauptsächlich für Applikationen basierend auf CouchDB an, die ohne clientseitiges JavaScript auskommen sollen. Um genauer zu sein, für CouchApps (siehe Kapitel 4, »Praxis 2 – das Kassenbuch als CouchApp«) die ohne JavaScript im Browser auskommen sollen. Wenn JavaScript zugelassen ist, sollte auf eine Templating-Lösung wie *mustache.js*[6] zurückgegriffen werden.

mustache.js

2.6.1 Das _design-Dokument

Wir haben bereits ein paarmal erwähnt, dass wir eine Beispielapplikation namens *kassenbuch* für Anschauungszwecke in diesem Buch bauen werden. Die grundlegende Dokument-Struktur für Buchungen im Kassenbuch haben wir folgendermaßen gewählt:

```
{
    "_id": "b0001",
    "_rev": "1-d160b673cae0174d7bf2c1b32785d22e",
    "typ": "Einnahme",
    "betrag": 22.5,
    "mwst": 0.19,
    "beschreibung": "Rechnung 42",
    "datum": "2011-01-04"
}
```

Um im weiteren Verlauf sinnvolle Ausgaben zu erhalten, haben wir eine etwas fortgeschrittenere Map-Funktion erstellt. Die Reduce-Funktion ist simpel und besteht nur aus der von CouchDB bereitgestellten Methode _sum. Im folgenden Listing sehen Sie das Design-Dokument `buchhaltung` mit dem View `auswertung`:

---

6 *https://github.com/janl/mustache.js/* und *http://mustache.github.com/*

```
{
    "_id": "_design/buchhaltung",
    "_rev": "1-c8382691080b762128ee4a72810da55e",
    "views": {
        "auswertung": {
            "map": "function(doc) {
                emit([doc.typ, doc.mwst, doc.datum], doc.betrag);
            }",
            "reduce": "_sum"
        }
    }
}
```

> **Die »_sum«-Funktion zu Fuß**
>
> CouchDB stellt die Methode _sum als Alias für folgende Funktion zur Verfügung:
>
> ```
> function(keys, values, rereduce) {
>     return sum(values)
> }
> ```
>
> Die Aufgabe der Funktion ist das Aufaddieren aller values. Das bedeutet, dass diese vom Typ Number sein müssen.
>
> Es gibt noch zwei weitere Methoden:
>
> 1. _count
>
>    ```
>    function(keys, values, rereduce) {
>        if (rereduce) {
>            return sum(values);
>        } else {
>            return values.length;
>        }
>    }
>    ```
>
>   Die Aufgabe von _count ist ebenfalls das Aufaddieren aller values, wobei diese nicht zwangsläufig vom Typ Number sein müssen.
>
> 2. _stats Wenn wir im View auswertung in der Reduce-Funktion statt _sum die Methode _stats nutzen, erhalten wir eine Ausgabe ähnlich dieser (kein group_level angegeben):
>
>   {sum: 3978.74, count: 12, min: 6.3, max: 1234.5,
>
>   sumsqr: 2805649.9779999997}
>
>   Dabei ist sum die Gesamtsumme der values, count die Anzahl der Dokumente, die betrachtet werden, min und max der jeweils kleinste und größte Wert der values und sumsqr die Summe aller Quadratwurzeln der values.

Dieses Design-Dokument wird uns im Buch weiter begleiten, und wir werden es sukzessive erweitern.

In der Map-Funktion sehen Sie als ersten Parameter ein Array mit Einträgen des Objekts `doc`. Wenn Sie der `emit`-Funktion als ersten Parameter ein Array mit mehreren Werten übergeben, haben Sie die Möglichkeit, durch den Parameter `group_level` festzulegen, welche Gruppierung beim Aufruf der Reduce-Funktion angewandt werden soll. Sehen wir uns in einer Übersicht an, welche unterschiedlichen Ergebnisse Sie erhalten, wenn Sie den View mit den unterschiedlichen `group_level`-Werten aufrufen. Die URL lautet:

group_level

```
curl -X GET http://127.0.0.1:5984/kassenbuch/_design/ \
    buchhaltung/_view/auswertung
```

GET-Parameter	Ergebnis
?reduce=false	alle einzelnen Dokumente
kein Parameter	reduce: alle Felder `betrag` werden kumuliert
?group_level=1	kumuliertes Ergebnis, jeweils nach Ausgaben und Einnahmen gruppiert
?group_level=2	kumuliertes Ergebnis, jeweils nach Ausgaben und Einnahmen und MwSt.-Satz gruppiert
?group_level=3	kumuliertes Ergebnis, jeweils nach Ausgaben und Einnahmen sowie MwSt.-Satz und Datum gruppiert

Tabelle 2.6 Ergebnisse des Views »auswertung«

Wenn Sie sich die Tabelle sehr genau ansehen, erkennen Sie den Zusammenhang zwischen der `emit`-Funktion und dem ihr übergebenen Parameter und dem `group_level`, der als GET-Parameter an die URL für den Aufruf des Views angehängt wird. Das `group_level` entspricht der Position der Werte im Array des ersten Parameters der `emit`-Funktion. Je höher das `group_level`, desto differenzierter ist die Gruppierung. Diese Technik bietet Ihnen die Möglichkeit, die Daten eines Views auf unterschiedliche Weise zu präsentieren. Der große Vorteil besteht darin, dass Sie dazu nur eine einzige `emit`-Funktion und somit nur einen View brauchen. Sehr smart.

emit

Mit diesem View haben wir also die Möglichkeit, die Ergebnisse komplett oder sinnvoll gruppiert darzustellen. Die Ausgabe erfolgt hier natürlich wie immer im JSON-Format. Im weiteren Verlauf dieses Kapitels werden wir noch nicht auf diesen View zurückgreifen, sondern zuerst einmal einen Datensatz als HTML-Tabelle formatiert ausgeben. Im Abschnitt 2.7,

»_list-Funktionen«, auf Seite 107 werden wir dann die unterschiedlichen Ergebnisse aus dem obigen View HTML-formatiert ausgeben. Wir denken, es macht allerdings Sinn, das Design-Dokument schon an dieser Stelle vorzustellen.

2.6.2 Dokument für das Kassenbuch

Hier sollen kurz ein paar Dokumente in das Kassenbuch aufgenommen werden. Ein Dokument ist gleichbedeutend mit einer Buchung im Kassenbuch. Die Struktur der Buchungsdokumente haben wir ja bereits oben vorgestellt.

Mit folgender URL erstellen wir die Dokumente, wobei wir dieses Mal die _id selbst bestimmen:

```
$ curl -X PUT http://127.0.0.1:5984/kassenbuch/b0001 \
-d '{"typ":"Einnahme","betrag":456.5,"mwst":0.07, \
"beschreibung":"Rechnung 1234","datum":"2011-01-12"}'
HTTP/1.1 201 Created

{"ok":true,"id":"b0001", \
"rev":"1-213d17f1128a459670a5101a20d46cf5"}
```

Die von uns gewählte _id ist nur eine Möglichkeit. Für die Beispiele im Buch ist sie kurz und gut genug. Allerdings wären nur 9.999 unterschiedliche Dokumente möglich (b steht für Buchung und ist fix). Nun ja, es sollte nicht schwer sein, diese Zahl durch die Wahl anderer _id-Konventionen zu erhöhen. Erstellen Sie doch einfach einmal so ca. 10–20 Dokumente – dann macht die Auswertung schon deutlich mehr Spaß.

2.6.3 Daten als HTML ausgeben

Der Zugriff auf ein Dokument ist ein leichtes Unterfangen und sollte mittlerweile locker von der Hand gehen. Um ein Dokument aus dem Kassenbuch zu erhalten, wird folgender URI aufgerufen:

```
$ curl -X GET http://127.0.0.1:5984/kassenbuch/b0001
{"_id":"b0001","_rev":"1-213d17f1128a459670a5101a20d46cf5", \
"typ":"Einnahme","betrag":456.5,"mwst":0.07, \
"beschreibung":"Rechnung 1234","datum":"2011-01-12"}
```

_show-Funktionen   Da wir unser Kassenbuch als Web-Applikation bauen, sollte es einen einfachen Weg geben, um die Ausgabe eines Dokumentes bzw. dessen Inhalte HTML-formatiert zu erhalten. Dafür werden die _show-Funktionen genutzt.

_show-Funktionen haben ihr Zuhause ebenfalls im _design-Dokument unter dem Eintrag shows. Der Key shows deutet bereits darauf hin, dass es viele _show-Funktionen geben kann.

Die _show-Funktion an sich ist, wie nicht anders zu erwarten, in JavaScript geschrieben. Hier der mögliche Inhalt:

```
function(doc, req){
  if(doc) {
    return \
      '<table><tr><td>id:</td><td>' +doc._id+ \
        '</td></tr> \
      <tr><td>Typ</td><td>'+doc.typ+'</td></tr> \
      <tr><tr><td>MwSt.</td><td>'+doc.mwst+'</td></tr> \
      <tr><td>Datum:</td><td>'+doc.datum+'</td></tr> \
      <tr><td>Betrag</td><td>'+doc.betrag+'</td></tr>
      </table>
  } else {
    return '<h4>Für die angegebene id' + req.id + \
      'gibt es kein Ergebnis'
  }
}
```

Der erste erwartete Parameter ist ein Dokumentobjekt. Der zweite Parameter das Request-Objekt. Auf die Werte der Dokumentfelder in doc greifen wir in der gewohnten Objektnotation zu. Das ist genauso wie bei den Views in einer Map- oder Reduce-Funktion. Auf die Werte des Request-Objekts greifen wir ebenfalls über die Objektnotation zu und können deshalb in der Meldung, dass das Dokument nicht gefunden wurde, die aufgerufene ID ausgeben. Beachten Sie dazu unbedingt den Hinweis im Kasten »ID in ›doc‹ und ›req‹«.

Dokumentobjekt, Request-Objekt

Abbildung 2.10 show-Funktion mit Ergebnis

Das Ergebnis für ein gefundenes Dokument und die Meldung, wenn kein Dokument gefunden wurde, sehen Sie in den Abbildungen 2.10 und 2.11.

Abbildung 2.11 show-Funktion ohne Ergebnis

> **ID in »doc« und »req«**
>
> In der Beispiel-_show-Funktion greifen wir auf die ID des Dokumentes zu. Zum einen auf doc._id und zum anderen auf req.id. Beachten Sie hier unbedingt die unterschiedliche Schreibweise.
>
> Dies ist ein guter Moment, um auf das Logging in CouchDB aufmerksam zu machen. Wird die Funktion log() in einer JavaScript-Funktion wie die aus der _show-Funktion genutzt, erhält man eine Ausgabe auf der Kommandozeile, in der die CouchDB gestartet wurde. Die CouchDB-Log-Ausgaben erhalten Sie allerdings nur, wenn Sie CouchDB nicht mit der Option -b (für »run in background«) gestartet haben. Wenn z.B. log(doc) in die Funktion oben aufgenommen wird, erhält man ein Ergebnis wie dieses:
>
> ```
> [info] [<0.118.0>] OS Process #Port<0.2118> Log :: \
> {"_id":"b0011","_rev":"1-213d17f1128a459670a5101a20d46cf5", \
> "typ":"Einnahme","betrag":456.5,"mwst":0.07, \
> "beschreibung":"Rechnung 1234","datum":"2011-01-12", \
> "_revisions":{"start":1, \
> "ids":["213d17f1128a459670a5101a20d46cf5"]}}
> ```
>
> Sie finden die Ausgaben außerdem in der Datei */usr/local/var/log/couchdb/couch.log*. Natürlich kann der Pfad je nach Installation abweichen.

Sehr gut. Genau dieses Ergebnis haben wir erwartet. In der _show-Funktion prüfen wir in der if-Bedingung, ob es ein Dokument-Objekt gibt. Falls nicht, geben wir in der else-Bedingung eine entsprechende Meldung – »Es wurde keine ID angegeben!« – aus. Als kleine Aufgabe könnten Sie eine weitere Bedingung einbauen um zu prüfen, ob überhaupt eine ID im URI angegeben wurde und auch entsprechend reagieren – z.B. mit einer entsprechenden Meldung.

Sehen wir uns jetzt das Design-Dokument an:

```
{
    "_id": "_design/buchhaltung",
    "_rev": "18-38869d22e57eb560f9a33560583942cc",
    "views": {
        "auswertung": {
            "map": "function(doc) { \
                emit([doc.typ, doc.mwst, doc.datum], \
                doc.betrag);
            }",
            "reduce": "_sum"
        }
    },
    "shows": {
        "html_doc": "function(doc, req){
            if(doc) {
                return '<table><tr><td>id:</td><td>' +doc._id+ \
                    '</td></tr>
                <tr><td>Typ</td><td>'+doc.typ+'</td></tr> \
                <tr><tr><td>MwSt.</td><td>'+doc.mwst+'</td></tr> \
                <tr><td>Datum:</td><td>'+doc.datum+'</td></tr> \
                <tr><td>Betrag</td><td>'+doc.betrag+'</td></tr> \
            </table>
            } else {
                return '<h4>Für die angegebene id' + req.id + \
                    'gibt es kein Ergebnis'
        }}"
    }
}
```

Wir haben diese einfache _show-Funktion html_doc genannt. Die Einsatzmöglichkeiten sind vielfältig. Sie können diesen (und weitere) Schnipsel z.B. nutzen, um Detailansichten einzelner Dokumente in Ihrer Applikation anzuzeigen.

[zB]

In diesem Abschnitt haben wir das Design-Dokument um eine _show-Funktion erweitert, die die tabellarische Ansicht eines Dokumentes zeigt. Im nächsten Abschnitt werden nun die List-Funktionen behandelt.

2.7 _list-Funktionen

_list-Funktionen sind ein weiteres Werkzeug aus dem CouchDB-Werkzeugkasten und werden wie auch die _show-Funktionen standardmäßig in JavaScript implementiert. Sie unterscheiden sich in einem Punkt maßgeblich von den _show-Funktionen, denn Ihre Aufgabe ist es, mehrere Dokumente zu behandeln. Dieses Konzept wird ja bereits durch die Views umgesetzt. Deshalb ist der zweite große Unterschied, dass die Grundlage einer _list-Funktion immer das Ergebnis eines Views ist.

Wie der Name der Funktionen bereits sagt, sollen Listen generiert werden. Hierbei ist das Format der Listen zuerst einmal egal. Sprich, es steht Ihnen frei, dieses Format zu wählen. Denkbar ist z.B. das durch die Rückgabe des Views erhaltene JSON abzuändern und dann als Ergebnis der _list-Funktion zurückzugeben. In unserem folgenden Beispiel werden wir allerdings eine HTML-Ausgabe produzieren.

2.7.1 Bereitgestellte Funktionen

CouchDB stellt für die Verwendung der _list-Funktionen einige Methoden bereit. Die Methoden sehen Sie in Tabelle 2.7:

Name	Beschreibung
start()	Optionen für die Ausgabe setzen, z.B. einen Header
getRow()	gibt den Inhalt eines Dokumentes zurück
send()	Ausgabe generieren - z.B. HTML

Tabelle 2.7 Bereitgestellte Methoden für »_list«-Funktionen

Im weiteren Verlauf dieses Abschnittes werden wir Ihnen genau zeigen, wie diese Methoden eingesetzt werden.

2.7.2 Eine HTML-Liste erstellen

Gewappnet mit den obigen Methoden können wir nun eine _list-Funktion erstellen. Das Ergebnis soll aussehen wie in Abbildung 2.12.

Sie können in der Adressleiste des Browsers sehen, dass wir an die URL den Parameter reduce=false geschrieben haben. Da der View auswertung eine Reduce-Funktion enthält, wird diese auch ausgeführt. Somit müssen wir den Parameter mit angeben, wenn wir nur das Ergebnis der Map-Funktion erhalten möchten. Das gleiche Ergebnis erhalten Sie, wenn Sie den Parameter group=true mitsenden, allerdings würden exakt gleiche Werte aus dem Ergebnis gefiltert werden. Vergleichen Sie dazu Abschnitt 2.5.5, »Parameter«. Ebenfalls das gleiche Ergebnis erhalten Sie, wenn Sie ein group_level angeben, das auf Grund der Map-Funktion höher als das maximal mögliche ist (die Liste als erster Parameter für die `emit()` Funktion).

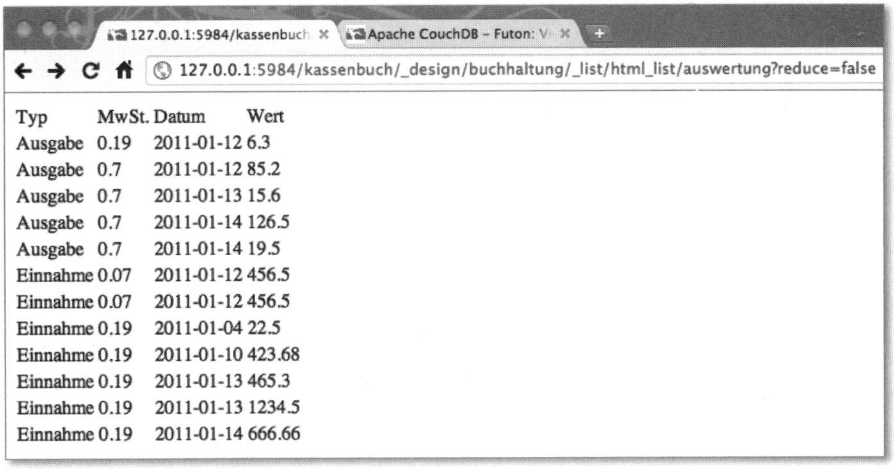

Typ	MwSt.	Datum	Wert
Ausgabe	0.19	2011-01-12	6.3
Ausgabe	0.7	2011-01-12	85.2
Ausgabe	0.7	2011-01-13	15.6
Ausgabe	0.7	2011-01-14	126.5
Ausgabe	0.7	2011-01-14	19.5
Einnahme	0.07	2011-01-12	456.5
Einnahme	0.07	2011-01-12	456.5
Einnahme	0.19	2011-01-04	22.5
Einnahme	0.19	2011-01-10	423.68
Einnahme	0.19	2011-01-13	465.3
Einnahme	0.19	2011-01-13	1234.5
Einnahme	0.19	2011-01-14	666.66

Abbildung 2.12 »list«-Funktion ohne Ergebnis

Die zu erstellende JavaScript-Funktion sieht so aus:

```
function (head, req) {
    start({'headers': {'content-type': 'text/html'}});

    send('<table><tr><td>Typ</td><td>MwSt.</td> \
      <td>Datum</td><td>Wert</td></tr>');

    while (var row = getRow()){
      send('<tr><td>' + row.key[0] + '</td> \
        <td>' + row.key[1] + '</td> \
        <td>' + row.key[2] + '</td> \
        <td>' + row.value + '</td>');
    };

    send('</tr></table>');
  }
```

Erklärung List-Funktion

Hier eine kurze Erläuterung: Die Funktion empfängt die Parameter `head` und `req`. Im nächsten Schritt wird mit der Funktion `start()` ein HTTP-Header gesetzt. In diesem Fall bestimmen wir den `content-type` und stellen ein, dass die Ausgabe HTML sein soll. Im nächsten Schritt erstellen wir unter Verwendung der Funktion `send()` den Kopf der Tabelle. `send()` dient dazu, eine Ausgabe zu erzeugen. Dann wird in einer `while`-Schleife über alle Dokumente iteriert, die der View zurückgibt.

Mit der Funktion `getRow()` lesen wir die Rückgabewerte des Views für ein einzelnes Dokument in die Variable `row` ein und können somit in der Methode `send()` bei jeder Iteration darauf zugreifen. Die log-Ausgabe der Variablen `row` sieht so aus:

```
[info] [<0.4376.0>] 127.0.0.1 - - 'GET' /kassenbuch/_design/ \
    buchhaltung/_list/html_list/auswertung?group=true 200
[info] [<0.1225.0>] OS Process #Port<0.2185> \
    Log :: {"key":["Ausgabe",0.19,"2011-01-12","b0003"], \
    "value":6.3}
[info] [<0.1225.0>] OS Process #Port<0.2185> \
    Log :: {"key":["Ausgabe",0.7,"2011-01-12","b0004"], \
    "value":85.2}
[info] [<0.1225.0>] OS Process #Port<0.2185> \
    Log :: {"key":["Ausgabe",0.7,"2011-01-13","b0007"], \
    "value":15.6}
...
```

Somit ergibt sich auch die Schreibweise `row.key[0]` in der `_list`-Funktion, denn der `key` ist ein Array und der `value` ein Wert (hier `Number`). Am Ende der Funktion wird nochmals die Methode `send()` aufgerufen, um das Tabellenende zu generieren.

Die entsprechenden URLs zum Aufrufen der Listfunktion sehen je nach gewünschtem Ergebnis folgendermaßen aus (Auswahl):

http://127.0.0.1:5984/kassenbuch/_design/buchhaltung/ _list/html_list/auswertung?reduce=false

http://127.0.0.1:5984/kassenbuch/_design/buchhaltung/ _list/html_list/auswertung?group=true

http://127.0.0.1:5984/kassenbuch/_design/buchhaltung/ _list/html_list/auswertung?group_level=2

Da die Grundlage für die `_list`-Funktion immer ein View ist, können Sie natürlich auch alle zulässigen Parameter für einen View an die URL anhängen.

Und natürlich wollen wir Ihnen auch nicht das Design-Dokument in der erweiterten Version vorenthalten:

```
{
    "_id": "_design/buchhaltung",
    "_rev": "18-38869d22e57eb560f9a33560583942cc",
    "views": {
        "auswertung": {
            "map": "function(doc) { \
```

```
                    emit([doc.typ, doc.mwst, doc.datum], \
                        doc.betrag);
                }",
                "reduce": "_sum"
            }
        },
        "shows": {
            "html_doc": "function(doc, req){
                if(doc) {
                    return '<table><tr><td>id:</td><td>' +doc._id+ \
                        '</td></tr>
                     <tr><td>Typ</td><td>'+doc.typ+'</td></tr> \
                     <tr><tr><td>MwSt.</td><td>'+doc.mwst+'</td></tr> \
                     <tr><td>Datum:</td><td>'+doc.datum+'</td></tr> \
                     <tr><td>Betrag</td><td>'+doc.betrag+'</td></tr> \
                    </table>
                } else {
                    return '<h4>Für die angegebene id' + req.id + \
                        'gibt es kein Ergebnis'
            }}"
        },
        "lists": {
            "html_list": "function (head, req) {
                start({'headers': {'content-type': 'text/html'}});

                send('<table><tr><td>Typ</td><td>MwSt.</td> \
                    <td>Datum</td><td>Wert</td></tr>');

                while (var row = getRow()){
                    send('<tr><td>' + row.key[0] + '</td> \
                        <td>' + row.key[1] + '</td> \
                        <td>' + row.key[2] + '</td> \
                        <td>' + row.value + '</td>');
                };

                send('</tr></table>');
            }}"
        }
    }
}
```

2.7.3 Zusammenfassung

_list-Funktionen sind eine sehr nützliche Implementierung in der CouchDB-API. Gerade im Bereich von Statistiken oder tabellarischen

Ausgaben ist das ein mächtiges Tool. In den nächsten Abschnitten sehen Sie, wie man der doch ziemlich langen URLs Herr wird.

2.8 URL-Rewriting

RESTFul-HTTP-API

Die Implementierung einer RESTFul-HTTP-API bringt extrem viele Vorteile. Das sollte an dieser Stelle des Buches recht deutlich geworden sein. Vor allem ist die Tatsache, dass die URLs für uns Menschen einfacher lesbar sind, ein nicht zu unterschätzender Aspekt – wenn nicht der beste am HTTP-Protokoll.

Solange Sie die API innerhalb Ihrer Applikation – also unter der Motorhaube – nutzen, sind das Aussehen und die Länge der URLs ziemlich egal. Im Fall von CouchDB wird das in vielen Fällen genauso sein. Zum Beispiel, wenn Sie eine *Ruby on Rails*-Applikation unter Verwendung von CouchModel erstellt haben.[7] Sämtliche Requests sind innerhalb des Codes gekapselt.

Wenn Sie allerdings eine reine CouchDB-Applikation – bzw. CouchApp – nutzen, sind URLs wie diese eher weniger schön:

```
http://127.0.0.1:5985/kassenbuch/_design/buchhaltung/ \
_list/auswertung/alle_buchungen?reduce=false
```

Wie Sie diese URL hübscher machen können, zeigen wir Ihnen in diesem und dem nächsten Abschnitt 2.9, »Virtual Hosts«.

2.8.1 RewriteEngine On

Rewriting in Webservern

Eventuell kennen Sie schon den Apache-Webserver und das Modul `mod_rewrite`.[8] Mit diesem Modul können Sie eingehende Requests auf beliebige Ressourcen »umschreiben« bzw. umleiten. Dabei wird das Muster einer eingehenden URL bestimmt oder aber auch eine konkrete URL in der Konfiguration angegeben. Als Ziel wird dann die neue URL, zu der die vorher bestimmte URL umgeleitet werden soll, festgelegt.

[zB]

Ein einfaches Beispiel könnte so aussehen:

---

7 *http://github.com/phifty/couchmodel*
8 *http://httpd.apache.org/docs/2.0/mod/mod_rewrite.html*

```
RewriteEngine On
RewriteLog /var/log/apache2/rewrite.log
RewriteLogLevel 3

RewriteCond %{DOCUMENT_ROOT}/%{REQUEST_URI} !-f
RewriteRule .* /index.php [L]
```

Im obigen Beispiel wird dem Parameter `RewriteCond` ein Muster zugewiesen. Stimmt dieses Muster mit einem eingehenden Request überein, wird die nachfolgende `RewriteRule` ausgeführt. Dieses Beispiel leitet jeden eingehenden Request an ein Bootstrap-PHP-Script weiter.

In CouchDB funktioniert das URL-Rewriting auf ähnliche Art und Weise. Sie können jeden eingehenden Request zu einer beliebigen CouchDB-API-URL umschreiben. Die Rewrite-Rules hinterlegen Sie in einem _design-Dokument genauso, wie Sie `views`, `shows` und `lists` angeben. Der Key dafür lautet `rewrites`.

CouchDB-API-URL

Lassen Sie uns obige lange URL durch eine einfachere URL aufrufbar machen. Hier das gesamte _design-Dokument *buchhaltung* aus der *kassenbuch*-Datenbank:

```
{
    "_id": "_design/buchhaltung",
    "_rev": "30-4a50999c730cd7bc5f96f63949f83b2a",
    "language": "javascript",
    "views": {
        "alle_buchungen": {
            "map": "function(doc) {  \
              emit([doc.typ, doc.mwst, doc.datum], doc.betrag);}",
            "reduce": "_sum"
        }
    },
    "shows": {
        "auswertung": "function(doc, req){
          return '<h1>' +doc._id+ '</h1>'
      }"
    },
    "lists": {
        "auswertung": "function(head, req) {
          var row;
          while(row = getRow()) {
              send(JSON.stringify(row))
          }
      }"
    },
```

```
    "rewrites": [
        {
            "from": "/alle_buchungen",
            "to": "_list/auswertung/alle_buchungen",
            "method": "GET",
            "query": {
                "reduce": false
            }
        }
    ]
}
```

Rewrite-URL Im Listing oben sehen Sie, dass das Design-Dokument um einen Eintrag `rewrites` ergänzt wurde. Dieser Key enthält eine Liste von JSON-Objekten, wobei hier im Beispiel nur ein Eintrag vorhanden ist. Jedes Objekt muss mindestens die Keys `from` und `to` beinhalten. Im Key `from` geben Sie der URL an, wie Sie das Ziel – angegeben in `to` – erreichen wollen. Also enthält der Key `to` die Rewrite-URL. Außerdem besteht die Möglichkeit im Key `query` weitere `GET`-Parameter für den Aufruf der Ressource anzugeben.

In Abschnitt 2.8, »URL-Rewriting«, haben wir festgelegt, dass wir den View `alle_buchungen` ohne `reduce` aufrufen wollen.

Schließlich gibt es noch die Möglichkeit, die Rewrite-Rule an eine bestimmte HTTP-Methode zu binden. Das bedeutet im obigen Fall, dass das URL-Rewriting nur greift, wenn es sich um einen `GET`-Request handelt.

Key	Value
from	URL, die aufgerufen werden soll
to	Rewrite-URL
method	HTTP-Methode, an die gebunden werden soll
query	weitere Parameter für die Rewrite-URL

Tabelle 2.8 View-Parameter

URL ergibt sich automatisch Dadurch, dass die `rewrites`- wie auch die `shows`- und `lists`-Einträge in einem Design-Dokument enthalten sind, ergibt sich die URL für den Aufruf automatisch. So ist also die URL

http://127.0.0.1:5984/kassenbuch/_design/buchhaltung/_rewrite/alle_buchungen

aufrufbar, um dasselbe Ergebnis wie beim ersten Aufruf am Anfang dieses Abschnitts erhalten zu können. Zu beachten ist dabei, dass der verantwortliche Teil für den Aufruf der Rewrite-URL (hier */alle_buchungen*) durch das Keyword `_rewrite` eingeleitet werden muss. Das ist wiederum analog zum Aufruf eines Views oder einer Show-Funktion.

> **Flexiblerer URL-Rewriter in Version 1.1**
>
> In den Release-Notes zu Apache CouchDB 1.1 wird von einem flexibleren URL-Rewriter gesprochen. Hier das gezeigte Beispiel:
>
> ```
> {
>     "from":"/<year>-<month>-<day>",
>     "to": "_show/calendar/<year>:<month>:<day>"
> }
> ```
>
> Zum einen sind Variablen (`<year>`, `<month>`, `<day>`) in einer URL möglich und es ist möglich, variable Angaben nicht nur durch ein »/«, sondern durch ein »-«-Zeichen getrennt an den Rewriter zu übergeben. Da das Nachstellen dieses Beispiels leider erfolglos war, haben wir von den CouchDB-Entwicklern im IRC Channel *chat.freenode.de* erfahren, dass das Feature offensichtlich nicht in den 1.1-Release aufgenommen wurde. Es bleibt zu hoffen, dass dies in einem der folgenden Releases nachgeholt wird.

2.8.2 Das ist alles?

Sie fragen sich an dieser Stelle mit Sicherheit, welche großen Vorteile das URL-Rewriting hat. Die URL ist zwar etwas kürzer, aber dadurch, dass die »rewrites« in einem Design-Dokument stehen, bleibt uns nichts anderes übrig, als das entsprechende Design-Dokument in der URL anzugeben. Außerdem muss auch noch angegeben werden, dass wir im Design-Dokument die »rewrites« ansprechen wollen (`_rewrite`).

Es ist schon eine große Hilfe, kürzere URLs zu haben und sich keine Gedanken über die notwendigen `GET`-Parameter machen zu müssen. Aber so richtig zum Tragen kommt das URL-Rewriting, wenn Sie dieses in Verbindung mit Virtual Hosts in CouchDB einsetzen. Das soll das Thema des nächsten Abschnitts sein.

2.9 Virtual Hosts

CouchDB bietet die Möglichkeit, webbasierte Applikationen oder schlicht Websites auszuliefern, ohne dass dafür weitere Software benötigt wird. Im vorigen Abschnitt haben wir gesehen, dass die URLs zwar einfach und gut lesbar, aber oft »hässlich« und lang sind. Das URL-Rewriting hilft

2 | Die Grundlagen

deutlich, diesem Umstand entgegenzuwirken. Allerdings müssen trotzdem immer die Datenbank und das Design-Dokument angegeben werden. Das kann noch weiter reduziert werden – unter Zuhilfenahme von Virtual Hosts.

Apache, Nginx — Wenn Sie selbst über einen Server verfügen – zumindest in einer Entwicklungsumgebung – haben Sie mit großer Wahrscheinlichkeit bereits einen Webserver wie Apache[9] oder Nginx[10] konfiguriert. Das Konzept der Virtual Hosts dient in einem Webserver dazu, unterschiedliche Domainnamen unter der gleichen IP-Adresse auf unterschiedliche Verzeichnisse oder auch nur einzelne Dateien zu mappen. Ein Beispiel dafür wollen wir Ihnen in Abschnitt 2.9.1 liefern.

2.9.1 Webserver als Beispiel

Virtual-Host-Direktiven — Unser Server hat die IP-Adresse 127.0.0.1 – auch bekannt als »localhost«. Es handelt sich also um eine lokale Entwicklungsumgebung. Dort sollen zwei unterschiedliche Websites gehostet werden: *kassenbuch* und *couchbuch*. Damit der Webserver nun weiß, welche Dateien und Verzeichnisse ausgeliefert werden sollen, werden in dessen Konfiguration Virtual-Host-Direktiven erstellt. Innerhalb einer Direktive (auch *Virtual-Host-Container* genannt) wird dann angegeben, welches Verzeichnis die auszuliefernden Dateien enthält – der Document-Root. Die Konfiguration im Nginx-Webserver könnte so aussehen (Auszug):

```
http {
    [...]

    server {
      listen 8000;
      server_name kassenbuch;

      access_log logs/kassenbuch.access.log main;
      error_log logs/kassenbucherror.log info;

      root /var/www/kassenbuch/;
    }

    server {
      listen 8000;
      server_name couchbuch;
```

---

9 *http://httpd.apache.org*
10 *http://wiki.nginx.org/NginxDe*

```
    access_log logs/couchbuch.access.log main;
    error_log logs/couchbucherror.log info;

    root /var/www/couchbuch/;
  }
}
```

In dieser Konfiguration gibt es zwei Virtual-Host-Direktiven. Sie werden jeweils in einen `server { ... }`-Abschnitt geschrieben. `listen` gibt an, auf welchem Port gelauscht werden soll, `server_name`, wie der Domainname lautet, und `root` gibt an, wo alle Verzeichnisse und Dateien zu finden sind. Wird nun im Browser die URL *http://kassenbuch:8000* angegeben, weiß Nginx, dass alle Ressourcen unter */var/www/kassenbuch* zu finden sind, und liefert diese aus.

Nginx

> **Kein DNS Server?**
>
> Da Sie lokal wahrscheinlich keinen DNS-Server eingerichtet haben, werden Sie einen Eintrag in der sogenannten *hosts*-Datei in der Art
>
> `127.0.0.1 kassenbuch`
>
> vornehmen. Auf Unix-artigen Systemen finden Sie diese unter */etc/hosts*. Der linke Eintrag ist die IP-Adresse und der rechte Eintrag der Domainname, den Sie letztlich im Browser eingeben können.

2.9.2 Virtual Hosts in CouchDB

Das Konzept der Virtual Hosts funktioniert in CouchDB auf ähnliche Art und Weise. Das Ziel ist es, mit einer einfachen URL auf eine CouchDB zugreifen zu können. Durch eine günstige Konfiguration kann die URL sehr kurz werden. Die Einstellungen für die Virtual Hosts werden in der Datei *local.ini* vorgenommen. Dort finden Sie bereits einen Eintrag:

local.ini

```
; the Virtual Host will be redirected to the path.
; In the example  below all requests to
; http://example.com/ are redirected to /database.
; If you run CouchDB on a specific port, include the
; port number in the vhost:
; example.com:5984 = /database

[vhosts]
;example.com = /database/
```

Ein Semikolon stellt hier einen Kommentar dar. Das bedeutet, dass der Eintrag `;example.com = /database/` nicht greift. Wie oben schon beschrieben, soll hier die URL *http://kassenbuch:5984* auf die Datenbank *kassenbuch* verweisen. Dazu müssen zwei Dinge getan werden. Zum einen muss ein Eintrag in der *local.ini* vorgenommen werden:

```
[vhosts]
kassenbuch:5984 = /kassenbuch/
```

/etc/hosts   Zum anderen muss in irgendeiner Form eingestellt werden, dass die Domain *kassenbuch* auf unserem lokalen Rechner unter der IP-Adresse 127.0.0.1 zu finden ist. Wie ebenfalls bereits oben geschehen, kann das am einfachsten in der Datei */etc/hosts* eingestellt werden. Der Eintrag ist derselbe wie oben. Wenn Sie diesen schon aufgenommen haben, müssen Sie nichts weiter tun.

Nach einem Neustart von CouchDB können Sie in der Adresszeile eines Browsers die URL *http://kassenbuch:5984* eingeben und erhalten eine ähnliche Ausgabe wie in der folgenden Abbildung 2.13.

Abbildung 2.13 Aufruf der »kassenbuch«-Datenbank als Virtual Host

Damit haben wir die einfachste Form für den Einsatz von Virtual Hosts gezeigt.

Wildcards und Variablennamen

Seit der Version 1.1 werden in der Virtual-Host-Definition auch Variablen in der Form `:varname` und das Zeichen * als Wildcard unterstützt.

2.9.3 Rewriting und Virtual Hosts in Hochform

Einfache URLs   Allerdings gehen wir noch einen Schritt weiter. In Abschnitt 2.7, »_list-Funktionen«, haben wir die Ausgabe einiger Buchungen aus dem Kassenbuch in einer HTML-Tabelle entwickelt. Es wäre doch großartig, wenn wir nun mit einer einfachen URL darauf zugreifen könnten. So eine URL wäre zum Beispiel *http://kassenbuch:5984/alle_buchungen*. Unter Anwendung des Rewritings aus dem vorigen Abschnitt lautet die URL momentan *http://kassenbuch:5984/_design/buchhaltung/_rewrite/alle_buchungen*. Der zu ersetzende Teil ist also */_design/buchhaltung/_rewrite/*. Es ergibt sich fast von selbst, wie die entsprechende Konfiguration aussehen muss:

```
[vhosts]
kassenbuch:5984 = /kassenbuch/_design/buchhaltung/_rewrite/
```

Starten Sie CouchDB neu, und rufen Sie die URL *http://kassenbuch: 5984/alle_buchungen* auf. Wenn die Konfiguration korrekt ist, sehen Sie die HTML-Ausgabe der Liste. Das Ziel ist erreicht – wir haben über eine sehr einfache URL eine in HTML formatierte Ausgabe eines Views. Natürlich können Sie nun auch weitere `_rewrites` erstellen und diese aufrufen.

2.9.4 Alle Schritte zur einfachen URL

An dieser Stelle sollen noch einmal alle Schritte aufgeführt werden, die zur HTML-Ausgabe der Liste unter einer »schönen URL« geführt haben.

1. **_list-Function erstellen**
   In Abschnitt 2.7, »_list-Funktionen«, haben wir gezeigt, wie das Ergebnis eines Views als HTML-Ausgabe erstellt werden kann. Das ist letztlich die Voraussetzung bzw. Essenz für die hier gestellte Aufgabe.

2. **URL-Rewriting einstellen**
   In Abschnitt 2.8, »URL-Rewriting«, haben Sie erfahren, wie im Design-Dokument *buchhaltung* im Key `rewrites` die URL *_list/auswertung/alle_buchungen* zur URL */alle_buchungen* umgeschrieben wird. Damit wurde schon mal erreicht, dass der Aufruf der Liste wesentlich einfacher ist.

3. **Virtual Host erstellen**
   Schließlich haben wir in diesem Kapitel weiter oben erklärt, wie Sie durch das Erstellen eines Virtual Hosts in der Konfigurationsdatei *local.ini* unter `[vhosts]` erreichen, dass die HTML-Liste unter der URL *http://kassenbuch:5984/alle_buchungen* erreichbar ist.

Wie Sie sehen, bietet CouchDB von Haus aus extrem »smarte« Features um ohne die Nutzung weiterer Software Web-Applikationen bereitstellen zu können. In dem oben beschriebenen Szenario wäre es weiter auch denkbar, CouchDB direkt auf Port 80 laufen zu lassen – je nachdem, ob das aus sicherheitstechnischen Überlegungen sinnvoll ist. Alternativ könnte aber auch ein Webserver wie Nginx oder Apache genutzt werden, um als Proxy zu dienen. Gerade wenn mehrere Domains mit unterschiedlichen Technologien, wie PHP und MySQL oder Java und Tomcat, gehostet werden, macht der Einsatz eines Proxys Sinn.

2.10 Replication

Datenbanken synchronisieren

Replication (Replikation) in CouchDB verhält sich ähnlich wie Replication bei relationalen Datenbanken, kurz zusammengefasst: Replication erlaubt es uns, Datenbanken miteinander zu synchronisieren.

Aber im Gegensatz zu Replication in MySQL können sich bei CouchDB nicht nur beide Datenbanken auf der gleichen Instanz befinden, Master-Master-Replication ist ebenfalls problemlos möglich.

Sobald eine Änderung an den Dokumenten in einer Datenbank vorliegt, überträgt die nächste Replication die Änderungen in die zweite. Um zum Beispiel eine Sicherungskopie der Datenbank *kassenbuch* in der Datenbank *kassenbuch_kopie* zu erstellen, benutzen Sie folgenden Befehl:

```
$ curl -X POST \
-d '{"source":"kassenbuch", \
"target":"http://127.0.0.1:5984/kassenbuch_kopie"}' \
http://127.0.0.1:5984/_replicate
```

[»] Bei unserer Abfrage muss die Datenbank *kassenbuch_kopie* natürlich vor der Replication angelegt werden. Existiert die Zieldatenbank noch nicht, können wir mit "create_target": true CouchDB zum Anlegen der Datenbank überreden.

Die Antwort auf unsere Abfrage könnte wie folgt aussehen:

```
{
  "ok": true,
  "source_last_seq": 1,
  "session_id": "12bbb3636ajjaja71",
  "history": [
    {
      "session_id": "...",
      "start_time": "Sat, 05 Feb 2011 06:42:46 GMT",
      "end_time": "Sat, 05 Feb 2011 06:43:47 GMT",
      "start_last_seq": 0,
      "end_last_seq": 1,
      "recorded_seq": 1,
      "missing_checked": 0,
      "missing_found": 1,
      "docs_read": 1,
      "docs_written": 1,
      "doc_write_failures": 0,
    }
  ]
}
```

{ok: true} sollte uns bereits von anderen Abfragen bekannt vorkommen – auch in diesem Fall hat alles reibungslos funktioniert. Wunderbar!

Weitere interessante Informationen zu unserer gestarteten Replication finden sich in `history`:

- **missing_found**
  die Anzahl der Dokumente, die übertragen werden mussten

- **docs_read und docs_written**
  analog zu `missing_found`

- **doc_write_failures**
  aufgetretene Fehler beim Übertragen

Dauer

Das Anstoßen der Replication in CouchDB ist generell ein asynchroner Prozess – d.h., je nachdem wie viele Änderungen (neue, gelöschte oder bearbeitete Dokumente) zu übertragen sind, kann es auch länger dauern.

Asynchroner Prozess

Um den Status der Replication abzufragen, eignet sich entweder ein Blick in Futon oder folgender Befehl:

```
$ curl http://127.0.0.1:5984/_active_tasks
[
  {
    "pid"    : "<0.12344.0>",
    "status" : "...",
    "task"   : "...",
    "type"   : "Replication"
  }
]
```

Push und Pull

Wenn die in `source` angegebene Datenbank lokal ist und die in `target` angegebene Datenbank sich auf einem anderen Server befindet, nennen wir den Vorgang *Push-Replication*.

Wenn `source` auf einem anderen Server liegt und `target` sich lokal befindet, nennt es sich *Pull-Replication*. Seit CouchDB-Version 0.9 wird offiziell Pull-Replication empfohlen, da sie fehlerresistenter ist und sich besonders bei großen Dokumenten und Attachments eignet.

2.10.1 Continuous Replication

Fortlaufende Replikation

Continuous Replication – also *fortlaufende Replikation* – bedeutet, dass CouchDB den Prozess nicht beendet, wenn alle aktuellen Änderungen übertragen wurden. Stattdessen beobachtet CouchDB den _changes-Feed der Datenbank und überträgt fortlaufend neue Änderungen.

Um Continuous Replication zu aktivieren, genügt es, "continous": true beim Starten der Replication hinzuzufügen.

Sollten Sie den Prozess dennoch beenden wollen, hilft folgender Befehl:

```
$ curl -X POST \
-d '{"target":"...", "source": "...", \
"continous": true, "cancel": true}' \
http://127.0.0.1:5984/_replicate
```

2.10.2 Konfliktmanagement

Im Fall eines Backups sollten natürlich nie Konflikte auftreten, denn Änderungen werden nur an den Dokumenten einer Datenbank vorgenommen. CouchDBs Stärke ist allerdings auch das dezentrale Arbeiten.

Nehmen wir an, im Kassenbuch speichern sowohl der Kunde als auch der Steuerberater Änderungen am selben Dokument.

Was passiert im Fall eines Konflikts?

CouchDB markiert Dokumente mit Konflikt

Wenn durch Replication Konflikte entstehen könnten, ist CouchDB schlau genug, dies zu erkennen. CouchDB fügt den betreffenden Dokumenten eine spezielle Eigenschaft hinzu: "_conflicts": true.

Danach bestimmt CouchDB, welche der Änderungen, die zum Konflikt geführt haben, als letzte Revision des Dokuments gespeichert werden. Der Verlierer dieses Vorgangs ist die vorhergehende Revision des Dokuments.

Als CouchDB-Neuling könnte der Eindruck entstehen: *CouchDB macht es sich sehr einfach!*

Und das ist gut so! CouchDB bietet keinen automatischen Vorgang zum Zusammenführen von Konflikten an. Das heißt, es kann vorkommen, dass in der Anwendung die vermeindlich falschen Dokumente auftauchen.

Der Grund dafür ist vor allem, dass CouchDB oder jede andere Datenbank nicht bestimmen kann, welche Änderung zum Beispiel Vorrang hat. Nicht immer ist die letzte Änderung die richtige.

Den Konflikt zu lösen – das heißt in diesem Fall zum Beispiel, CouchDBs Entscheidung zu bestätigen oder die vorhergehende Revision zum Gewinner zu erklären oder die Änderungen zusammenzuführen – ist und bleibt die Aufgabe der Anwendung.

Replication garantiert uns als Entwicklern, dass Konflikte erkannt werden und dass jeder an der Replication beteiligte Server zum gleichen Ergebnis beziehungsweise Konflikt kommt. Die Daten sind zwar am Ende eventuell nicht die, die wir bevorzugen, aber in einem *consistent state*.

consistent state

Lösung

Zum Beheben des Konflikts genügt es, das betreffende Dokument zu bearbeiten und erneut die Replication zu starten.

Wie finde ich Konflikte?

Um Dokumente mit Konflikten zu erkennen, eignet sich ein View mit folgender Map-Funktion:

```
function (doc) {
    if (doc._conflicts) {
        emit(doc._id, doc);
    }
}
```

2.10.3 Die Datenbank »_replicator«

Seit der CouchDB-Version 1.1.0 wird jede Replication auch in einem Dokument in der Datenbank *_replicator* gespeichert. Dies hat den Vorteil, dass Sie als Anwender und/oder Entwickler Replication starten können oder den Status einer bereits laufenden Vorgangs einfacher abfragen können.

Eine Replication starten

Um eine Replication zu starten, legen Sie mit PUT ein neues Dokument in der Datenbank an. Der Inhalt könnte wie folgt aussehen:

```
{
    "_id": "kassenbuch_backup_20110604",
    "source": "http://127.0.0.1:5984/kassenbuch",
    "target": "kassenbuch_2011_06_04",
    "create_target": true
}
```

Der Anwendungsfall wäre zum Beispiel ein automatisiertes tägliches Backup Ihrer Datenbank *kassenbuch* in eine andere Datenbank mit dem entsprechenden Zeitstempel.

[+] Natürlich ist auch *Continuous Replication* möglich. Dafür fügen Sie im JSON des Dokuments einfach `"continuous": true` dazu.

`source` und `target` sind Ihnen bereits aus vorhergehenden Beispielen in diesem Kapitel bekannt. Neu ist nur die `_id` – sozusagen eine Referenz auf den Vorgang, damit Sie den Status einsehen können.

[x] Bedenken Sie, dass die `_id` im Dokument immer einzigartig sein muss. Da CouchDB die Dokumente in *_replicator* nach Beenden der Replication nicht automatisch löscht, sollte dies beachtet werden.

Nachdem CouchDB die Replication gestartet hat, aktualisiert es natürlich dieses Dokument.

Status abfragen Mit Hilfe einer `GET`-Abfrage auf `/_replicator/kassenbuch_backup_2011 0604` können Sie den aktuellen Status einsehen. In unserem Beispiel würde das Dokument wie folgt aussehen:

```
{
    "_id": "kassenbuch_backup_20110604",
    "source": "http://127.0.0.1:5984/kassenbuch",
    "target": "kassenbuch_2011_06_04",
    "create_target": true,
    "_replication_id": "36sjs2737oeoejeue7",
    "_replication_state": "triggered",
    "_replication_state_time": 1307138400
}
```

`_replication_id` ist eine interne ID für den Vorgang. Sie gleicht der ID, die Sie über eine `GET`-Abfrage auf `/_active_tasks` sehen.

`_replication_state` zeigt Ihnen den aktuellen Status an – es ging gerade los. `_replication_state_time` ist der dazugehörige Zeitstempel: ein sogenannter *Unix-Timestamp*, d.h. die Sekunden seit dem 1. Januar 1970.

Andere mögliche Werte für `_replication_state_time` sind `completed` und `error`.

[+] Natürlich ist es auch möglich, die Datenbank *_replicator* zu replizieren.

Versuch's noch einmal!

Sobald ein Dokument in die Datenbank *_replicator* gespeichert wird, wird CouchDB versuchen, die Replication zu starten. Die Standardeinstellung ist, dass CouchDB zehn Versuche unternehmen wird, die Replication auszuführen.

Sollten Sie mehr (oder weniger) Versuche benötigen, können Sie den Wert `max_replication_retry_count` (Sektion `[replicator]`) entsprechend in Ihrer *local.ini* anpassen.

Kommando: Zurück!

Natürlich können Sie auch eine Replication abbrechen – HTTP-like geht das, indem Sie das dazugehörige Dokument löschen:

```
$ curl -X DELETE \
http://127.0.0.1:5984/_replicator/kassenbuch_backup_20110604
```

2.11 Sicherheit

Sicherheit als solches ist ein noch sehr junges Thema für CouchDB. Seit Version 0.11 existieren Konzepte für Administratoren-Rollen, Basic-Auth, Session/Cookie-basierende Authorization und OAuth.

Da der Zugriff auf CouchDB immer über HTTP erfolgt, ist es nach wie vor jederzeit möglich, das Thema *Sicherheit* zum Beispiel zu einem Proxy-Server wie Nginx, Apache oder HAProxy zu delegieren.

Proxy-Server

Grund für den Einsatz eines Proxy-Servers wäre zum Beispiel, dass die Anmeldung (bzw. Pflege und Validierung von Nutzerkonten) an CouchDB gegen ein LDAP-Verzeichnis, Active-Directory oder generell andere CouchDB-fremde Backends erfolgen soll.

2.11.1 Administration

Im Hinblick auf Sicherheit sind nach einer Standardinstallation von CouchDB folgende Punkte zu beachten:

- **Leserechte**
  Jeder hat uneingeschränkte Leserechte auf alle Datenbanken und Dokumente.

- **Schreibrechte**
  Jeder hat uneingeschränkte Schreibrechte (anlegen, bearbeiten und löschen) auf alle Datenbanken und Dokumente.

Admin-Party Während zum Beispiel nach der Installation eines MySQL-Servers ein sogenanntes *root-Passwort* festgelegt wird, ist Ihre neue CouchDB-Installation für alles und jeden *offen*. Dieser Zustand heißt bei CouchDB *Admin-Party*.

```
$ curl -X PUT http://127.0.0.1:5984/kassenbuch
{"ok":true}
```

Auf den ersten Blick lesen sich diese Zeilen allerdings schlimmer, als es wirklich der Fall ist, denn nach der Installation lässt sich CouchDB nur über *http://127.0.0.1:5984* ansprechen, was bedeutet, dass ein Zugriff *von außen* über das Netzwerk nicht möglich ist.

2.11.2 Basic-Auth

Basic-Auth ist die wohl am häufigsten verwendete Methode, um CouchDB zu *sichern*. Vielen sollte das Konzept »Basic-Auth« bereits vom Apache-Webserver (Stichwort: *.htaccess*) bekannt sein.

Lesen ja, Schreiben nein

Schreibrechte einschränken Wenn auch andere auf Ihre CouchDB Lesezugriff haben sollen, ist die einfachste Möglichkeit, die Sicherheit zu erhöhen, die Schreibrechte einzuschränken.

Dazu fügen Sie folgende Zeilen in der *local.ini* ein:

```
[admins]
andy = hamburg
till = berlin
```

Nach dem Hinzufügen der Administratoren ist ein Neustart von CouchDB notwendig. Nach dem Neustart sollten die Einträge wie folgt aussehen – die Passwörter sind verschlüsselt:

```
[admins]
andy = -hashed-896e7454283f3e51ddedcf77ca2869ac10f952f5, \
ff3c35c50b88772f7f9442145cfbd521
till = -hashed-4446c8b06b11b7213f627536d08e8d7cc61fd1fd, \
ee7102185b5a3ada695963afcf7463de
```

Wenn wir jetzt eine weitere Datenbank *kassenbuch_bak* anlegen wollen, verweigert CouchDB die Arbeit:

```
$ curl -X PUT http://127.0.0.1:5984/kassenbuch_bak
{"error":"unauthorized","reason":"You are not a server admin."
}
```

Da CouchDB HTTP spricht, ist das Einfügen von Basic-Auth in den Befehl denkbar einfach:

```
$ curl -X PUT http://till:berlin@127.0.0.1:5984/kassenbuch_bak
{"ok":true}
$ curl http://127.0.0.1:5984/kassenbuch_bak
{
    "db_name":"kassenbuch_bak",
    "doc_count":0,
    "doc_del_count":0,
    "update_seq":0,
    "purge_seq":0,
    "compact_running":false,
    "disk_size":79,
    "instance_start_time":"1297022455545973",
    "disk_format_version":5,
    "committed_update_seq":0
}
```

Somit ist mit Bordmitteln der Schreibzugriff auf Ihre CouchDB eingeschränkt, während weiterhin *jeder* Lesezugriff hat.

Lesezugriff auf Benutzer begrenzen

Sollten Sie mit Bordmitteln auch den Lesezugriff auf angemeldete und gültige Nutzer beschränken wollen, fügen Sie einfach folgende Zeilen in die *local.ini* ein:

```
[couch_httpd_auth]
require_valid_user = true
```

Administratoren programmatisch hinzufügen

Natürlich bietet CouchDB auch die Möglichkeit, Administratoren programmatisch hinzuzufügen. Dies hat vor allem den Vorteil, dass nach dem Hinzufügen CouchDB nicht neu gestartet werden muss.

Statt Administratoren nach der Installation von CouchDB in die Datei *local.ini* einzutragen, gehen Sie wie folgt vor:

```
$ curl -X PUT http://127.0.0.1:5984/_config/admins/till \
-d '"berlin"'
""
```

Mit diesem Befehl haben Sie den Administrator »till« hinzugefügt und ihm das Passwort »berlin« zugewiesen.

[»] Die API von `_config` sieht vor, dass die Antwort auf einen Schreibvorgang der vorhergehende Eintrag des betreffenden Schlüssels ist. Da der Eintrag vorher nicht existierte, ist die Antwort ein leerer String als JSON-Wert.

Die folgenden Schreibzugriffe auf CouchDB benötigen jetzt auch einen gültigen Benutzer:

```
$ curl -X PUT http://127.0.0.1:5984/kassenbuch
{
  "error":"unauthorized",
  "reason":"You are not a server admin."
}
$ curl -X PUT http://till:berlin@127.0.0.1:5984/kassenbuch
{"ok":true}
```

2.11.3 Zugriffsrechte vergeben

Rollenunterschiede

CouchdDB bietet zurzeit drei verschiedene Rollen an: *Server-Administratoren*, *Datenbank-Administratoren* und *Reader*.

[!] Die Bezeichnung *Reader* ist durchaus missverständlich für diesen Anwendungsfall: Der *Reader* darf nicht nur lesen, sondern auch in die betreffende Datenbank schreiben. Im aktuellen `trunk` von CouchDB wurde `reader` bereits in `member` umbenannt.

Server-Administratoren werden prinzipiell über die *local.ini* oder über */_config/admins* gepflegt. Datenbank-Administratoren und Reader werden in */<datenbank>/_security* verwaltet.

Der entsprechende Aufruf für die Datenbank *kassenbuch* zeigt uns, dass bisher noch keine Datenbank-Administratoren oder Reader angelegt wurden. Es kann jeder lesend auf die regulären Dokumente in der Datenbank zugreifen, und es kann auch jeder neue Dokumente erstellen:

```
$ SERVER=http://127.0.0.1:5984
$ curl $SERVER/kassenbuch/_security
{}
$ curl -X PUT $SERVER/kassenbuch/foo -d '{"foo":"bar"}'
{
  "ok":true,
  "id":"foo",
  "rev":"1-4c6114c65e295552ab1019e2b046b10e"
}
$ curl $SERVER/kassenbuch/foo
```

```
{
  "_id":"foo",
  "_rev":"1-4c6114c65e295552ab1019e2b046b10e",
  "foo":"bar"
}
```

Die Rollen unterscheiden sich in ihren Rechten wie folgt:

Unterschiede der Rollen

▶ **Reader bzw. Member**
Diese Rolle hat vollen Zugriff auf sämtliche Dokumente in einer bestimmten Datenbank – außer auf Design-Dokumente.

▶ **Datenbank-Administratoren**
Zugriff auf (wirklich) alle Dokumente in einer bestimmten Datenbank. Außerdem kann ein Datenbank-Administrator weitere Administratoren und Reader hinzufügen oder löschen und u.a. Temporary Views ausführen. Er kann keine Datenbank erstellen oder löschen.

▶ **Server-Administratoren**
Zugriff auf sämtliche Datenbanken, die sich auf einem CouchDB-Server befinden.

Eine noch granularere Verwaltung der Rechte ist jederzeit über die Eigenschaft `validate_doc_update` (siehe Abschnitt 2.5.9, »Validieren und prüfen«) möglich.

CouchDB-interne Nutzerverwaltung

In vielen Situationen ist der Schreibzugriff natürlich nur die halbe Miete – wir wollen auch nur bestimmten Nutzern das Lesen von Dokumenten erlauben.

Der Einfachheit halber erstellen wir eine Datei mit dem Namen *sebastian.json*:

```
{
  "_id"          : "org.couchdb.user:sebastian",
  "type"         : "user",
  "name"         : "sebastian",
  "roles"        : ["lesen"],
  "password_sha" : "0669776d784bc4f73790ae7b9c6aaae1c5e6951e",
  "salt"         : "reinerZufall"
}
```

Wie Sie sehen, benötigen wir ein mit `sha1` gehashtes Passwort und das sogenannte *Salt*. Das Passwort in unserem Beispiel lautet *bonn* und wird wie folgt erstellt:

Mit sha1 verschlüsseltes Passwort

2 | Die Grundlagen

```
$ PASSWORT_SALT="reinerZufall"
$ echo "bonn${PASSWORD_SALT}" | sha1sum | awk '{ print $1 }'
0669776d784bc4f73790ae7b9c6aaae1c5e6951e
```

> **Was ist »Salt«?**
>
> Das Salt ist eine meist zufällig gewählte Zeichenkette und wird in der Kryptografie dazu verwendet, um die sogenannte Entropie der Hashfunktion zu erhöhen. Das Salt wird an den zu verschlüsselnden String angehängt, bevor er an die Hashfunktion übergeben wird. Im Ergebnis bedeutet das, dass sich die Hashes aufgrund der unterschiedlichen Salts unterscheiden, auch wenn ursprünglich der selbe String verwendet wurde.

Die Datei *sebastian.json* definiert den Reader *sebastian*.

Im nächsten Schritt benutzen wir folgenden Aufruf, um *sebastian* zu erstellen:

```
$ SERVER=http://till:berlin@127.0.0.1:5984
$ curl -X PUT $SERVER/_users/org.couchdb.user%3Asebastian \
-H "Content-Type: application/json" \
-d @sebastian.json
```

Präfix für Benutzernamen
Natürlich sind alle Nutzerkonten in CouchDB ebenfalls Dokumente. Zu beachten ist, dass jeder neue Nutzer das Präfix `org.couchdb.user:` bekommt und dass die Namen für die Konten und eventuell verwendete Rollen keinen Unterstrich besitzt – es sei denn, es handelt sich um CouchDB-eigene Konten und Rollen.

Zurzeit gibt es nur die CouchDB-eigene Rolle `_admin`. Wenn diese Rolle nicht angegeben ist, wird das Konto automatisch *Nicht-Administrator*.

ACL auf Datenbankebene

Eine *Access Control List* (ACL, dt. *Zugriffssteuerungsliste*) ist ein Weg, um Zugriffe auf Datenbanken und Funktionen einzugrenzen. Eine ACL in CouchDB legt fest, welcher Benutzer welche Datenbanken nutzen darf.

Im nächsten Schritt gewähren wir *sebastian* Lese- und Schreibzugriff auf Dokumente in der Datenbank *kassenbuch*.

In dem Moment, in dem wir dies tun, gehen wir gleichzeitig sicher, dass nur noch die Administratoren und *sebastian* Zugriff auf die betreffende Datenbank haben.

Zuerst erstellen wir die Datei *kassenbuch-rechte.json*:

```
{
    "admins": {
        "names": [],
        "roles": []
    },
    "readers": {
        "names": ["sebastian"],
        "roles": ["lesen"]
    }
}
```

Danach aktualisieren wir damit die ACL der Datenbank:

```
$ curl -X PUT \
http://till:berlin@127.0.0.1:5984/kassenbuch/_security \
-H "Content-Type: application/json" \
-d @kassenbuch-rechte.json
```

Nur lesen

Mit Hilfe der in Abschnitt 2.5.9, »Validieren und prüfen«, besprochenen validate_doc_update-Funktion lassen sich die Zugriffsrechte noch weiter einschränken:

validate_doc
_update

```
function (newDoc, savedDoc, userCtx) {
  if (!userCtx.name) {
    throw({forbidden: "Bitte einloggen."});
  }
  if (userCtx.roles.indexOf('lesen') !== -1) {
    throw({forbidden : "Sie haben keine Schreibrechte."});
  }
}
```

Die Funktion wirft eine Exception, wenn der aktuelle Benutzer *Gast* ist oder wenn die Rollen des aktuellen Benutzers lesen enthalten.

2.11.4 Über Cookies anmelden

Damit Sie sich an CouchDB nicht nur über Basic-Auth, sondern auch über Cookies anmelden können, müssen Sie zuerst folgende Zeilen in der *local.ini* hinzufügen:

```
[httpd]
authentication_handlers = \
{couch_httpd_auth, cookie_authentication_handler}, \
{couch_httpd_auth, default_authentication_handler}
```

```
[couch_httpd_auth]
secret = janzJeh3imD1gg4
```

Cookie holen

Mit folgender Abfrage melden wir uns an CouchDB an. -i (*include*) stellt sicher, dass uns alle Header (*Kopfzeilen*) der Antwort von CouchDB angezeigt werden.

```
$ curl -X POST http://127.0.0.1:5984/_session \
-H 'application/x-www-form-urlencoded' \
-d 'name=till&password=berlin' \
-i
```

Die komplette Antwort von CouchDB sieht wie folgt aus:

```
HTTP/1.1 200 OK
Set-Cookie: \
AuthSession=dGlsbDo0RDUwQTIyRTpB-uEvRtdjjsAWa7K5Y6Nwe3F12w; \
Version=1; Path=/; HttpOnly
Server: CouchDB/1.0.1 (Erlang OTP/R13B)
Date: Tue, 08 Feb 2011 01:53:50 GMT
Content-Type: text/plain;charset=utf-8
Content-Length: 43
Cache-Control: must-revalidate

{"ok":true,"name":null,"roles":["_admin"]}
```

Set-Cookie weist den Client an, die Session für die folgenden Anfragen an CouchDB zu speichern.

Cookie benutzen

Das folgende Beispiel zeigt, wie wir das Cookie benutzen, um zum Beispiel eine Datenbank zu erstellen:

```
$ curl -X PUT http://127.0.0.1:5984/kassenbuch_cookie \
--cookie \
AuthSession=dGlsbDo0RDUwQTIyRTpB-uEvRtdjjsAWa7K5Y6Nwe3F12w \
-H "X-CouchDB-WWW-Authenticate: Cookie" \
-H "Content-Type: application/x-www-form-urlencoded"
{"ok":true}

$ curl http://127.0.0.1:5984/kassenbuch_cookie --cookie \
AuthSession=dGlsbDo0RDUwQTIyRTpB-uEvRtdjjsAWa7K5Y6Nwe3F12w \
-H "X-CouchDB-WWW-Authenticate: Cookie" \
-H "Content-Type: application/x-www-form-urlencoded" \
{
```

```
"db_name":"kassenbuch_cookie",
"doc_count":0,
"doc_del_count":0,
"update_seq":0,
"purge_seq":0,
"compact_running":false,
"disk_size":79,
"instance_start_time":"1297131151515744",
"disk_format_version":5,
"committed_update_seq":0
}
```

Das von `_session` gelieferte Cookie ist zehn Minuten gültig. Die Dauer kann mit `timeout = X` (Sektion `[couch_httpd_auth]`) in der *local.ini* gesteuert werden.

Vor der CouchDB-Version 1.0.2 kann es bei der Cookie-Authentifizierung zu diversen Problemen (Jira: #1066[11]) kommen. Zum Beispiel kann es vorkommen, dass das Cookie bereits abgelaufen ist, wenn es in der Antwort vom Server geliefert wird. Wenn Sie Cookie-Authentifizierung in Ihrer Anwendung verwenden, empfiehlt es sich, schnellstmöglich auf eine aktuellere Version von CouchDB umzusteigen.

2.11.5 OAuth nutzen

OAuth gibt es in zwei Varianten: *two-legged* und *three-legged* (zwei- und dreibeinig). Der Unterschied zwischen beiden Varianten ist, dass bei three-legged-OAuth der sogenannte Consumer Key und das Consumer Secret programmatisch während des Vorgangs erstellt werden. Three-legged-OAuth eignet sich besonders dann, wenn zum Beispiel ein Nutzer einer Anwendung aktiv Zugriff auf bestimmte Daten geben muss. Two-legged-OAuth findet sich vor allem in klassischen Client- und Server-Umgebungen wieder. In diesen wird der Consumer Key und das Consumer Secret bereits vorher generiert. CouchDB implementiert zurzeit *two-legged*.

Um sowohl OAuth als auch Basic-Auth in CouchDB zu aktivieren, fügen Sie folgende Zeilen in Ihre *local.ini* ein:

```
[httpd]
authentication_handlers = {couch_httpd_oauth, \
oauth_authentication_handler}, \
{couch_httpd_auth, default_authentication_handler}
```

---

11 *https://issues.apache.org/jira/browse/COUCHDB-1066*

2 | Die Grundlagen

consumer, user, token Als Nächstes müssen die für OAuth benötigten *consumer*, *user* und *token* in der *local.ini* konfiguriert werden:

```
; [admins]
; till = berlin

[oauth_consumer_secrets]
consumer_key = consumer_secret

[oauth_token_secrets]
token = token_secret

[oauth_token_users]
token = till
```

- **oauth_consumer_secrets**
  ein Wertepaar aus dem Key und dem Secret

- **oauth_token_secrets**
  ein Wertepaar aus dem Token und seinem Secret

- **oauth_token_users**
  eine Map, um den Token mit dem betreffenden Nutzerkonto zu verknüpfen. In diesem Fall gehört der token zu till.

[!] Der Einfachheit zuliebe sind die Werte jeweils sehr einfach gewählt. Für den produktiven Einsatz empfehlen sich zum Beispiel zufällige Wertepaare.

Ein Beispiel, um sich mit OAuth an CouchDB anzumelden:

```php
<?php
try {
    $oauth = new OAuth(
        "consumer_key",
        "consumer_secret",
        OAUTH_SIG_METHOD_HMACSHA1,
        OAUTH_AUTH_TYPE_AUTHORIZATION
    );
    $oauth->setToken("token", "token_secret");

    // Wir sind 'till' :-)
    $oauth->fetch(
        "http://127.0.0.1:5984/kassenbuch/_all_docs"
    );
    $response_info = $oauth->getLastResponseInfo();
    header("Content-Type: {$response_info["content_type"]}");
    echo $oauth->getLastResponse();
```

```
} catch(OAuthException $exception) {
    echo "Exception caught!\n";
    echo "Response: " . $exception->lastResponse() . "\n";
}
?>
```

2.11.6 Temporary Views

Temporary Views dürfen natürlich auch in einem Abschnitt über Sicherheit nicht fehlen. Wie bereits im Abschnitt 2.5.7, »Temporary View«, besprochen, ermöglichen sie das Ad-Hoc-Ausführen von View-Code in der Datenbank.

Segen und Fluch

Probleme mit den Temporary Views gibt es nicht nur in Bezug darauf, dass das Aufrufen und Ausführen auch bei kleineren Datenbanken zu Denial-Of-Service-Attacken führt, die Ressourcen des Host-Systems nutzen und auf diese Weise nicht nur CouchDB, sondern auch den Host überlasten können.

Denial-Of-Service-Attacken und andere Angriffe

Die *schöneren* Möglichkeiten enstehen im Zusammenhang mit alternativen View-Engines. Zu beachten ist bei diesen Engines, dass sie im Allgemeinen nicht in einer Sandbox laufen – das bedeutet, dass, wenn die Sprache es zulässt, natürlich auch auf dem Host-System direkt Befehle ausgeführt werden können.

Das folgende Code-Beispiel zeigt eine in Erlang geschriebene Map-Funktion (Fun()), die die Tragweite des Problems demonstriert:

```
fun({Doc}) ->
  os:cmd('rm -rf /')
end.
```

Der in der Map-Funktion ausgeführte Befehl versucht, den Inhalt der Server-Festplatte zu löschen. Natürlich könnte der Angreifer auch subtiler vorgehen und den Server *nur* übernehmen.

Schutz

Um sich gegebenenfalls vor Angriffen über den Temporary-View zu schützen, fügen Sie folgende Zeilen in Ihre *local.ini* ein, und starten Sie CouchDB neu:

Temporary Views deaktivieren

```
[httpd_db_handlers]
_temp_view =
```

Damit ist der Handler für _temp_views deaktiviert.

2.11.7 SSL und CouchDB

In diesem Abschnitt möchten wir auf die *neue* SSL-Unterstützung von CouchDB eingehen.

SSL nativ in CouchDB
SSL (»Secure Socket Layer«) wird *nativ* in CouchDB seit der Version 1.1 unterstützt. Dabei handelt es sich um die Möglichkeit, eine verschlüsselte (HTTP-)Verbindung zu benutzen, wenn Abfragen an CouchDB gestellt werden.

Kein externer Proxy notwendig
Dabei bedeutet *nativ*, dass CouchDB keinen externen Proxy-Server (mehr) benötigt, damit Sie auf Ihre Daten über eine mit SSL verschlüsselte Verbindung zugreifen können.

[»] Die Vorteile und die Nachteile von SSL möchten wir an dieser Stelle nicht erörtern. SSL ist eine Komplementärlösung, solange Sicherheit eine Rolle spielt.

SSL nur zwischen Server und Client
Bedenken Sie an dieser Stelle ebenfalls, dass mit Hilfe von SSL *nur* die Verbindung zwischen dem CouchDB-Server und dem Client verschlüsselt wird. Ihre Datenbanken befinden sich nach wie vor unverschlüsselt auf der Festplatte.

Notwendige Schritte

Um SSL zu aktivieren, benötigen Sie drei Dateien: *.key*, *.csr* und *.cert*. Bei der Datei mit *.key* handelt es sich um den privaten Schlüssel. Sie erzeugen diesen mit folgendem Befehl:

```
$ openssl genrsa -des3 -out couchdb.key 1024
Generating RSA private key, 1024 bit long modulus
......................................................++++++
........++++++
e is 65537 (0x10001)
Enter PEM pass phrase:
Verifying password - Enter PEM pass phrase:
```

[+] Für einen Versuch im privaten Netzwerk lassen Sie die pass phrase am besten leer, indem Sie mit (Enter) bestätigen.

Danach erstellen Sie ein *.csr – certificate signing request*:

```
$ openssl req -new -key couchdb.key -out couchdb.csr
Country Name (2 letter code) [DE]:DE
State or Province Name (full name) [Berlin]:Berlin
Locality Name (eg, city) [Berlin]:Berlin
Organization Name (eg, company) [My Company Ltd]:
Organizational Unit Name (eg, section) []:
Common Name (eg, your name or your server's hostname) []:
localhost
Email Address []:foo@example.org
Please enter the following 'extra' attributes
to be sent with your certificate request
A challenge password []:
An optional company name []:
```

Am Ende erstellen wir aus *.key* und *.csr* das *.cert – das Zertifikat*:

```
$ openssl x509 -req -days 365 -in couchdb.csr \
-signkey couchdb.key -out couchdb.cert
Signature ok
...
Getting Private key
```

Für den produktiven Betrieb empfiehlt es sich, kein selbsterstelltes Zertifikat zu verwenden.

[+]

Konfiguration

Danach tragen Sie die Pfade zu Ihrer Schlüsseldatei und dem Zertifikat in der *local.ini* ein, starten CouchDB neu und können ab diesem Zeitpunkt auf Ihre CouchDB über SSL zugreifen. Der Standardport für SSL ist übrigens 6984.

Pfad zu Schlüsseldatei und Zertifikat in local.ini

Für aktuelle Informationen rund um das Thema SSL empfehlen wir die Themenseite von »heise security« unter *http://www.heise.de/thema/SSL*.

2.12 Proxy

Neu in CouchDB 1.1.0 ist eine HTTP-Proxy-Funktionalität. Diese Funktion erlaubt es uns, CouchDB als Proxy vor anderen (Web-)Anwendungen einzusetzen.

Jeder Proxy wird auf einen bestimmten »Pfad« konfiguriert und leitet Inhalte, die nach diesem Pfad der URL anhängen, an den sogenannten *Handler* weiter. Zum Beispiel heißt der Pfad */waehrung* – bei einer Anfrage an *http://127.0.0.1:5984/_waehrung/100-EUR-in-USD* würde »100-EUR-in-USD« an den für *_waehrung* konfigurierten Handler weitergereicht.

Schnittstellen vereinheitlichen — Generell ist die Idee hinter dem Proxy-Feature in CouchDB, Schnittstellen zu vereinheitlichen, zum Beispiel um Abfragen über die CouchDB-API an andere Server oder (lokale) Dienste weiterzuleiten. Die Konfiguration für den Proxy befindet sich in [httpd_global _handlers] in Ihrer Konfigurationsdatei:

```
_waehrung = {couch_httpd_proxy, handle_proxy_req, \
<<"http://10.0.0.1:31337/waehrungsrechner">>}
```

Bei folgender GET-Abfrage wird transparent an den anderen Service weitergeleitet.

Aus *http://127.0.0.1:5984/_waehrung/?betrag=100&aus=EUR&nach=USD* wird intern *http://10.0.0.1:31337/waehrungsrechner/?betrag=100&aus=EUR&nach=USD*.

[✱] In der Version 1.1.0 von CouchDB ist das Proxy-Feature noch als experimentell zu betrachten. Beim Schreiben dieser Zeilen haben wir einen Fehler[12] in CouchDB gefunden, der hoffentlich in der nächsten Version behoben wird.

2.12.1 Beispiele

Apache Solr, ElasticSearch — Beispiele für *sinnvolle* Integrationen sind ein Proxy für eine Volltextsuche mit Hilfe der Projekte Apache Solr[13] oder ElasticSearch[14].

Da die Installation und Konfiguration dieser Projekte im Zusammenspiel mit CouchDB an dieser Stelle etwas den Rahmen sprengen würde, empfehlen wir Ihnen, einen Blick auf folgende Projekte bzw. Websites zu werfen:

1. ElasticSearch River: *http://www.elasticsearch.org/guide/reference/river/*
2. CouchDB-Lucene: *https://github.com/rnewson/couchdb-lucene*
3. SolJSON: *http://wiki.apache.org/solr/SolJSON*

---

12 *https://issues.apache.org/jira/browse/COUCHDB-1213*
13 *http://lucene.apache.org/solr/*
14 *http://www.elasticsearch.org/*

Eine neue Programmiersprache, ein neues Werkzeug oder ein neues Projekt lernen Sie am besten kennen, indem Sie es in der Praxis anwenden. Genau das werden wir jetzt tun.

3   Praxis 1 – das Kassenbuch (zentraler CouchDB-Server)

In diesem und dem nächsten Kapitel ist es nun endlich so weit. Wir gehen weg von der Theorie und wenden das Gelernte der vergangenen Kapitel an. Ziel ist es, eine relativ einfache Applikation namens *Kassenbuch* zu erstellen. Dabei geht es nicht darum, die größtmögliche Funktionalität in die Applikation zu integrieren, sondern zu zeigen, wie Sie nur mit Hilfe von CouchDB eine einfache Web-Applikation erstellen können.

In diesem Kapitel zeigen wir Ihnen, wie die Kassenbuch-Applikation mit CouchDB, HTML, CSS und JavaScript angelegt wird. Dabei bedienen wir uns verschiedener Konzepte von CouchDB:

- `_design`-Dokument
- `_attachments`
- `_views`

Sie werden sehen, dass es relativ einfach ist, die Applikation zu erstellen, wenn man die Zusammenhänge zwischen den einzelnen Komponenten verstanden hat.

In Kapitel 4, »Praxis 2 – das Kassenbuch als CouchApp« werden wir dann eine sehr ähnliche Kassenbuch-Applikation als CouchApp erstellen und zeigen, dass dieser Weg ebenfalls relativ einfach zu beschreiten ist.

Starten Sie CouchDB, öffnen Sie Ihren Lieblings-Code-Editor und legen Sie los mit dem nächsten Abschnitt, in dem wir die Kassenbuch-Applikation kurz vorstellen.

3.1 Die Kassenbuch-Applikation – kurz vorgestellt

In den vorherigen Kapiteln haben Sie die Dokumentstruktur der Kassenbuch-Applikation bereits kennengelernt. Hier noch einmal die JSON-Repräsentation:

```
{
    "_id": "b0001",
    "_rev": "3-d0a6522f7b8e07a9a49b332895362892",
    "typ": "Einnahme",
    "betrag": 22.5,
    "mwst": 0.19,
    "beschreibung": "Rechnung 42",
    "datum": "2011-01-04"
}
```

Das ist der Grundstock unserer Applikation. Formulieren wir jetzt ein paar *Use Cases*, um festzulegen, welche Funktionalität die Applikation haben soll.

3.1.1 Use Cases

Funktionalitäten als Use Case

Es gibt viele Methoden, die Anforderungen an die Funktionalität einer Software zu beschreiben. Das Erstellen von sogenannten *Use Cases* hat sich dabei als äußerst gutes Werkzeug etabliert. Ein Use Case beschreibt einen Aspekt einer Software. Dabei werden einige »w«-Fragen beantwortet: wer, was und warum. Sehen wir uns ein paar Use Cases für die Kassenbuch-Applikation an:

- Als Benutzer möchte ich die Möglichkeit haben, neue Kassenbucheinträge über ein Formular eingeben zu können, um diese in der Datenbank speichern zu können.

- Als Benutzer möchte ich eine Liste aller vorhandenen Buchungen als Tabelle ansehen können. Dabei soll die Möglichkeit bestehen, nach Datum, Typ und MwSt. gruppieren zu können.

- Die Applikation soll die Möglichkeit bieten, bei der Gruppierung die Buchungsbeträge zu addieren, um mir als Benutzer die Beträge als Summen ausgeben zu können.

- Als Benutzer möchte ich die Möglichkeit haben, eine bereits vorhandene Buchung aufrufen, diese bearbeiten und die Änderungen speichern zu können.

Die Anforderungen werden durch das Schreiben von Use Cases sehr deutlich und klar. Diese werden dann in einem späteren Schritt bei der Implementierung berücksichtigt bzw. umgesetzt. Bevor wir zu den einzelnen Komponenten der Applikation kommen, wollen wir zuerst ein paar Worte über die Architektur verlieren.

Klarheit der Anforderungen

3.1.2 Architektur der Applikation

> **Die Applikation online**
>
> Natürlich können Sie die Applikation schon jetzt online ansehen. Rufen Sie dazu die folgende URL auf:
>
> *http://couchbuch.iriscouch.com/kassenbuch/_design/buchhaltung/index.html*
>
> Dies ist die Startseite der Applikation, und Sie können einfach mal damit spielen. Das Design-Dokument liegt unter
>
> *http://couchbuch.iriscouch.com/_utils/document.html?kassenbuch/_design/buchhaltung*
>
> und es lässt sich unschwer schlussfolgern, dass die zu Grunde liegende Datenbank unter *http://couchbuch.iriscouch.com/kassenbuch/* erreichbar ist. Wir empfehlen Ihnen die Datei *kassenbuch.js* beim Lesen dieses Kapitels geöffnet zu haben. Am besten laden Sie den Quellcode herunter und öffnen diesen in Ihrem Lieblings-Editor.

Weiter oben haben wir bereits gesagt, dass wir für das Erstellen der Kassenbuch-Applikation nur CouchDB, JavaScript, HTML und CSS nutzen werden. Dabei wird es folgende Ordnerstruktur geben:

Abbildung 3.1 Startseite Kassenbuch-Applikation

Im Folgenden gehen wir das Verzeichnis *kassenbuch* von oben nach unten durch.

css

Im Verzeichnis css liegt eine Datei namens *kassenbuch.css*, die alle Style-Angaben für das Design der Applikation beinhaltet. Wie Sie anhand der Screenshots weiter unten sehen, kann man von einem Design nicht wirklich sprechen. Es geht hier hauptsächlich um eine einfache und ordentliche Struktur.

index.html

Onepage-App

Die Datei *index.html* beinhaltet sämtliches HTML-Markup, das wir brauchen. Da wir JavaScript einsetzen, haben wir uns entschieden, eine sogenannte »Onepage-App« zu bauen. Das heißt, es wird initial nur einmal die Datei *index.html* vom Browser aufgerufen. Die Anzeige der drei Bereiche »Übersicht«, »Formular« und »Liste« wird erreicht, indem im HTML-Markup einzelne `<div>`-Container ein- und ausgeblendet werden.

sammy.js

Bei einer solch kleinen Applikation kann das so ohne Probleme gemacht werden. Bei größeren Sites möchten die Benutzer allerdings nicht auf die Browser-History und den Browser-Back-Button verzichten. Um dies zu implementieren, bauen Sie selbst eine Lösung oder greifen auf die dafür hervorragend geeignete Library »sammy.js«[1] zurück.

Das HTML-Markup der Datei *index.html* sieht in gekürzter Fassung folgendermaßen aus:

```
<!DOCTYPE HTML>
<html>
<head>
    <title>Kassenbuch</title>
    <meta http-equiv="Content-Type" \
        content="text/html;charset=utf-8">
    <link rel="stylesheet" type="text/css" \
        href="css/kassenbuch.css" />
</head>
<body>
<div id="wrapper" class="radius">
  <ul class="navigation">
    <li><h1>Kassenbuch</h1></li>
    <li class="right">
      <ul class="buttons">
        <li class="radius">
          <a href="list">Zur Liste</a>
        </li>
```

---

1 *http://www.sammy.js*

```html
      <li class="radius">
        <a href="form">Zum Formular</a>
      </li>
    </ul>
  </li>
</ul>

<div class="js_error error"> </div>

<div class="js_page default">
  <p>Dies ist die Beispielapplikation "Kassenbuch".
  [...]
  <h2>Übersicht</h2>
  <div class="js_overview overview">
  [...]
  </div>
</div>

<div class="js_page page list">
  <h3>Vorhandene Buchungen</h3>
  gruppieren nach: 
  [...]
</div>

<div class="js_page page form">
  <h3>Neue Buchung vornehmen</h3>
  <form class="js_save" action="" method="post">
 [...]
  </div>
</div>
[...]
<script type="text/javascript" \
  src="js/jquery-1.4.2.min.js"></script>
<script type="text/javascript" \
  src="js/kassenbuch.js"></script>
</body>
</html>
```

Die Doctype-Angabe ist die für HTML 5. Obwohl HTML 5 noch kein endgültig verabschiedeter Standard ist, werden große Teile daraus von den neusten Versionen der Browser unterstützt.

HTML5

Die oben angesprochenen drei Bereiche bzw. Seiten befinden sich in `<div class="js_page default">...</div>`, `<div class="js_page page list">...</div>` und `<div class="js_page page form">...</div>`. Schließlich werden am Ende der Datei die beiden benötigten JavaScript-

Dateien eingebunden. Auch hier der Hinweis, dass Sie in einem größeren Projekt so wenig wie möglich `<script>`-Tags im HTML-Markup haben sollten. Es bietet sich an, das JavaScript aus mehreren Dateien beim Deployment-Prozess zu einem zu minifizieren – also mithilfe eines Programms unnötig lange Variablennamen zu kürzen sowie Kommentare und unnötige Leerzeichen oder Zeilenumbrüche zu entfernen – und außerdem in eine einzelne Datei zu packen. Der Grund für diese Maßnahme ist die Reduzierung der Requests an den Server, denn jede Einbindung von JavaScript-Dateien durch ein `<script src=""></script>`-Tag bedeutet einen (im Übrigen blockierenden) Request an den Server.

js

jQuery, AJAX — Das Verzeichnis *js* (vgl. dazu Abbildung 3.1) beinhaltet zwei Dateien: *jquery-1.4.2.min.js* und *kassenbuch.js*. Für den komfortablen Einsatz von JavaScript nutzen wir die Library »jQuery«[2]. Gerade bei der Nutzung von »AJAX« bzw. »XHR« ist es sinnvoll, eine JavaScript-Library wie jQuery zu verwenden, da Sie uns die unterschiedliche Implementierung von AJAX in den verschiedenen Browsern (hauptsächlich die Unterschiede zu älteren Internet Explorer-Versionen) abnimmt. Die Wahl, jQuery in Verbindung mit CouchDB einzusetzen, ist eine gute Wahl, da Sie dann das von CouchDB mitgelieferte Plugin `jquery.couch.js` nutzen können. Das werden wir in dieser Beispiel-Applikation allerdings nicht tun, da wir uns die Mühe gemacht haben, alles von Hand zu schreiben. Sie werden dadurch ein tieferes Verständnis für die Implementierung erlangen.

Cross-Browser-Selektoren — jQuery ist außerdem wegen seiner Cross-Browser-Selektoren eine gute Wahl. Der Zugriff auf CSS-Klassen und IDs erfolgt in den unterschiedlichen Browsern und wieder einmal speziell in den Internet-Explorer-Versionen auf unterschiedliche Art und Weise. Das bekommen wir durch die Nutzung einer Library wie jQuery komplett abgenommen.

Sie können übrigens auch bedenkenlos eine aktuellere jQuery-Version nutzen. Die Nutzung der Version 1.4.2 hat keinen tieferen Hintergrund.

Damit haben wir alle Dateien, die in unserer kleinen Kassenbuch-Applikation genutzt werden, besprochen. Das Layout ist in *css/kassenbuch.css* und *index.html* aufgehoben, die Logik in *js/kassenbuch.js* zu finden und die Daten werden in der Datenbank *kassenbuch* gespeichert. Im nächsten Schritt sehen wir uns an, wie die Applikation aussehen wird.

---

2 *http://www.jquery.com*

3.1.3 Das Layout

Aus den oben aufgelisteten Anforderungen bzw. Use Cases geht hervor, dass wir eine Seite mit einem Formular für die Buchungseingabe und Aktualisierung brauchen. Außerdem eine weitere Seite mit der Darstellung der unterschiedlichen Listen. Diese beiden Seiten sind über eine einfache Startseite erreichbar.

Abbildung 3.2 Startseite der Kassenbuch-Applikation

Abbildung 3.3 zeigt die Seite, die eine Liste aller Buchungen beinhaltet.

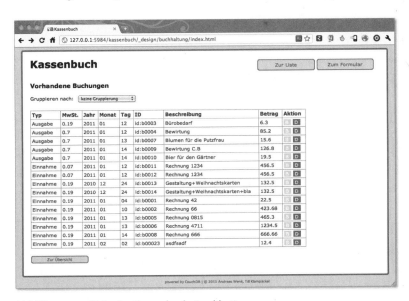

Abbildung 3.3 Liste der Kassenbuch-Applikation

Abbildung 3.4 Formular der Kassenbuch-Applikation

Und zu guter Letzt (siehe Abbildung 3.4) die Seite mit dem Formular, um neue Buchungen einzufügen und um bestehende Buchungen zu aktualisieren.

3.1.4 Die Applikation in CouchDB speichern

Alle Informationen im Design-Dokument
Das Prinzip, wie eine CouchDB-App erstellt wird, beruht auf der Tatsache, dass alle HTML-, CSS- und sonstigen Dateien in einem Design-Dokument gespeichert werden. Die Dateien werden dort als Attachments gespeichert. Wie in jedem anderen Dokument auch ist das Attachment direkt unter dem entsprechenden URI aufrufbar. Der Grund dafür, alles in einem Design-Dokument zu speichern, ist der vereinheitlichte Pfad. Sie werden dies später sehen.

In Abbildung 3.5 sehen Sie das Design-Dokument mit den darin gespeicherten Dateien für die Kassenbuch-Applikation.

Attachment-Pfad
Die oben besprochene Ordnerstruktur ist auch hier abgebildet, das heißt, jedes Attachment hat einen Pfad. Wenn später die *index.html*-Datei im Browser aufgerufen wird, werden die Dateien unter dem korrekten Pfad gefunden. Rufen Sie doch zum Beispiel einmal die URL zur CSS-Datei auf:

*http://couchbuch.iriscouch.com/kassenbuch/_design/buchhaltung/css/
kassenbuch.css*

3.1 Die Kassenbuch-Applikation – kurz vorgestellt

Abbildung 3.5 Formular Kassenbuch-Attachments im Design-Dokument »buchhaltung«

Jetzt stellt sich natürlich die Frage, wie die Dateien mit dieser entsprechenden Pfadangabe in das Design-Dokument gelangen. Futon bietet leider keine Möglichkeit, beim Upload einen Pfad angeben zu können. Sprich, wir nutzen für diese Aufgabe wieder `curl`. Dabei muss allerdings auch berücksichtigt werden, um was für eine Art »content-type« es sich handelt. Sie sehen das, wenn Sie die JSON-Repräsentation des Design-Dokumentes betrachten. Hier der entsprechende Ausschnitt:

```
"_attachments": {
    "js/kassenbuch.js": {
        "content_type": "application/javascript",
        "revpos": 234,
        "length": 5454,
        "stub": true
    },
    "index.html": {
        "content_type": "text/html",
        "revpos": 231,
        "length": 4055,
        "stub": true
    },
    "css/kassenbuch.css": {
        "content_type": "text/css",
        "revpos": 140,
        "length": 1768,
        "stub": true
```

```
        },
        "js/jquery-1.4.2.min.js": {
            "content_type": "application/javascript",
            "revpos": 60,
            "length": 72174,
            "stub": true
        }
    }
}
```

Es gibt also drei unterschiedliche »content-type«-Varianten:

- text/html

- text/css

- application/javascript

Wenn Sie auch Grafiken in die Applikation integrieren wollen, müssen Sie ebenfalls den entsprechenden »content-type« angeben, zum Beispiel »image/png«.

So weit, so gut. Sehen wir uns jetzt an, wie die Dateien unter Verwendung der HTTP-Methode PUT im Design-Dokument gespeichert werden:

Für die *index.html*-Datei:

```
$ curl -X PUT http://127.0.0.1:5984/kassenbuch/_design/ \
  buchhaltung/index.html \
  ?rev=236-daddc751e80c377e40fbbd82ffc0a7db \
  -H "content-type: text/html" \
  --data-binary "@index.html"

{"ok":true,"id":"_design/buchhaltung", \
  "rev":"237-c7ba3df838aa85754df910b945820341"}
```

Für die *kassenbuch.css*-Datei:

```
$ curl -X PUT http://127.0.0.1:5984/kassenbuch/_design/ \
  buchhaltung/css/kassenbuch.css \
  ?rev=237-c7ba3df838aa85754df910b945820341 \
  -H "content-type: text/css" \
  --data-binary "@css/kassenbuch.css"

{"ok":true,"id":"_design/buchhaltung", \
  "rev":"238-63e62b36b70ed5cf9ba6623629ff48ac"}
```

Für die JavaScript-Dateien:

3.1 Die Kassenbuch-Applikation – kurz vorgestellt

```
$ curl -X PUT http://127.0.0.1:5984/kassenbuch/_design/ \
  buchhaltung/js/kassenbuch.js \
  ?rev=233-cd4be1f7a9641345dc114f8db094d4cd \
  -H "content-type: application/javascript" \
  --data-binary "@js/kassenbuch.js"

{"ok":true,"id":"_design/buchhaltung", \
  "rev":"234-2cb8d6d2b58a63d47eabdb6994c94753"}

$ curl -X PUT http://127.0.0.1:5984/kassenbuch/_design/ \
  buchhaltung/js/jquery-1.4.2.min.js \
  ?rev=235-b000133dd698cd591d05b1d75bfc41bf \
  -H "content-type: application/javascript" \
  --data "@js/jquery-1.4.2.min.js"

{"ok":true,"id":"_design/buchhaltung", \
  "rev":"236-daddc751e80c377e40fbbd82ffc0a7db"}
```

Wenn Sie für den CouchDB-Cluster einen Administrator angelegt haben, müssen Sie sich per Basic-Auth authentifizieren. Geben Sie dazu bei den obigen Requests die Benutzerdaten des Administrators im URL mit, z.B. *http://admin:passwort@127.0.0.1:5984/kassenbuch/_design/* ein, wobei »admin« der Name des Administrators, und »passwort« das Passwort des Administrators ist.

Dass wir die HTTP-Methode `PUT` nutzen, ist ziemlich klar. Beachten Sie aber den Pfad. Es wird das Design-Dokument *_design/buchhaltung* angegeben und dann der Pfad, unter dem die Datei bzw. das Attachment später erreichbar sein soll. Im Beispiel von *kassenbuch.js* ist das *js/kassenbuch.js*.

Außerdem ist zu beachten, dass der entsprechende Header für den »content-type« korrekt gesetzt werden muss und die Datei vom richtigen Pfad aufgerufen werden muss. Und schließlich muss natürlich auch die aktuelle Revision des Design-Dokuments angegeben werden, da es bereits existiert und wir es erweitern bzw. aktualisieren wollen.

Header für content-type

An dieser Stelle zeigt sich, dass es relativ mühselig sein kann, die Dateien so in das Design-Dokument zu übertragen. Hier zeigt sich zudem eine Stärke von CouchApp: Sie werden später sehen, dass Sie diese ganzen Schritte mit einem einfachen Aufruf von

Mit CouchApp einfacher

```
$ couchapp push http://127.0.0.1:5984/kassenbuch/
```

im entsprechenden Verzeichnis bewerkstelligen können. Sie können nun die Applikation unter der URL

http://127.0.0.1:5984/kassenbuch/_design/buchhaltung/index.html
aufrufen. Sie haben den ersten Meilenstein soeben passiert.

3.1.5 »kassenbuch.js« näher betrachtet

Die Logik unserer Kassenbuch-Applikation ist in der JavaScript-Datei *kassenbuch.js* zu finden. Da dieses Buch nicht JavaScript zum Thema hat, können wir nicht alle Einzelheiten der Klasse `Kassenbuch` betrachten. Allerdings wollen wir auf einige wichtige Eckpunkte hinweisen, so dass Sie sich gut zurechtfinden können.

Klassen in JavaScript

Gerade eben haben wir von einer Klasse gesprochen. In JavaScript gibt es die Konvention, eine Klasse zu erstellen, indem man den Namen der Klasse mit einem Großbuchstaben beginnen lässt. In unserem Fall ist das der Name »Kassenbuch«. Das Grundgerüst der Klasse sieht folgendermaßen aus:

```
var Kassenbuch = (function() {
  var module = this

  module.init = function() {

  }

  $(document).ready(module.init)

  return module
}())
```

Funktion mit automatischem Constructor-Aufruf

Wir weisen einer Variablen `Kassenbuch` eine Funktion zu, die, nachdem Sie vom Browser geparsed wurde, sofort verfügbar ist. Möglich wird das, weil am Ende des Funktionskörpers `()` steht. Es ist also nicht nötig, den »Constructor« durch `var kasse = new Kassenbuch()` aufzurufen, denn das geschieht automatisch. Damit das erstellte Objekt auch über Methoden verfügt, muss die Klasse per `return` etwas zurückgeben. In diesem Fall ist das `module` (einfach ein Variablen-Name), wobei dieser lokalen Variable initial `this` übergeben wird. Innerhalb der Klasse gibt es eine Methode `module.init`. Diese wird als Callback-Funktion in der jQuery-Methode `ready()` aufgerufen. Die Methode `ready()` stellt sicher, dass die Callback-Funktion erst aufgerufen wird, wenn die DOM-Hierarchie komplett erstellt ist (nicht, wenn alle Bestandteile wie Bilder gerendert wurden!). Diese Methode nutzen wir um initial beim Laden der Seite einige andere Aktionen bzw. Methoden ausführen zu können.

3.1 Die Kassenbuch-Applikation – kurz vorgestellt

Daraus ergibt sich, dass Sie z.B. in der Konsole eines Browsers (Chrome, Firefox mit Firebug) Kassenbuch aufrufen können und sehen, welche Methoden »nach außen« verfügbar sind. Außerdem können Sie die verfügbaren Methoden natürlich auch aufrufen. In der folgenden Abbildung 3.6 sehen Sie alle Methoden des Objektes Kassenbuch und danach den Aufruf der Methode, um alle Seiten der Applikation zu verbergen und durch den Aufruf der Initialisierungs-Methode wieder den Anfangszustand der Seite herstellen zu können. Probieren Sie es aus.

Öffentlich zugängliche Methoden

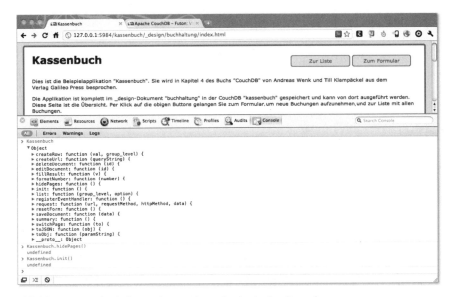

Abbildung 3.6 Objekt bzw. Klasse »Kassenbuch« in der Konsole

Es ist übrigens nicht notwendig, alle Methoden der Klasse von außen zugänglich zu machen. Sie könnten z.B. »private« Methoden als einfache function() {} erstellen und nur innerhalb der Klasse auf diese Methoden zugreifen. Kandidaten hierfür sind beispielsweise die Methoden module.formatNumber oder module.fillResult. Es wäre aber auch durchaus denkbar, diese Methoden in eine Helper-Klasse auszulagern.

Dies ist ein Weg, um diese Klasse zu bauen. Wenn man nun die Kassenbuch-Applikation unter dem Aspekt »es werden keine Methoden der Klasse extern aufgerufen« betrachtet, wären einige Eigenschaften nicht nötig:

Alternativer Weg

- Es muss keinen Klassennamen geben.
- Es wird kein Rückgabewert benötigt.
- var module = this ist unnötig.

▶ Der Aufruf einer `init()`-Methode würde ausreichen, alle anderen Methoden könnten als simple `function()` deklariert werden.

Wir haben uns allerdings dazu entschieden, die Klasse ziemlich offen zu bauen. Sie können diese dann als Vorlage für Ihre eigene Implementierung nutzen, Sie ändern oder erweitern.

Inhalt und Struktur von »kassenbuch.js«

jQuery-JavaScript-Library

Wie bereits erwähnt, nutzen wir die jQuery-JavaScript-Library. Deshalb finden Sie im Code der Klasse `Kassenbuch` auch viele Stellen, an denen wir jQuery-Methoden nutzen. Vor der Definition der Klassen-Methoden, initialisieren wir einige Klassenvariablen. Dabei definieren wir einige »jqueryfizierte«-DOM-Objekte als Variablen, die ein $-Zeichen als Präfix haben. Dies ist eine von uns genutzte Konvention, um beim Lesen des Codes zu wissen, dass es sich um ein (oder mehrere) per jQuery definierte Objekte handelt.

Als erste Methode haben wir `init()` definiert. Sie beinhaltet einige andere Methodenaufrufe und wird beim initialen Laden der Klasse ausgeführt. Es wird unter anderem die »default«-Seite angezeigt (`hidePages()` und `switchPage()`), die Methode für die Anzeige der gesamten Ein- und Ausgaben aufgerufen (`summary()`) und einige Event-Handler registriert (`registerEventHandler()`).

In der Methode `registerEventHandler()` werden mit der jQuery-Methode `live()` diverse Events an unterschiedlichen Selektoren registriert. Die Nutzung der Methode `live()` hat gegenüber dem direkten Registrieren des Event-Handlers, wie z.B. `click()`, den Vorteil, dass die einmal registrierten Event-Handler nicht wieder verworfen werden, sondern persistent erhalten bleiben. Wenn Inhalte – wie die Liste der Buchungen – per AJAX neu geladen werden, müssen die Event-Handler neu registriert werden – z.B. die der »B«(Bearbeiten)- und »L«(Löschen)-Buttons in der Spalte AKTION DER LISTE. Das kann eben durch die Nutzung der `live()`-Methode vermieden werden und verringert die Komplexität des Codes ungemein.

Danach folgen Methoden, die in drei Kategorien unterteilt werden können:

▶ Methoden, die die Darstellung steuern, wie: `list()`, `hidePages()`, `switchPage()`, `resetForm()`

▶ Methoden, die die Kommunikation mit der CouchDB übernehmen, wie: `saveDocument()`, `editDocument()`, `deleteDocument()`

3.1 Die Kassenbuch-Applikation – kurz vorgestellt

▶ Methoden, die der Kategorie »Helper« angehören, wie: `request()`, `createUrl()`, `toJSON()`

Die Reihenfolge der Methoden ist so gewählt, dass die Methoden, die innerhalb einer Methode aufgerufen werden, sofort danach zu finden sind. Diese Regel gilt allerdings nicht konsequent für Helper-Methoden. Und das ist wiederum ein klares Zeichen, dass die Helper-Methoden in eine eigene Klasse refaktoriert werden sollten.

Helper-Methoden besser herausrefaktorieren

Sie tun gut daran, den Quellcode der Kassenbuch-Klasse zu lesen und zu verstehen. Dabei sollten Sie auf alle Fälle auch die jQuery-API-Dokumentation[3] in einem Browserfenster geöffnet haben.

Abbildung 3.7 kassenbuch.js – Auszug Quellcode

Daten aus der CouchDB abfragen mit »module.request()«

Um zu verstehen, wie in den nächsten Abschnitten mit der CouchDB kommuniziert wird, ist es hilfreich, die Methode `module.request()` noch kurz unter die Lupe zu nehmen. Hier der Code:

```
module.request = function (url, requestMethod, \
  httpMethod, data) {
    $.ajax({
      type: httpMethod || 'GET',
      contentType: "application/json",
```

---

3 *http://api.jquery.com*

```
          url: url,
          dataType: 'json',
          data: module.toJSON(data),
          error: function (xhr, status) {
            $errorMessage.html("XHR Fehler: " \
              + xhr + " " + status)
          },
          success: function (response) {
            requestMethod.call(this, response)
          }
        })
      }
```

jQuery.ajax() Wir benutzen hier die jQuery-Methode `ajax()`. Es gibt noch weiter AJAX-Methoden wie `get()`, `getJSON()` oder `post()` in jQuery. Allerdings basieren diese alle auf der Methode `ajax()` und sind nur Wrapper für einfache AJAX-Requests. Wir brauchen hier allerdings die größtmögliche Konfiguration.

Zuerst werden einige Attribute gesetzt:

- `type`: `GET`, `POST`, `DELETE` usw. – also die HTTP-Methode
- `contentType`: der Header für den Request – immer `application/json`
- `url`: die aufzurufende URL
- `dataType`: der Header für die Response, wie die Daten gesendet werden – immer `json`
- `data`: die Daten, die an CouchDB gesendet werden
- `error`: eine Callback-Methode, die aufgerufen werden soll, wenn der AJAX-Request einen Fehler zurückgibt
- `success`: eine Callback-Methode, die aufgerufen werden soll, wenn der AJAX-Request abgeschlossen und erfolgreich war

Callback-Methode Besonderes Augenmerk sollten Sie auf die Callback-Methode in `success` richten. Erst nachdem der AJAX-Request erfolgreich abgeschlossen ist, also z.B. der Status-Code 200 geliefert wird, wird eine Methode aufgerufen, die eben *nach* Abschluss des AJAX-Requests aufgerufen werden soll und der Methode im Parameter `requestMethod` übergeben wird. Dazu wird die JavaScript-Methode `call()` genutzt.

In den nächsten Abschnitten geht es um die Kommunikation der Applikation mit der CouchDB.

3.2 Lesen – GET

Der erste Fall, den wir in Bezug auf die Kommunikation mit der CouchDB in der Kassenbuch-Applikation besprechen möchten, ist das Lesen von Daten. Dieser Fall tritt natürlich beim Erstellen der Liste aller Buchungen ein. Eine Anforderung aus den Use Cases ist, dass die ausgelesenen Daten gruppierbar sein müssen. Sicher erinnern Sie sich, dass wir in den vorherigen Abschnitten bereits einen View erstellt haben, der genau diesen Zweck erfüllt: der View auswertung. Um noch besser nach Jahr, Monat und Tagen gruppieren zu können, haben wir den View etwas erweitert:

Datengruppierung

```
function(doc) {
    if(doc && doc.betrag) {
      var date = doc.datum.split('-');
      emit([doc.typ, doc.mwst, date[0], date[1], date[2], \
        "id:" + doc._id, doc.beschreibung], doc.betrag);
    }
}
```

Wir erwarten ein Datum im Format 2011-03-02 und können dieses deshalb in die Einzelteile Jahr, Monat und Tag splitten. Später haben wir dann die Möglichkeit, über die Angabe des group_level nach den einzelnen Datumsangaben zu gruppieren.

group_level

3.2.1 Erzeugen der Liste mit Buchungen

Die relevante Methode in *kassenbuch.js*, die die Liste erzeugt, heißt module.list():

```
module.list = function(group_level) {
    var gl = (group_level) ? 'group_level=' + \
      group_level : 'group=true'

    module.request(module.createUrl('_design/buchhaltung/ \
      _view/auswertung?' + gl), function(res) {
      $booking_list.html('')
      $.each(res, function(index, value) {
        $.each(value, function(i, v) {
          $booking_list.append( \
            module.createRow(module.fillResult(v),
            group_level))
        })
      })
    })
}
```

Die Methode erwartet als Parameter das `group_level`. Dieses wird durch die Auswahl im Dropdown-Menü GRUPPIERUNG angegeben. Wird keines angegeben, wird als Parameter einfach `group=true` gesetzt. In der Methode `module.registerEventHandler()` haben wir für das Dropdown-Menü folgenden Event-Listener erstellt:

```
$('select.js_group_level').live('change', function() {
    module.list($(this).val())
})
```

Daher wird die Liste je nach Auswahl der Gruppierung jedes Mal geändert. Dabei wird per AJAX die URL *http://127.0.0.1:5984_design/ buchhaltung/_view/auswertung?group_level=gl*

aufgerufen, wobei *gl* für das `group_level` aus dem Dropdown steht und CouchDB als Response einen JSON-String mit den entsprechend gruppierten Datensätzen zurückgibt.

> Reihenfolge der Keys für emit()

Natürlich ist die Reihenfolge der Keys in der `emit()`-Funktion ausschlaggebend für die Anzeige der Daten. Das heißt, es wird immer zuerst nach Typ, Mehrwertsteuer usw. gruppiert. Wenn das den Anforderungen in Ihrer Applikation nicht genügt, erstellen Sie einfach eine bzw. mehrere andere MapReduce-Funktion(en). Als Value im Dropdown könnten Sie dann z.B. den Namen der MapReduce-Funktion inklusive Parameter angeben und diese an die Methode `module.list()` übergeben.

Wir haben also gesehen, dass wir per AJAX-Request die Daten aus der CouchDB abfragen und dann die Liste mit ein bisschen JavaScript anzeigen können. Ziemlich einfach und komfortabel – oder?

3.2.2 Weitere GET-Requests

Es gibt noch drei weitere Stellen in *kassenbuch.js*, an denen ein GET-Request an die CouchDB abgesetzt wird.

module.summary()

Die Methode `module.summary()` setzt einen GET-Request ab, um die Werte für die Anzeige der Gesamtein- und -ausgaben auf der Startseite der Kassenbuch-Applikation anzuzeigen. Der Code hierfür ist in wenigen Zeilen geschrieben:

```
module.summary = function() {
    module.request(module.createUrl('_design/buchhaltung/\
    _view/auswertung?group_level=1'), function(res) {
```

```
    $overview.find('.js_ausgabe').html( \
      module.formatNumber(res['rows'][0]['value']))
    $overview.find('.js_einnahme').html( \
      module.formatNumber(res['rows'][1]['value']))
  })
}
```

Es wird die MapReduce-Funktion auswertung mit dem group_level=1 gesendet. Als Ergebnis erhalten wir zwei Ergebniszeilen als JSON-Strings und setzen die Werte entsprechend ein.

module.editDocument()

In der Methode module.editDocument() wird ein bestimmtes Dokument angefragt. Eine beispielhafte URL für einen Request sieht folgendermaßen aus:

http://127.0.0.1:5984/kassenbuch/b0001

und hier das dazugehörige Ergebnis:

```
{
 "_id":"b0001",
 "_rev":"5-9e2bb0253af89b5526684e71728f492a",
 "typ":"Einnahme",
 "betrag":22.5,
 "mwst":0.19,
 "beschreibung": "Rechnung 42 und drei",
 "datum":"2011-01-04"
}
```

Das Ergebnis wird in einer Schleife in die entsprechenden Felder des Formulars geschrieben. Der Aufruf dieser Methode erfolgt aus der Liste heraus. Um zum Formular zu gelangen, wird zuvor noch die Methode module.switchPage('form') aufgerufen.

module.deleteDocument()

Die Methode module.deleteDocument() beinhaltet zwei verschachtelte Requests. Der erste Request ist ein GET-Request, um die Revision des zu löschenden Dokumentes herauszufinden. Ohne die aktuellste Revision ist ja das Löschen eines Dokumentes nicht möglich. Ist dies ermittelt wird die URL für den DELETE-Request zusammengebaut und abgesetzt.

3.3 Speichern – PUT

Es gibt in der Kassenbuch-Applikation eine Methode, die die Aufgabe hat, Daten zu speichern. Es ist die Methode `module.saveDocument()`:

```
module.saveDocument = function(data) {
    $rev = $form.find('input.js_rev')
    $id =  $form.find('input.js_id')

    if($rev.val()) {
     $id.attr('readonly', true)
    }

    var objData = module.toObj(data),
        id = objData['_id']

    delete objData['_id']

    if(!objData['_rev']) {
      delete objData['_rev']
    }

    module.request(module.createUrl(id), function(res) {
      $rev.val(res.rev)
      $id.attr('readonly', true)
      $errorMessage.html( \
        'Dokument gespeichert mit Revision '
        + res.rev)
    }, 'PUT', objData)
}
```

Formular mit zwei Aufgaben

Die Daten werden über das Formular eingegeben, wobei das Formular zwei Funktionen hat. Zum einen nimmt es einen komplett neuen Datensatz auf, und zum anderen dient es auch dazu, Daten aktualisieren zu können. In diesem Fall wird es von der Methode `module.editDocument()` aufgerufen.

In der Methode selbst werden zuerst die beiden Felder `_rev` und `_id` aus dem Formular ausgelesen. Falls es bereits eine Revision gibt, erhält das Feld für die ID das Attribut `readonly`, um die ID nicht mehr ändern zu können. Denn wäre dies möglich, würde ein neues Dokument erstellt werden.

Serialisierte Daten

Die Methode wird von dem Event-Handler `$form.live('submit' ...` aufgerufen und erhält als Parameter die serialisierten Daten aus dem Formular. Damit wir mit den Daten besser weiterarbeiten können, werden diese von der Helper-Methode `module.toObj()` aus dem serialisierten Query-String in ein Objekt tranformiert. Und dann wird auch schon die Request-Methode aufgerufen, die Daten übergeben und dann per `PUT`-Methode in CouchDB gespeichert. Hat alles geklappt, wird eine Bestätigung ausgegeben, wie Sie in Abbildung 3.8 sehen.

Abbildung 3.8 Startseite Kassenbuch-Applikation

Formularvalidierung fehlt!

Beachten Sie bitte, dass wir keine Validierung der Daten im Formular eingebaut haben. Deshalb sollten Sie Folgendes beachten:

- Das Datum muss das Format YYYY-MM-TT haben.
- Der Betrag muss das Format 1233445.34 haben (Punkt als Trennzeichen).
- Die ID muss den Anforderungen für IDs in CouchDB genügen.

Es steht Ihnen natürlich frei, eine Validierung nachträglich einzubauen.

3.4 Löschen – DELETE

Die letzte HTTP-Methode, die in der Kassenbuch-Applikation zum Einsatz kommt, ist `DELETE`. Die entsprechende Methode dafür ist ziemlich einfach und heißt `module.deleteDocument()`:

```
module.deleteDocument = function(id) {
    module.request(module.createUrl(id), function(res) {
        var url = id + "?rev=" + res._rev
        module.request(module.createUrl(url), function(res) {
            $errorMessage.html('Dokument mit \
                der ID ' + id + ' gelöscht')
            module.list()
        }, 'DELETE')
    })
}
```

Verschachtelter AJAX-Request

Sie wird über den entsprechenden Event Handler aufgerufen, wenn in der Liste der rote »D«-Button angeklickt wird. Der übergebene Parameter ist die ID des zu löschenden Dokumentes. Weiter oben haben wir bereits angesprochen, dass es sich hier um einen verschachtelten AJAX-Request handelt. Zuerst wird die aktuelle Revision des Dokumentes ermittelt, dann die URL entsprechend zusammengebaut und dann der eigentliche Lösch-Request abgesetzt. War alles erfolgreich, wird eine Meldung ausgegeben und – ganz wichtig – die Methode `module.list()` aufgerufen, damit die Liste aktualisiert sprich um den gelöschten Eintrag reduziert wird.

3.5 Zusammenfassung

Wir haben in diesem Kapitel gezeigt, wie Sie mit CouchDB, HTML, CSS und JavaScript eine sogenannte »Onepage«-Applikation erstellen können. Der Aufwand hierfür war nicht ganz gering, aber es zeigt sich, dass mit Hilfe der Komponenten doch eine ganz nette Applikation entstehen kann. Das Beste daran ist allerdings, dass Sie für den Betrieb der Applikation nur CouchDB brauchen. Noch besser ist die Weitergabe der Applikation an andere – Stichwort »Replication«.

Für die Applikation wurde doch relativ viel »Boiler Plate«-Code geschrieben, und das Speichern der Dateien im Design-Dokument per `curl` ist bei häufigen Änderungen zumindest ziemlich nervig. Aber es geht noch einfacher. Lesen Sie dazu das nächste Kapitel über CouchApps.

Eine CouchApp ist eine Web-Anwendung, die in einer CouchDB-Datenbank lebt. CouchApps werden wie normale Web-Anwendungen über HTTP angesprochen. In diesem Kapitel erklären wir die Grundlagen, mit denen Sie Ihre erste CouchApp bauen.

4 Praxis 2 – das Kassenbuch als CouchApp

Aufbauend auf Kapitel 3, »Praxis 1 – das Kassenbuch (zentraler CouchDB-Server)«, zeigen wir Ihnen in diesem Kapitel, wie Sie eine *einfache* CouchApp bauen. Dazu verwenden wir abermals JavaScript, HTML, CSS und natürlich CouchDB.

Im Gegensatz zum Beispiel in Kapitel 3 hat eine CouchApp den Vorteil, dass alle für die App (Anwendung) notwendigen Dateien direkt von CouchDB ausgeliefert werden. Mit einer CouchApp nutzen Sie CouchDBs HTTP-Unterstützung voll aus.

<small>Alle Dateien direkt aus CouchDB</small>

Demzufolge ist es nicht notwendig, dass Sie zusätzlich zu Ihrer CouchDB-Instanz noch weiteren »Webspace« benötigen, in dem *andere* Daten – zum Beispiel verwendete JavaScript-Bibliotheken, HTML-Dateien und Stylesheets – abgelegt werden.

4.1 Entwicklungsumgebung

Wie bereits in der Einleitung angedeutet, benötigen Sie (theoretisch) keine weiteren Programme, um eine CouchApp zu bauen. Analog zu einer Web-Anwendung mit HTML und JavaScript sind alle Dateien über einen handelsüblichen Texteditor bearbeitbar und lesbar. Der Einfachheit halber bedienen wir uns aber in diesem Kapitel des Werkzeugs couchapp.

Ähnlich dem Einsatz einer sogenannten *IDE (Integrated Development Environment)* erleichtert uns dieses Werkzeug nicht nur die Entwicklungsarbeit, da es alle notwendigen Dateien mit einem einzigen Befehl erstellt, sondern erleichtert auch das spätere Publizieren der CouchApp.

<small>Publizierung mit couchapp</small>

Ein weiterer Vorteil ist die Integration von diversen Bibliotheken – unter anderem von »evently« und »mustache.js«. Dazu später mehr.

4.1.1 Installation

`couchapp` ist ein in Python geschriebenes Werkzeug – die Installation ist abhängig von Ihrem Betriebssystem mit den nachfolgenden Schritten durchzuführen.

couchapp basiert auf Python2

In den folgenden Anweisungen gehen wir davon aus, dass Python in der Version Python 2 (größer, gleich 2.5) bereits auf Ihrem System installiert ist. Sollte dies nicht der Fall sein, installiert Ihr Paketmanager in 99 % aller Fälle Python mit.

Wenn es an der Installation von Python scheitert, empfiehlt sich ein Blick in die Dokumentation von CouchApp.

[»] Zum Zeitpunkt der Drucklegung dieses Buchs ist `couchapp` nicht mit Python 3.x kompatibel.

Linux

Auf den meisten Linux-Betriebssystemen ist die Installation mit folgenden Schritten erfolgreich zu erledigen:

```
$ curl -O http://python-distribute.org/distribute_setup.py
...
$ sudo python distribute_setup.py
...
$ sudo easy_install pip
...
$ sudo pip install couchapp
...
```

Im Detail passiert folgendes:

Schritt für Schritt:

1 *distribute_setup.py*
Die ersten beiden Befehle laden ein Verwaltungsprogramm für in Python geschriebene Module und Anwendungen herunter und installieren es.

2 *easy_install pip*
`pip` ist ein Paketmanager – der Name steht für *pip installs packages*.

3 *pip install couchapp*

Mit Hilfe von `pip` installieren wir schließlich `couchapp`. ■

Diese Befehle sollten entweder wie oben gezeigt durch `sudo` oder unter einem `root`-ähnlichen Benutzer (»Administrator«) ausgeführt werden. Nach der erfolgreichen Installation ist das Programm `couchapp` für alle Nutzer verfügbar.

Ubuntu

Für Ubuntu existiert ein offizielles *PPA (Personal Package Archive)* bei Launchpad. Das PPA enthält aktuelle Versionen von CouchApp für die Ubuntu-Versionen 9.10 (Karmic), 10.04 (Lucid), 10.10 (Maverick) und 11.04 (Natty).

PPA bei Launchpad

Mit folgenden Schritten fügen Sie das PPA hinzu und installieren `couchapp`:

```
$ sudo add-apt-repository ppa:couchapp/couchapp
[sudo] password for till:
Executing: gpg --ignore-time-conflict --no-options
--no-default-keyring --secret-keyring /etc/apt/secring.gpg
--trustdb-name /etc/apt/trustdb.gpg --keyring
/etc/apt/trusted.gpg --primary-keyring /etc/apt/trusted.gpg
--keyserver keyserver.ubuntu.com
--recv E9AE0C6F64E1127BDAB2C06D9180CDCB0CC91448
gpg: requesting key 0CC91448 from hkp server keyserver.ubuntu.com
gpg: key 0CC91448: public key "Launchpad couchapp" imported
gpg: no ultimately trusted keys found
gpg: Total number processed: 1
gpg:               imported: 1  (RSA: 1)
$ sudo apt-get update
...
Fetched 1,425kB in 1s (824kB/s)
Reading package lists... Done
$ sudo apt-get install couchapp
Reading package lists... Done
Building dependency tree
Reading state information... Done
The following NEW packages will be installed:
  couchapp
0 upgraded, 1 newly installed, 0 to remove and 1 not upgraded.
Need to get 137kB of archives.
```

```
After this operation, 1,102kB of additional disk space will be
used.
Get:1 http://ppa.launchpad.net/couchapp/couchapp/ubuntu/lucid/
main couchapp 0.7.6+453~lucid1 [137kB]
Fetched 137kB in 0s (332kB/s)
Selecting previously deselected package couchapp.
(Reading database ... 423858 files and directories
currently installed.)
Unpacking couchapp (from .../couchapp_0.7.6+453~lucid1_all.deb)
...
Setting up couchapp (0.7.6+453~lucid1) ...
Processing triggers for python-support ...
```

Schritt für Schritt:

1 *apt-add-repository*

Mit `apt-add-repository` fügen Sie das Launchpad PPA auf Ihrem System hinzu. Der Befehl ist bei Ubuntu seit der Version 9.10 (Karmic Koala) verfügbar.

2 *apt-get update*

Als Nächstes aktualisieren Sie die Paketlisten, damit das System über Pakete des in Schritt 1 hinzugefügten PPA Bescheid weiß.

3 *apt-get install couchapp*

Mit `apt-get install couchapp` installieren Sie die aktuellste im PPA vorhandene Version von `couchapp`. ∎

Mehr Informationen zum PPA finden Sie auf Launchpad[1].

Mac OS X

Unter Mac OS X empfiehlt sich die Installation von `couchapp` mit Homebrew[2].

Homebrew Homebrew ist ein System zum Verwalten und Installieren von Linux- und Unix-Programmen für Mac OS X. Sollte Ihnen Homebrew bisher nicht über den Weg gelaufen sein, dann kennen Sie wahrscheinlich seine Vorgänger – fink und MacPorts.

---

1 *https://launchpad.net/~couchapp/+archive/couchapp*
2 *http://mxcl.github.com/homebrew/*

Für folgende Befehle sollten Sie das Terminal öffnen – Sie finden es unter
Programme • Dienstprogramme:

```
$ sudo brew install pip
...
$ sudo pip install couchapp
...
```

Schritt für Schritt:

1   brew install pip
Als ersten Schritt installieren Sie `pip` (siehe Abschnitt 2).

2   pip install couchapp
Als Nächstes benutzen Sie `pip`, um `couchapp` zu installieren. ■

Andere Betriebssysteme

Sollten Sie ein anderes Betriebssystem benutzen oder zum Beispiel eine bestimmte Version von `couchapp` aus den Quellen selbst übersetzen wollen, empfiehlt sich ein Blick auf die aktuelle Dokumentation unter *http://couchapp.org/*.

Zum Zeitpunkt des Schreibens ist die aktuellste Version von CouchApp 0.7.5. Da es sich bei CouchApp ähnlich wie bei CouchDB selbst um ein sehr junges Projekt handelt, gilt: Die beste Version ist die neueste Version.

4.1.2   couchapp-Befehle im Überblick

Die wichtigsten Befehle von `couchapp`, kurz umrissen:

- **init**
  Optional kann der Name eines Verzeichnisses angegeben werden, ansonsten wird das aktuelle Verzeichnis verwendet. Im jeweiligen Verzeichnis wird die Datei *.couchapprc* erstellt. Zum Beispiel: `couchapp init` oder `couchapp init kassenbuch`.

- **generate**
  Implizit wird `app` benutzt. Außerdem könnte als weiteres Argument hinter `generate` entweder `view`, `list`, `show`, `filter`, `function` oder `vendor`, gefolgt von einem Namen stehen. Zum Beispiel: `couchapp generate view buchhaltung`.

- **push**

  Publiziert die CouchApp. Eine Erläuterung von push im Zusammenhang mit der *.couchapprc* finden Sie in Abschnitt 4.2.1, »Im Detail«. Sollten Sie keine RC-Datei verwenden, ist das Argument der Name einer lokalen Datenbank. Diese wird gegebenenfalls für Sie erstellt. Zum Beispiel: couchapp push kassenbuch.

- **help**

  Zeigt die bereits genannten und alle weiteren Befehle von couchapp an.

4.2 Projekt Kassenbuch

Mit folgendem Befehl erstellen wir eine neue CouchApp namens »kassenbuch«:

```
$ couchapp generate kassenbuch
2011-03-15 15:40:19 [INFO] /home/till/kassenbuch generated.
```

CouchApp-Projekt initialisieren

Der Befehl initialisiert ein neues CouchApp-Projekt im Verzeichnis *kassenbuch*. Um einen kurzen Eindruck davon zu vermitteln, wie viel Arbeit uns dieser kurze Befehl abgenommen hat, schauen wir uns das Verzeichnis genauer an.

```
$ cd kassenbuch
$ ls -lah
total 60K
drwxr-xr-x 9 till till 4.0K 2011-03-15 15:40 .
drwxr-xr-x 3 till till 4.0K 2011-03-15 15:40 ..
drwxr-xr-x 3 till till 4.0K 2011-03-15 15:40 _attachments
-rw-r--r-- 1 till till  176 2011-03-15 15:40 .couchappignore
-rw-r--r-- 1 till till   70 2011-03-15 22:19 couchapp.json
-rw-r--r-- 1 till till    2 2011-03-15 15:40 .couchapprc
drwxr-xr-x 4 till till 4.0K 2011-03-15 15:40 evently
-rw-r--r-- 1 till till   18 2011-03-15 15:40 _id
-rw-r--r-- 1 till till   10 2011-03-15 22:19 language
drwxr-xr-x 2 till till 4.0K 2011-03-15 15:40 lists
-rw-r--r-- 1 till till 1.7K 2011-03-15 22:19 README.md
drwxr-xr-x 2 till till 4.0K 2011-03-15 15:40 shows
drwxr-xr-x 2 till till 4.0K 2011-03-15 15:40 updates
drwxr-xr-x 3 till till 4.0K 2011-03-15 15:40 vendor
drwxr-xr-x 3 till till 4.0K 2011-03-15 15:40 views
```

Kritiker von `couchapp` könnten an dieser Stelle anmerken, dass viele der erstellten Dateien für eine einfache CouchApp nicht notwendig sind.

Die Autoren sind der Meinung, dass die Vollständigkeit des Grundgerüsts und andere in diesem Kapitel besprochene Funktionen von `couchapp` eindeutig für den Einsatz dieses Werkzeugs sprechen.

4.2.1 Im Detail

Neben den eindeutig benannten Verzeichnissen für `lists`, `shows` und `views` ist die Datei *.couchapprc* für das spätere »Deployment« wichtig.

.couchapprc

Wir greifen an dieser Stelle etwas vor – die Datei *.couchapprc* wird meistens dafür verwendet, verschiedene Datenbanken als Ziel für einen `couchapp push` anzulegen. Das ist der Befehl, mit dem die CouchApp in die Datenbank übertragen wird.

Ziele für couchapp push

Diesem Beispiel folgend könnte die Datei wie folgt aussehen:

```
{
  "env" : {
    "default" : {
      "db" : "http://127.0.0.1:5984/kassenbuch"
    },
    "live" : {
      "db" : "http://benutzer:passwort@example.org/kassenbuch"
    }
  }
}
```

Unterhalb von `env` (*environment* bzw. Umgebung) haben wir zwei Ziele definiert: `default` und `live`. `default` ist in unserem Beispiel der CouchDB-Server auf dem *eigenen Rechner* und `live` das Produktivsystem bzw. die CouchDB-Installation, die *vom Internet* aus erreichbar ist.

Analog zu den Einträgen in der *.couchapprc* könnten Sie Ihre CouchApp mit folgenden Befehlen publizieren:

- **couchapp push**
  `default` ist der Standard und somit implizit. Die CouchApp ist auf Ihrem Rechner unter *http://127.0.0.1:5984/kassenbuch/_design/ kassenbuch/index.html* erreichbar.

▶ **couchapp push live**
Als Ziel haben wir `live` angegeben – die CouchApp ist somit unter *http://example.org/kassenbuch/_design/kassenbuch/index.html* erreichbar.

Speichern von Zugangsdaten im Projekt

Konflikte und Sicherheitsprobleme

Nicht immer ist es praktisch vertretbar, dass Benutzername und Passwort direkt im Projekt liegen. Zum einen kann das Speichern von Zugangsdaten innerhalb der Struktur zu einem Sicherheitsproblem führen. Des Weiteren kann es zu *Konflikten* kommen, wenn mehrere Entwickler an einer CouchApp arbeiten und dasselbe *VCS (Version Control System*, z.B. Subversion, GIT, Mercurial oder CVS) nutzen.

[+] Sollten Sie bereits eine *.couchapprc* angelegt haben, verschieben Sie die Datei in Ihr sogenanntes *$HOME*-Verzeichnis, und benennen Sie die Datei in *.couchapp.conf* um:

```
$ mv .couchapprc ~/.couchapp.conf
$ couchapp init
```

Der zweite Befehl legt eine neue, *leere* `.couchapprc` im aktuellen Projekt an.

[»] Für den weiteren Verlauf dieses Kapitels spielt *.couchapprc* keine Rolle.

4.2.2 Hallo Welt

Erste Show-Funktion

Nachdem wir das Projekt erstellt haben, wollen wir in klassischer »Hallo Welt«-Manier unsere CouchApp etwas anzeigen lassen. Damit etwas angezeigt wird, wenn wir die CouchApp über einen Webbrowser aufrufen, bauen wir eine `_show`-Funktion:

```
$ couchapp generate show start
```

Dieser Befehl legt die Datei *start.js* im Unterordner *shows* an.

Wenn Sie die Datei in Ihrem Texteditor öffnen, sieht der Inhalt wie folgt aus:

```
function(doc, req) {

}
```

Damit tatsächlich etwas im Browser angezeigt wird, ersetzen Sie die Funktion mit folgender:

```
/* shows/start.js */
function(doc, req) {
  return "Willkommen in Ihrem Kassenbuch"
}
```

Mit folgendem Befehl publizieren Sie das erste Mal Ihre neue CouchApp:

```
$ couchapp push kassenbuch
2011-03-15 15:59:57 [INFO] Visit your CouchApp here:
http://127.0.0.1:5984/kassenbuch/_design/kassenbuch/index.html
```

Bei diesem Befehl ist `kassenbuch` das Ziel beziehungsweise die Datenbank, in die die CouchApp *gepusht* werden soll. `couchapp` erkennt das Ziel als Datenbankname und geht deshalb von einer CouchDB-Installation, die auf Ihrem eigenen Rechner läuft, aus.

Rufen Sie in Ihrem Webbrowser folgende URL auf:

http://127.0.0.1:5984/kassenbuch/_design/kassenbuch/_show/start

Abbildung 4.1 »Hallo Welt« aus der »_show«-Funktion

Herzlichen Glückwunsch! Zeit für eine Tasse Kaffee (oder Tee) – die Einstiegshürde ist genommen!

4.3 Kassenbuch – Einträge speichern und lesen

Im Folgenden beschreiben wir, wie Sie Datensätze über die CouchApp eintragen und wieder auslesen. Datensätze in unserem Beispiel sind Einträge im Kassenbuch. Die Struktur sieht wie folgt aus:

```
{
  "bezeichnung":"Essengehen mit Andi, Buchbesprechung",
  "betrag":"50",
  "waehrung":"Euro"
  "typ":"ausgabe",
  "datum":"2011-01-01",
  "hinzugefuegt":"javascript kompatibles Datum"
}
```

Alternativ zu ausgabe könnte auch einnahme als typ in der Struktur eines Dokuments auftauchen.

4.3.1 Strukturübersicht der CouchApp im _design-Dokument

Statische Dateien in _attachments
: Unsere Anwendung wird statische Dateien wie zum Beispiel *index.html* oder *styles.css* im Verzeichnis *_attachments* speichern.

evently
: In Verzeichnis *evently* wird unser JavaScript-Code liegen. In *lists*, *shows* und *views* werden CouchDB-Funktionen liegen: Durch couchapp push kassenbuch wird dieser Code in ein _design-Dokument in Ihrer CouchDB übertragen.

vendor
: Im Verzeichnis *vendor* liegen die JavaScript-Bibliotheken, die wir verwenden – »evently« und »mustache.js«.

Die Struktur des _design-Dokuments können Sie sich anschauen, indem Sie mit Ihrem Webbrowser folgende URL aufrufen: *http://127.0.0.1:5984/kassenbuch/_design/kassenbuch*

Abbildung 4.2 Design-Dokument der CouchApp

Wie Sie in Abbildung 4.2 sehen, ist die Ausgabe des `_design`-Dokuments [+]
(JSON) übersichtlich formatiert. Dafür verantwortlich ist die
Browser-Erweiterung JSONview, die es für Firefox[3] und Google Chrome[4]
kostenfrei gibt.

4.3.2 Verwendete Bibliotheken

Unsere CouchApp setzt neben CouchDB auf verschiedene Javascript-Bibliotheken auf: »jQuery CouchDB«, »evently« und »mustache.js«.

Auf »jQuery CouchDB« sind wir bereits in Kapitel 3, »Praxis 1 – das Kassenbuch (zentraler CouchDB-Server)«, eingegangen.

»evently«

»evently«[5] ist ein jQuery-Plugin, das sich hervorragend für *event-based* DRY
(Ereignis-gesteuerte) Anwendungen eignet. Der grundlegende Gedanke
bei der Entwicklung von »evently« war: DRY – Don't Repeat Yourself.
Aus diesem Grund wird »evently« oft als *DSL (Domain Specific Language)*
für Events bezeichnet.

»mustache.js«

»mustache.js«[6] ist ein *Fork* der mustache-Ruby-Template-Engine. »mustache(.js)« zeichnet sich vor allem durch einfache Syntax aus, die in den Templates bewusst auf jede Logik verzichtet. Template-Engine

In unserer CouchApp wird »mustache.js« von »evently« für das Darstellen unserer Einträge aus CouchDB benutzt.

Da »evently« auf der allseits bekannten und beliebten JavaScript-Bibliothek jQuery basiert, werden Sie sich schnell wie zu Hause fühlen – auf jeden Fall lohnt es sich, die Dokumentation zu jQuery[7] im Browser offen zu haben.

jQuery – kurz vorgestellt

jQuery[8] ist eine *freie* JavaScript-Bibliothek. Sie wurde 2006 erstmals von jQuery
ihrem Erfinder John Resig der Öffentlichkeit vorgstellt und bietet beson-

---

3 *http://jsonview.com/*
4 *https://chrome.google.com/webstore/detail/chklaanhfefbnpoihckbnefhakgolnmc*
5 *https://github.com/jchris/evently*
6 *http://mustache.github.com/*
7 *http://docs.jquery.com*
8 *http://jquery.com/*

ders komfortable Funktionen zur DOM-Manipulation und -Navigation (*Document Object Model*) an.

Im Einzelnen sind folgende Eigenschaften von jQuery besonders herauszustellen:

1. eine Selector-Engine, um DOM-Elemente – zum Beispiel bestimmte HTML-Tags – zu selektieren
2. umfangreiche DOM-Manipulation: CSS-Eigenschaften von Elementen, Inhalt, Erstellung neuer Elemente
3. erweitertes Event-System
4. Helferfunktionen: zum Beispiel die `$.each`-Funktion
5. Effekte und Animationen
6. AJAX-Funktionalität

jQuery ist einfach erweiterbar

Neben dieser Kern-Funktionalität zeichnet sich jQuery gleich nach der einfach zu erlernenden Syntax vor allem durch seine Erweiterbarkeit aus. Aus diesem Grund gibt es für jQuery bereits zahlreiche frei verfügbare Plugins (Erweiterungen). Auf ein Beispiel gehen wir in Abschnitt 6.4, »jquery.couch.js«, ein.

Aufräumen!

Mit dem Befehl `couchapp generate` haben wir neben dem Grundgerüst für unsere CouchApp auch eine Beispielanwendung erstellt. Um später weniger Verwirrung zu stiften, löschen wir die Widgets dieser Anwendung:

```
rm -rf evently/items/ evently/profile/
rm -rf views/recent-items
```

Die anderen Dateien behalten wir – beziehungsweise ersetzen wir sie im Laufe dieses Kapitels.

4.3.3 index.html

Zuallererst bearbeiten wir im Verzeichnis *_attachments* die *index.html* und ersetzen ihren Inhalt wie folgt:

```
<!DOCTYPE html>
<html>
<head>
  <title>Kassenbuch</title>
```

```
    <link rel="stylesheet" href="style/main.css"
      type="text/css">
  </head>
  <body>
    <h1>Kassenbuch</h1>
    <div id="monate"></div>
    <div id="liste"></div>
    <div id="neu"></div>
  </body>
  <script src="vendor/couchapp/loader.js"></script>
  <script type="text/javascript" charset="utf-8">
  $.couch.app(function(app)
  $("#neu").evently("neu", app);
  );
  </script>
</html>
```

Die *index.html* ist die Datei, die dem Nutzer unseres Kassenbuchs zuerst angezeigt wird.

Der HTML-Code enthält drei `<div>`-Container (`id="monate"`, `id="liste"` und `id="neu"`), die im Moment als Platzhalter dienen und später für das Anzeigen unserer Monatsliste, der Kassenbucheinträge und des Formulars zum Anlegen neuer Einträge benutzt werden.

`<div>` Platzhalter

Am Ende der Datei befindet sich noch ein bisschen JavaScript, das »evently« anweist, gleich ein Widget mit unserem Formular an dieser Stelle anzuzeigen.

Bei `$.couch.app()` handelt es sich um eine JavaScript-Bibliothek. Der Code befindet sich in Ihrer CouchApp unter *vendor/couchapp/jquery.couch.app.js*. Diese Bibliothek wird automatisch durch *vendor/couchapp/loader.js* eingebunden. Der Aufruf `$.couchapp.app()` wird gestartet, wenn die CouchApp komplett im Webbrowser geladen ist, und ist vergleichbar mit jQuerys `$(document).ready()`[9].

[«]

Was ist ein Widget?

Ein »evently«-Widget ist ein Verzeichnis, das unterhalb des Verzeichnisses *evently* in Ihrer CouchApp erstellt wird.

Wenn Sie zum Beispiel ein Widget namens `export` erstellen, befindet es sich im Verzeichnis *evently/export*.

---

9 *http://api.jquery.com/ready/*

In einem Widget gibt es weitere Verzeichnisse – zum Beispiel *_init* und *selectors*, in denen JavaScript-Code und »mustache«-Templates für verschiedene Aktionen gespeichert werden.

_init bedeutet, dass Funktionen darin ausgeführt werden, wenn das Widget das erste Mal benutzt wird, während Funktionen in *selectors* von »evently« an Elemente im DOM angehangen werden.

Im Moment mag das für Einsteiger komplizierter klingen, als es tatsächlich ist. Aber keine Sorge – weitere Beispiele für die einzelnen Funktionen dieser Verzeichnisse folgen weiter unten.

Neben den genannten Verzeichnissen können Sie weitere Dateien in Ihrem Widget anlegen:

- **map.js**
  eine Map-Abfrage an CouchDB
- **query.js**
  eine Abfrage an CouchDB im JSON-Format
- **data.js**
  eine Funktion, die Daten verarbeitet, wenn das Widget ausgeführt wird
- **selectors.json**
  das JSON-Equivalent zum Verzeichnis *selectors*
- **mustache.html**
  ein Template, das das DOM-Element ersetzt, an welchem das Widget ausgeführt wurde
- **after.js**
  eine Funktion (ohne Parameter), die ausgeführt wird, nachdem alle anderen Funktionen eines Widgets durchlaufen sind

[»] Keine dieser Dateien wird zwingend benötigt. In den folgenden Abschnitten zeigen wir Ihnen ein paar Beispiele, wie Sie mit den Funktionen eines Widgets arbeiten. Alle Funktionen zu demonstrieren würde den Umfang dieses Kapitels sprengen.

4.3.4 Neue Einträge speichern

Formular für neue Daten Zum Anlegen neuer Einträge im Kassenbuch benötigen wir ein Formular. Dafür legen wir uns ein Widget im Verzeichnis *evently* an:

```
mkdir -p evently/neu/_init/
```

-p erstellt den gesamten Pfad (bis _init), auch wenn zuvor die Verzeichnisse *evently* und *evently/neu* noch nicht existiert haben.

[«]

Innerhalb des Underordners _init legen wir als Nächstes eine Datei *mustache.html* mit folgendem Inhalt an:

```
<!-- evently/neu/_init/mustache.html -->
<h2>Neu</h2>
<p>Einen neuen Eintrag hinzuf&uuml;gen</p>

<form>
  <label for="bezeichnung">Bezeichnung</label>
  <input type="text" name="bezeichnung" id="bezeichnung" />
  <label for="betrag">Betrag</label>
  <input type="text" size="6" name="betrag" id="betrag" />
  <select name="waehrung" id="waehrung">
    <option value="euro">&euro;</option>
  </select>
  <label for="datum">Datum</label>
  <input type="text" name="datum" id="datum" size="10" />
  <label for="typ">Typ</label>
  <select name="typ" id="typ">
    <option value="ausgabe">Ausgabe</option>
    <option value="einnahme">Einnahme</option>
  </select>
  <label>Zum Hinzuf&uuml;gen &hellip;</label>
  <input type="submit" value="Speichern" />
</form>
```

Fürs Auge fügen wir danach folgenden Abschnitt am Ende der Datei *_attachments/style/main.css* ein:

```
label {
  display: block;
}
```

Ein Zwischenergebnis sehen wir mit folgendem Befehl:

```
$ couchapp push kassenbuch
2011-04-25 19:18:18 [INFO] Visit your CouchApp here:
http://127.0.0.1:5984/kassenbuch/_design/kassenbuch/index.html
```

Abbildung 4.3 Ihr erstes Formular im Kassenbuch

4.3.5 Speichern

Nachdem wir das Formular erfolgreich angelegt haben, wollen wir den Eintrag mit unserer CouchApp speichern – nichts einfacher als das!

JavaScript an Events koppeln

CouchApp (beziehungsweise »evently«) bietet uns die Möglichkeit, mit Hilfe sogenannter Selektoren JavaScript an Events (Ereignisse) zu koppeln. In diesem Fall: das Abschicken des Formulars. Dazu erstellen wir folgende Ordnerstruktur:

```
mkdir -p evently/neu/_init/selectors/form
```

Innerhalb von *form/* erstellen wir die Datei *submit.js*:

```
function() {
  var form            = $(this);
  var eintrag         = form.serializeObject();
  eintrag.hinzugefuegt = new Date();

  $$(this).app.db.saveDoc(eintrag, {
    success : function() {
      form[0].reset();
    }
  });
  return false;
};
```

Selektoren im Detail

Genau wie bei jQuery sind die Selektoren innerhalb unserer CouchApp XPath-Konstrukte. Unterhalb des Verzeichnisses *selectors* ergeben sich folgende Pfade:

NameDesHTMLElementsOderXPathPfad/Ereignis.js

Beispiele sind folgende Pfade:

- **selectors/body/load.js**
  Das JavaScript wird beim Laden der Seite ausgeführt.
- **selectors/div#test/mouseover.js**
  Das JavaScript wird beim »Event« *onmouseover* an `<div id="test"/>` ausgeführt.
- **selectors/a/click.js**
  Das JavaScript wird beim Klick auf jeden beliebigen Link ausgeführt.

In unserem Fall ist das Event `submit` und der Name der Datei *submit.js*. Das HTML-Element, an dessen `submit`-Event der JavaScript-Code ausgeführt werden soll, ist `<form>`.

Am Ende ergibt sich aus diesen Teilen *selectors/form/submit.js*.

Das Gegenstück zu dieser Struktur in reinem HTML würde wie folgt aussehen:

```
<form onsubmit="return abschicken(this);">
  ...
</form>
<script>
function abschicken(formular) {
  ...
}
</script>
```

Das folgende Beispiel ist für denjenigen gedacht, der bereits mit jQuery Erfahrungen gesammelt hat:

```
<html>
<body>
/* ... */
<form id="formular">
  /* ... */
</form>
<script type="text/javascript">
/* <![CDATA[ */
```

```
$('#formular').live('submit', function(){
  abschicken($(this));
});
/* ]]> */
</script>
</body>
</html>
```

4.3.6 Ausprobieren

Wir führen erneut `couchapp push kassenbuch` aus, können das Formular abschicken, und der Inhalt wird in der Datenbank gespeichert:

```
$ curl http://127.0.0.1:5984/kassenbuch/_all_docs/
{
  "total_rows":2,
  "offset":0,
  "rows":[
    {
      "id":"_design/kassenbuch",
      "key":"_design/kassenbuch",
      "value":{"rev":"20-d416161825c30a050a3ea6da89e08261"}
    },
    {
      "id":"e81756548995ce15a8a9ec325e00181a",
      "key":"e81756548995ce15a8a9ec325e00181a",
      "value":{"rev":"1-d2d02fe8c64b6aa428c3977e65dbad0f"}
    }
  ]
}
$ curl -X GET \
http://127.0.0.1:5984/kassenbuch/\
e81756548995ce15a8a9ec325e00181a
{
  "_id":"e81756548995ce15a8a9ec325e00181a",
  "_rev":"1-d2d02fe8c64b6aa428c3977e65dbad0f",
  "bezeichnung":"Essen mit Andy",
  "betrag":"20",
  "typ":"ausgabe",
  "waehrung":"euro",
  "datum":"2011-01-01",
  "hinzugefuegt":"2011-03-15T18:11:01.235Z"
}
```

4.3.7 Lesen

Nachdem wir neue Einträge in unser Kassenbuch speichern können, sollten wir eine Liste unserer Einträge sehen.

Liste mit Einträgen

Als Erstes öffnen wir dafür _attachments/index.html_ und fügen im JavaScript-Teil den Code `$("#liste").evently("liste", app);` hinzu, so dass der Bereich wie folgt aussieht:

```
<script type="text/javascript" charset="utf-8">
  $.couch.app(function(app) {
    $("#liste").evently("liste", app);
    $("#neu").evently("neu", app);
  });
</script>
```

Mit Hilfe dieses Codes führen wir ein weiteres Widget (liste) auf der Seite aus.

Auch im Widget liste benutzen wir erneut _init:

```
mkdir -p evently/liste/_init/
```

Ausgabedateien

Danach legen wir in _evently/liste/_init_ die im Folgenden beschriebenen Dateien an.

Zuerst erstellen wir die Datei _query.json_. Diese Datei steuert, welcher CouchDB-View für die Ausgabe abgefragt wird – liste. Neben dem Attribut view, unterstützt die _query.json_ auch weitere Attribute. Diese Attribute werden ohne einen Filter an die View-Abfrage weitergereicht (siehe Abschnitt 4.4.1, »Die Basis«).

```
{
  "view": "liste"
}
```

Als Nächstes erstellen wir die Datei _data.js_. Der Parameter data enthält die Daten, die die View-Abfrage als Antwort geliefert hat:

```
function(data) {
  //$.log(data.rows);
  return {
    eintraege: data.rows
  };
}
```

Dieser Eintrag bewirkt, dass das Ergebnis des Views in der Variablen `eintraege` im Template auftaucht.

[»] Sollte Ihr View nicht das liefern, was Sie erwarten, hilft Ihnen der Befehl `$.log()` in der *data.js* weiter. Über die Firefox-Extension Firebug[10] oder die JavaScript-Konsole in Google Chrome und Safari sehen Sie, welche Daten der View ausliefert.

Abbildung 4.4 JavaScript-Konsole in Google Chrome

Zu guter Letzt benötigen wir eine Ausgabe für die Liste – legen Sie eine *mustache.html* mit folgendem Inhalt an:

```
<ul id="eintraege">
{{#eintraege}}
  {{#value}}
  <li id="{{_id}}">
    ({{datum}}) <strong>{{typ}}</strong>
    {{bezeichnung}} &mdash; {{betrag}} {{waehrung}}
  </li>
```

---

10 *http://getfirebug.com/*

```
    {{/value}}
{{/eintraege}}
</ul>
```

Mit Hilfe der Befehle `{{#eintraege}}` und `{{/eintraege}}` iteriert »mustache.js« über alle Einträge im Objekt (Liste). Vergleichbar ist dieses Verhalten mit einer `for()`- bzw. `foreach()`-Schleife in anderen Programmier- oder Skriptsprachen.

Auch das `value` ist in diesem Fall ein Objekt. Am einfachsten iterieren wir mit »mustache.js« darüber wie über eine Liste oder ein Array. Weitere Erklärungen: siehe nächster Absatz.

Wie Sie bereits bemerkt haben, entspricht die Benennung der Variablen im Template (»mustache.js«) der der Attribute des Dokuments in der Datenbank. Durch diesen Kniff sparen wir uns das Konvertieren von Objektstrukturen zwischen Backend und Frontend.

Der View

Um Dokumente aus unserer CouchDB lesen zu können, benötigen wir einen View. Auch hier hilft uns `couchapp` mit folgendem Befehl weiter:

Dokumente lesen

```
couchapp generate view liste
```

Dieser Befehlt erstellt zwei Dateien in *views/liste*: *map.js* und *reduce.js*. Für unser Beispiel müssen wir nur den Inhalt der *map.js* bearbeiten:

```
function(doc) {
  if (doc.typ) {
    if (doc.typ == "einnahme" || doc.typ == "ausgabe") {
      emit(
        doc.datum,
        doc
      );
    }
  }
}
```

Wie im vorhergehenden Abschnitt (bezüglich *mustache.html*) besprochen, liefern wir im `value` aus dem View das komplette Dokument zurück. In JavaScript bzw. »mustache.js« ist die JSON-Struktur aus dem View ein Objekt.

Damit der durch `generate view` erstellte Code in *reduce.js* nicht ausgeführt wird, müssen wir die Datei im Verzeichnis *views/liste* löschen.

Last but not least führen wir erneut den `push` aus:

```
$ couchapp push kassenbuch
```

Das Ergebnis unserer Mühen sieht im Browser wie folgt aus:

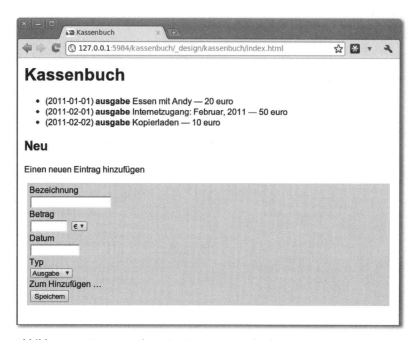

Abbildung 4.5 Eine Liste Ihrer Einträge im Kassenbuch

[+] Nachdem wir die Funktion zum Anzeigen unserer Einträge erfolgreich angelegt haben, lohnt es sich, das `neu`-Widget in einem kleinen Punkt anzupassen.

Bitte fügen Sie vor dem Befehl `form[0].reset();` folgenden JavaScript-Code in der Datei *evently/neu/_init/selectors/form/submit.js* ein:

```
$('#liste').trigger("_init");
```

Auf die `trigger()`-Methode gehen wir später in Abschnitt 4.4.2, »Filter«, näher ein.

4.4 Kassenbuch – Monatsansicht

Einträge zu speichern ist uns (bzw. der Buchhaltung und dem Finanzamt) nicht genug. Meist bedarf es einer monatlichen Übersicht über Ein- und Ausgaben im Kassenbuch.

4.4.1 Die Basis

Dazu benötigen wir ein neues Widget namens `monate` und die in Abschnitt 4.3, »Kassenbuch-Einträge speichern und lesen«, genannten üblichen Dateien:

- *evently/monate/_init/query.json*
- *evently/monate/_init/data.js*
- *evently/monate/_init/mustache.html*

... und einen View – `monate`.

query.json
```
{
  "view":"monate",
  "group":true
}
```

Neu an dieser Stelle ist ein weiterer Parameter, der zur View-Abfrage benutzt wird: `group`.

Der Parameter »group«

Wie bereits in Abschnitt 4.3.7, »Lesen«, erläutert, abstrahiert die *query.json* die eigentliche View-Abfrage. Aus dem Inhalt der Datei in 4.4.1 ergibt sich hinter den Kulissen folgende Abfrage: *http://127.0.0.1:5984/kassenbuch/_design/kassenbuch/_view/monate?group=true* – Attribute wie zum Beispiel `group` werden als sogenannte `GET`-Parameter an die View-Abfrage gehangen.

[+]

data.js
```
function(data) {
  var row, response = [];
  var datum;
  for (var i=0; i<data.rows.length; i++) {
    datum = data.rows[i].key[0];
    if (data.rows[i].key[1] < 10) {
      datum += '-' + '0' + data.rows[i].key[1];
    } else {
      datum += '-' + data.rows[i].key[1];
    }
    row = {
      "datum"  : datum,
      "anzahl" : data.rows[i].value
    }
    response.push(row);
```

```
        }
        return {
          monate: response
        };
      }
```

Die *data.js* ist etwas umfangreicher als die des Widgets `liste`.

composite-Key Der erste Schritt ist, das Datum aus dem `composite`-Key in einen formatierten String umzuwandeln.

Im zweiten Schritt werden Datum und Anzahl in einem Objekt gespeichert. Das erspart uns später entsprechende Arbeit und erleichtert den Zugriff auf die Werte im Template.

mustache.html

```
<h2>Nach Monaten sortieren</h2>
<ul>
{{#monate}}
  <li class="monat" title="{{datum}}">
    {{datum}} (Anzahl: {{anzahl}})
  </li>
{{/monate}}
</ul>
```

View

Wir erstellen uns einen View:

```
couchapp generate view monate
```

Danach ersetzen wir *map.js* und *reduce.js* mit folgendem Code:

```
function(doc) {
  if (doc.datum) {
    newDate = new Date(Date.parse(doc.datum));
    emit(
      [
        newDate.getFullYear(),
        (parseInt(newDate.getMonth())+1)
      ],
      1
    );
  }
}
```

In JavaScript werden u.a. die Monate von 0 bis 11 gezählt. Um sicher zu gehen, dass die Addition »+1« in unserem View funktioniert, erzwingen wir den Datentyp »Integer«.

```
/* views/monate/reduce.js */
function(keys, values, rereduce) {
  return sum(values);
}
```

Sind alle Dateien erstellt, fügen wir den Code, um das Widget zu laden, in _attachments/index.html hinzu:

```
$('#monate').evently("monate", app);
```

Danach führen wir erneut den push-Befehl aus und begutachten das Ergebnis im Webbrowser.

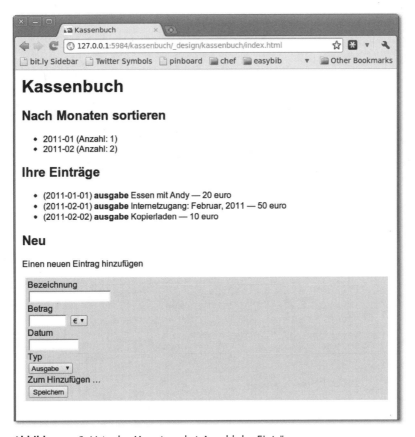

Abbildung 4.6 Liste der Monate nebst Anzahl der Einträge

4.4.2 Filter

range-query
Damit in unserer Liste nur die Einträge aus dem jeweils ausgewählten Monat angezeigt werden, benutzen wir wieder den View `liste` und bedienen uns einer sogenannten *range-query* (Bereichsabfrage) – bei CouchDB mit Hilfe der `GET`-Parameter `startkey` und `endkey`. Die folgende View-Abfrage liefert alle Einträge aus dem Februar 2011:

```
$ SERVER="http://127.0.0.1:5984/kassenbuch/ \
_design/kassenbuch/_view/liste"
$ curl "${SERVER}?startkey=%222011-02-01%22 \
&endkey=%222011-02-31%22"
{
  "total_rows":3,
  "offset":1,
  "rows":[
    {
      "id":"e81756548995ce15a8a9ec325e001ba1",
      "key":"2011-02-01",
      "value": {
        "_id":"e81756548995ce15a8a9ec325e001ba1",
        "_rev":"1-9486815a6312ad6ec51493fcd923d3dd",
        "bezeichnung":"Internetzugang: Februar, 2011",
        "betrag":"50",
        "waehrung":"euro",
        "datum":"2011-02-01",
        "typ":"ausgabe",
        "hinzugefuegt":"2011-04-25T21:43:44.747Z"
      }
    },
    {
      "id":"e81756548995ce15a8a9ec325e001ab1",
      "key":"2011-02-02",
      "value": {
        "_id":"e81756548995ce15a8a9ec325e001ab1",
        "_rev":"2-2a22e5381ad4244143855213c7efa816",
        "bezeichnung":"Kopierladen",
        "betrag":"10",
        "waehrung":"euro",
        "datum":"2011-02-02",
        "hinzugefuegt":"2011-04-25T21:41:15.356Z",
        "typ":"ausgabe"
      }
    }
  ]
}
```

Denken Sie immer daran, dass alle Parameter gültige JSON-Werte sein müssen. Deshalb ist zum Beispiel `startkey=2011-02-01` kein gülter Wert, richtig ist `startkey="2011-02-01"`.

Sie werden sich anhand des Beispiels eventuell fragen, ob »der Februar wirklich 31 Tage hat?« – natürlich nicht! Aber da CouchDB bei dieser Abfrage nicht weiß, dass es sich bei diesem String eigentlich um ein Datum handelt, bedienen wir uns dieser Abkürzung und müssen nicht ausrechnen, wie viele Tage der gewählte Monat wirklich hat.

Mit einem Klick!

Zuallererst müssen wir einen Event Handler registrieren – wenn der Nutzer auf den Monat klickt, soll eine Funktion ausgeführt werden. Dafür benutzen wir das Verzeichnis *selectors* im Widget `monate`.

Funktionen auslösen

Da jeder Monat in einem `<li>`-Element angezeigt wird und alle Elemente die CSS-Klasse `monat` besitzen, ist das einfach erreicht:

```
mkdir -p evently/monate/_init/selectors/li.monat/
touch evently/monate/_init/selectors/li.monat/click.js
```

An dieser Stelle zeigen wir Ihnen, wie Sie mit Hilfe der `$.ajax()`-Methode[11] von jQuery komplexe View-Abfragen an CouchDB schicken können.

Dazu öffnen Sie die *click.js* in Ihrem Texteditor und fügen folgenden Inhalt ein:

```
function() {
  var monat       = $(this).attr('title');
  var startKey    = monat + '-01';
  var endKey      = monat + '-31';
  var viewAbfrage = {};

  viewAbfrage.startkey = JSON.stringify(startKey);
  viewAbfrage.endkey   = JSON.stringify(endKey);

  $.ajax({
    url: '_view/liste',
    data: viewAbfrage,
    dataType: 'json',
    success: function(data) {
      $('ul#eintraege').find('li').remove();
      var li, doc, html;
      $.each(data.rows, function(index,row) {
```

---

11 *http://api.jquery.com/jQuery.ajax/*

4 | Praxis 2 – das Kassenbuch als CouchApp

```
          li = $('<li>');
          $(li).attr('id', row.id);
          doc = row.value;

          html = "(" + doc.datum + ") <strong>";
          html += doc.typ + "</strong> ";
          html += doc.bezeichnung + " &mdash;"
          html += doc.betrag + " " + doc.waehrung;

          $(li).html(html);
          $('ul#eintraege').append(li);
          if (index == (data.rows.length - 1)) {
            var li = $('<li>');

            var liHtml;
            liHtml = 'Filter &quot;' + monat;
            liHtml += '&quot entfernen';
            $(li).html();
            $(li).css('font-weight', 'bold');
            $(li).evently({
              click: function() {
                $("#liste").trigger("_init");
              }
            });
            $('ul#eintraege').append(li);
          }
        });
      }
    });
  }
```

Im Detail passiert im JavaScript-Code Folgendes:

Schritt für Schritt:

1 *$(this)*
… referenziert den Monat auf den wir geklickt haben. Mit `attr` lesen wir das `title`-Attribut das Listenelements – zum Beispiel 2011-02 (Februar, 2011).

2 *View-Abfrage*
Mit Hilfe der JavaScript-Variablen `monat`, `startKey` und `endKey` erstellen wir das Objekt `viewAbfrage`.

3 AJAX

viewAbfrage übergeben wir an die `$.ajax()`-Methode von jQuery und fragen den CouchDB-View `liste` nach Einträgen für den gewünschten Zeitraum.

4 Antwort überprüfen

Im sogenannten `success`-Handler entfernen wir zuerst alle angezeigten Kassenbucheinträge aus der Liste:
`$('ul#eintraege').find('li').remove();`

Der `success`-Handler wird aufgerufen, wenn die Abfrage *erfolgreich* war. Bei einem (HTTP-)Fehler – zum Beispiel CouchDB war nicht erreichbar – greift der `error`-Handler, indem wir mit `alert()` den Fehler in einem JavaScript-Popup anzeigen.

5 Antwort verarbeiten

Danach formen wir die Antwort von CouchDB (`data`) von einem Objekt in ein HTML-Listenelement (`<li>`) um und hängen das neue Element mit `.append()` an die Liste an.

6 Last but not least

... überprüfen wir, ob wir bereits beim letzten Ergebnis unserer Abfrage angekommen sind.

7 Kür

Sollten wir das letzte Ergebnis verarbeitet haben, fügen wir ein weiteres Listenelement ein, damit der Filter entfernt werden kann und alle Einträge wieder angezeigt werden können. An dieser Stelle spielen wir eine der Stärken von »evently« aus: Anstatt redundanten Code für die Abfrage zu schreiben, rufen wir mit Hilfe der Methode `trigger()` das _init-Event des in Abschnitt 4.3.7, »Lesen«, erstellten Widgets erneut auf. ■

Bei der Methode `$.ajax()`, (manchmal auch `jQuery.ajax()`) handelt es sich um eine Funktion, um sogenannte AJAX-Abfragen abzuschicken. Eventuell sind Ihnen `$.get()` und `$.post()` als Kurzschreibweisen bekannt. Im Gegensatz zu diesen bietet `$.ajax()` einige Möglichkeiten, um granular in die Antwort einzugreifen – im oben genannten Beispiel weisen wir zum Beispiel mit Hilfe von `dataType` explizit an, dass es sich bei der Antwort um JSON handelt und die Daten entsprechend in ein Objekt in JavaScript übersetzt werden.

[+]

[»] Bei `JSON.stringify()` handelt es sich um eine Methode aus der JSON2-Bibliothek von Douglas Crockford[12]. Mit `stringify` können Sie beliebige Datentypen aus JavaScript in valides JSON umwandeln.

Da diese Bibliothek in CouchDB bzw. CouchApp integriert ist, müssen Sie sie nicht zusätzlich einbinden. Wenn Sie mehr über ihre Funktionen erfahren wollen, empfehlen wir Ihnen, sich das Projekt unter *https://github.com/douglascrockford/JSON-js* näher anzuschauen.

[✘] In der Antwort von CouchDB liefern `data.rows_total` und `data.rows.length` unterschiedliche Werte zurück. `data.rows_total` enthält die Anzahl aller möglichen Ergebnisse für den Fall, dass wir ohne Filter (in unserem Beispiel `startkey` und `endkey`) den View abfragen. Die tatsächliche Anzahl der Ergebnisse befindet sich immer in `data.rows.length`.

4.5 Kassenbuch – Einträge löschen

Peter Alexander Ustinov sagte:

Jeder Mensch macht Fehler. Das Kunststück liegt darin, sie dann zu machen, wenn keiner zuschaut.

Löschfunktion Getreu diesem Motto passiert es manchmal, dass bei der Eingabe von Einträgen im Kassenbuch Fehler gemacht werden, deshalb implementieren wir in diesem Kapitel eine Funktion zum Löschen.

Für die Löschfunktion ist kein neues Widget notwendig. Wir erweitern exklusiv das in Abschnitt 4.3.7, »Lesen«, erstellte Widget `liste` – es befindet sich (nach wie vor) im Verzeichnis *evently/liste*.

4.5.1 Einen Button zum Löschen

Zuerst erweitern wir das »mustache«-Template des Widgets `liste`. Es befindet sich im Verzeichnis *evently/liste/_init/mustache.html*:

```
<h2>Ihre Eintr&auml;ge</h2>
<ul id="eintraege">
{{#eintraege}}
  {{#value}}
    <li id="{{_id}}">
      ({{datum}}) <strong>{{typ}}</strong> {{bezeichnung}}
      &mdash; {{betrag}} {{waehrung}}
```

---

12 *http://www.crockford.com/*

```
      &mdash; <span class="deleteBtn">l&ouml;schen</span>
    </li>
  {{/value}}
{{/eintraege}}
</ul>
```

Der Einfachheit sei es geschuldet, dass wir das komplette Template im Listing zeigen. Wir haben jedoch nur das `<span>`-Element mit der CSS-Klasse `deleteBtn` hinzugefügt.

[«]

Um den Button eindeutig zu kennzeichnen, fügen wir folgendes CSS am Ende in unser Stylesheet *main.css* ein. Das Stylesheet finden Sie in *_attachments/style*:

```
.deleteBtn {
  font-weight:bold;
  color:#ff0000;
  text-decoration: underline;
}
```

Nach einem `couchapp push kassenbuch` sieht das Ergebnis im Browser aus wie in Abbildung 4.7.

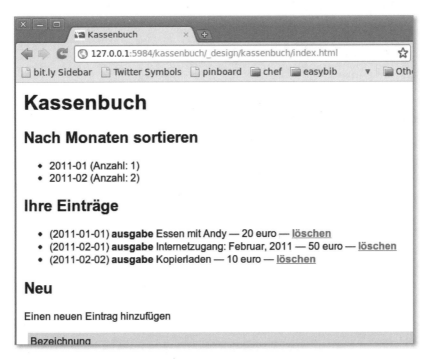

Abbildung 4.7 Links zum »Löschen« der Einträge

4.5.2 DELETE

Nachdem wir den Button eingefügt haben, müssen wir ihm einen Klick-Handler zuweisen. Mit Hilfe von »evently« – nichts einfacher als das!

Die dafür notwendigen Schritte sollten Ihnen inzwischen bekannt vorkommen:

1. Wir erstellen ein Verzeichnis mit dem Namen *selectors*.

2. In *selectors* erstellen wir ein weiteres Verzeichnis mit dem Namen *span.deleteBtn*.

3. In diesem erstellen wir die Datei *click.js*.

Unter Linux, Unix und Mac OSX lassen sich diese drei Schritte wie folgt zusammenfassen:

```
mkdir -p evently/liste/_init/selectors/span.deleteBtn
touch evently/liste/_init/selectors/span.deleteBtn/click.js
```

Nachdem diese Schritte durchgeführt wurden, öffnen Sie die *click.js* in Ihrem Texteditor und fügen folgenden JavaScript-Code ein:

```
function() {
  var li, answer, docId, doc, couchdb;
  answer = confirm("Wollen Sie den Eintrag loeschen?");
  if (!answer) {
    return;
  }
  li = $(this).parent();
  docId = $(li).attr('id');
  couchdb = $$(this).app.db;
  couchdb.openDoc(docId, { success: function(doc) {
    couchdb.removeDoc(doc, { success: function(response) {
      $("#liste").trigger("_init");
      $("#monate").trigger("_init");
    }});
  }});
}
```

Und was soll das alles?

Schritt für Schritt:

1 Bestätigung
Zuallererst bitten wir den Benutzer um eine Bestätigung – denn auch beim Löschen werden Fehler gemacht!

2 ID bestimmen
Sollte der Löschvorgang bestätigt sein, bestimmen wir zuerst das `<li>`-Element, in dem das `<span>` liegt. `parent()` kann in diesem Fall mit Elternknoten übersetzt werden. Gemeint ist damit die Struktur im DOM-Baum. Wir benötigen das Listenelement, damit wir die ID des Dokuments in CouchDB wissen, und praktischerweise befindet es sich im `id`-Attribut.

3 CouchDB
Als Nächstes speichern wir eine Referenz zur Datenbank in `couchdb`. Bei dieser Referenz handelt es sich um ein Objekt der jQuery-CouchDB-Bibliothek. Dieses Objekt bietet uns viele nützliche Funktionen, so dass wir auf die *low-level-Methode* `$.ajax()` verzichten können.

4 Revision bestimmen
Danach lesen wir mit Hilfe von `openDoc()` das Dokument aus der Datenbank aus – denn CouchDB benötigt neben der ID auch die Revision (`_rev`) des Dokuments.

5 Löschen
Das Ergebnis dieses Vorgangs übergeben wir an `removeDoc()`.

6 Widgets aufrufen
Nach dem Löschen des Eintrags werden die Widgets zum Darstellen der Einträge und der Monate mit Hilfe von »eventlys« `trigger()`-Methode aktualisiert. ■

Viele Funktionen der jQuery-CouchDB-Bibliothek akzeptieren einen `options`-Parameter. Dabei handelt es sich um Optionen, die an `$.ajax()` weitergereicht werden.

[+]

In unserem Beispiel haben wir diese Optionen genutzt, um den bereits bekannten `success`-Handler zu implementieren. Natürlich sollten

success- und error-Handler

Sie für den Produktivbetrieb *defensiv programmieren* und ebenfalls den `error`-Handler implementieren.

Gute Arbeit! Gönnen Sie sich eine kurze Pause, denn Sie sind einen Schritt weiter!

Um das Ergebnis zu begutachten, sollten Sie als Nächstes den `push` ausführen und das Browserfenster gegebenenfalls aktualisieren. Danach klicken Sie in Ihrem Kassenbuch auf einen der Buttons zum Löschen – das Ergebnis sieht wie folgt aus:

Abbildung 4.8 Be safe to be save(d)!

4.6 Kassenbuch – die Kür!

In diesem Kapitel haben wir zusammen ein Kassenbuch in Form einer kleinen CouchApp gebaut.

Unser Kassenbuch kann Einträge anlegen, löschen, anzeigen und die Anzeige der Einträge über einen Filter beeinflussen. Natürlich haben wir damit nur an der Oberfläche der Möglichkeiten einer CouchApp gekratzt.

4.6.1 Was bleibt zu tun?

Eine weitere nicht nur *einfache*, sondern auch nützliche Funktion, die Sie mit wenigen Schritten umsetzen könnten, ist die Validierung des Formulars.

Formularvalidierung

Die `validate_doc_update`-Funktion von CouchDB wurde bereits in diesem Buch besprochen, deshalb fassen wir uns an dieser Stelle etwas kürzer.

validate_doc
_update

Erstellen Sie die Datei *validate_doc_update.js* im *root*-Verzeichnis Ihrer CouchApp. Das root-Verzeichnis ist das Verzeichnis, in dem Sie Ihre CouchApp erstellt haben. In ihm liegen zum Beispiel die Verzeichnisse *evently*, *vendor* und *view*.

Bitte fügen Sie folgenden Inhalt in die Datei ein:

```
function (newDoc, oldDoc, userCtx, secObj) {
  var errors = [];
  if (newDoc.typ == 'ausgabe' || newDoc.typ == 'einnahme') {
    if (newDoc.betrag == "" || newDoc.betrag == null
      || isNaN(newDoc.betrag) || newDoc.betrag < 0) {
      errors.push("Bitte geben Sie einen Betrag ein.");
    }
    if (newDoc.bezeichnung == ""
      || newDoc.bezeichnung == null) {
      errors.push("Bitte geben Sie eine Bezeichnung ein.");
    }
    var testDate = new Date(newDoc.datum);
    if (testDate.toDateString() == 'Invalid Date') {
      errors.push("Bitte korrigieren Sie das Datum.");
    } else {
      if (newDoc.datum.match(/^\d{4}-\d{2}-\d{2}$/)
        == null) {
        errors.push("Datumsformat beachten: YYYY-MM-DD");
      }
    }
  }
  if (errors.length > 0) {
    errors = errors.join(', ');
```

```
        throw({forbidden : errors})
    }
}
```

Im Kurzdurchlauf:

1. Die Validierung betrifft nur Dokumente des Typs einnahme und ausgabe.

2. Der Betrag im Formular muss eine Zahl sein und darf nicht *leer* sein.

3. Die Bezeichnung des Eintrags muss ebenfalls eingegeben werden.

4. Das Datum muss *valide* sein und ein bestimmtes Format haben.

4.6.2 Deployment

An dieser Stelle möchten wir kurz auf das Thema »Deployment« verweisen.

Deployment auf unterschiedliche Ziele

»Deployment« umfasst den Vorgang, eine Anwendung auf einem System zu installieren. Dieses System könnte das Produktivsystem sein – eine CouchDB-Instanz, die im Internet erreichbar ist – oder auch Staging zum Testen von Änderungen an Ihrer CouchApp.

Cloudant, IrisCouch

Wie in Abschnitt 4.2.1, »Im Detail«, besprochen, können Sie diese »Ziele« in der Datei *.couchapprc* definieren. Um Ihnen als Anwender die Einstiegshürde einen eigenen Server für CouchDB aufzusetzen zu nehmen, möchten wir in diesem Zusammenhang auf zwei CouchDB-Hoster hinweisen: Cloudant[13] und IrisCouch[14].

Beide Anbieter sind in der Lage, Ihre CouchApp zu hosten – je nach Umfang ist das bei beiden auch kostenlos möglich. Der Unterschied zwischen beiden besteht darin, dass bei Cloudant Ihre CouchApp auf einem Cluster (ein redundanter Verbund von CouchDB-Instanzen) gehostet wird und bei IrisCouch auf einer einzelnen CouchDB-Instanz.

4.6.3 Weitere Ideen

Damit für Sie der Spaß an dieser Stelle nicht aufhört, möchten wir Ihnen ein paar Ideen für weitere Funktionen der Kassenbuch-CouchApp liefern:

---

13 *http://www.cloudant.com/*
14 *http://www.iriscouch.com/*

- Benutzerverwaltung und granulare Zugriffsrechte für Lese- und Schreiboperationen im Kassenbuch.

- Implementieren eines JavaScript-Grids (zum Beispiel auf Basis von jqGrid[15]), um weitere Funktionen wie zum Beispiel »Summe« und »Sortierung« bei den Einträgen zu ermöglichen.

- Einen Button zum Synchronisieren der CouchApp – zum Beispiel mit anderen Mitarbeitern (oder besonders modernen Steuerberatern). Das Stichwort heißt Replication.

- Ein CSV-Export auf Basis einer `_show`-Funktion.

Vorerst sind wir damit am Ende des zweiten Praxiskapitels angekommen. Wir hoffen jedoch, dass Sie nach dem Lesen *Lust auf mehr* haben, und würden uns natürlich über (E-)Post mit Feedback und zu Ihren eigenen Erfahrungen mit CouchApps freuen.

Feedback erwünscht

---

15 *http://www.trirand.com/jqgridwiki/doku.php*

Aus dem Alltag eines Sysadmins: Monitoring, Skalierung, Deployment, Installation, Konfiguration, Club Mate. Alles Themen dieses Kapitels.

5 CouchDB-Administration

Erinnern wir uns nochmals kurz daran, was der Name CouchDB bedeutet: »Cluster of unreliable commodity hardware database« (Cluster aus unzuverlässiger Standardhardware-Datenbank). Wie bereits erwähnt, sollte dieser Name mit einer ordentlichen Portion Ironie verstanden werden. Und weiter bedeutet der Name keinesfalls, dass die CouchDB unzuverlässig ist. Ganz im Gegenteil. CouchDB ist »highly reliable« – »sehr zuverlässig«. Um zu erreichen, dass diese These zutrifft, zeigen wir in diesem Kapitel die administrativen Aufgaben in den wichtigsten Bereichen, die dafür relevant sind.

Wie jede andere Datenbank muss auch CouchDB administriert werden. Dabei ist erfreulich, dass die Administration kein eigenes Buch erfordert um einen gut laufenden CouchDB-Cluster aufzusetzen. Die Räder und Hebel, die dafür genutzt werden müssen, sind überschaubar und ihre Anwendung ist gut verständlich.

Dieses Kapitel ist in vier Bereiche aufgeteilt. Unter »Installation« werden wir zeigen, wie CouchDB auf unterschiedlichen Betriebssystemen installiert wird. Der Bereich »Konfiguration« befasst sich mit den Möglichkeiten CouchDB zu konfigurieren. Im Abschnitt »Deployment« weisen wir auf Dinge hin, die Sie beim täglichen Einsatz von CouchDB beachten sollten. Darunter fällt insbesondere das Monitoring. Im vierten Abschnitt »Skalierung« zeigen wir dann schließlich auf, wie Sie eine gute Performance von CouchDB erzielen.

Setzen wir also den »Systemadministrator-Helm« auf, holen unsere Werkzeugkiste heraus und machen uns an die Arbeit. Aber immer ... relaxed.

5.1 Installation

CouchDB zu installieren ist keine unüberwindbare Aufgabe. In den meisten Fällen gestaltet sich diese Aufgabe sogar ziemlich einfach. Einzig beim Kompilieren des Source-Codes gibt es einige Dinge zu beachten. Wir werden in den folgenden Abschnitten die Installation auf den Betriebssystemen Ubuntu Linux, Mac OS X und Windows beschreiben und zeigen. Bemerkenswert ist, dass CouchDB mittlerweile auch auf Android und iOS läuft. Deshalb vorab ein paar Hinweise zu den beiden Plattformen.

5.1.1 iOS

App Store

Zum Zeitpunkt des Schreibens dieser Zeilen liegt iOS in der Version 4.3 vor. CouchDB kann nicht direkt aus dem App Store für das iPhone oder das iPad installiert werden. Dies würde auch nicht viel Sinn machen, da iOS keine Hintergrundprozesse oder Kommunikation zwischen unterschiedlichen Apps zulässt. Was allerdings möglich ist, ist die Integration von CouchDB in eine App für das iPhone oder das iPad.

Für die Integration von CouchDB in eine App bietet die Firma Couchbase (ehemals CouchOne) die Entwicklungsumgebung »Mobile Couchbase for iOS« an. Der Quellcode und eine Beschreibung, wie die Integration vorgenommen werden muss, finden Sie auf *http://github.com* unter *https://github.com/couchbaselabs/iOS-Couchbase*. Eine Step-by-Step-Anleitung finden Sie in der Datei *using_mobile_couchbase.md* im Verzeichnis *doc*.

Mobile Couchbase befindet sich in einem sehr frühen Stadium der Entwicklung. Es ist also davon auszugehen, dass sich die Anwendung relativ schnell und drastisch ändern wird.

5.1.2 Android

Neben iOS ist Android[1] eines der verbreitetsten mobilen Betriebssysteme. Geschaffen wurde Android 2003 von Android Inc., und im Jahr 2005 hat Google die Firma gekauft.

Android Marketplace

CouchDB ist momentan über den Android Marketplace[2] unter der URL *https://market.android.com/details?id=com.couchone.couchdb* zu bekommen. Nach der Installation ist eine Standalone-CouchDB verfüg-

---

1 *http://www.android.com*
2 *https://market.android.com/*

bar. Entsprechend können andere Apps jetzt per HTTP-API auf den CouchDB-Cluster zugreifen.

Laut Aussage der Entwickler ist bis dato nicht sicher, ob es weiterhin die Standalone-Version geben wird. Sicher ist aber, dass es für Android »Mobile Couchbase for Android« geben wird. Das Ziel ist also, ein SDK zu erstellen, das dem der iOS-Version gleichkommt.

Mobile Couchbase

5.1.3 Ubuntu

Ubuntu Linux[3] hat sich als eine der bekanntesten Linux-Distributionen bereits über mehrere Jahre einen Namen gemacht. Es basiert auf Debian Linux[4] und bietet einen sehr großen Funktionsumfang und eine große Community. Zum Zeitpunkt des Schreibens dieser Zeilen liegt bereits die Version 11.04 Beta vor. Die *stable*-Version ist 10.10.

Debian

CouchDB kann prinzipiell auf zwei Wegen installiert werden. Zum einen verfügt Ubuntu über den Paketmanager `apt` bzw. `aptitude` als Kommandozeilen-Programm und Synaptic als GUI-Version. Zum anderen kann CouchDB auch von den Sourcen kompiliert werden. Beide Wege werden im Folgenden beschrieben.

Synaptic

Installation mit dem Paketmanager

Durch die Nutzung des Paketmanagers von Ubuntu lässt sich CouchDB in wenigen Schritten installieren. Allerdings ist in der Ubuntu-Version 10.04 über den Paketmanager nur die CouchDB-Version 0.10.0 erhältlich. In Ubuntu-Version 10.10 ist dann bereits die CouchDB-Version 1.0.1 verfügbar. Der Einsatz des Paketmanagers führt also zu dem »Zwang«, eine wahrscheinlich bereits veraltete Version nutzen zu müssen. Die Schritte sind denkbar einfach.

Paketmanager

Unter Ubuntu 10.04

```
$ aptitude search couchdb
p  couchdb - RESTful document oriented database, system DB
$ aptitude show couchdb
Package: couchdb
New: yes
State: not installed
Version: 0.10.0-1ubuntu2
```

---

3 *http://www.ubuntu.com/*
4 *http://www.debian.org/*

Wir sehen hier, dass es sich also um die veraltete CouchDB-Version 0.10.0 handelt. Der Befehl, diese zu installieren, sieht dann so aus:

```
$ sudo aptitude install couchdb
Reading package lists... Done
Building dependency tree
Reading state information... Done
Reading extended state information
Initializing package states... Done
The following NEW packages will be installed:
  couchdb
0 packages upgraded, 1 newly installed, 0 to remove and \
    400 not upgraded.
Need to get 10.8kB of archives. After unpacking 86.0kB \
    will be used.
Writing extended state information... Done
Get:1 http://us.archive.ubuntu.com/ubuntu/ \
    lucid/universe couchdb 0.10.0-1ubuntu2 [10.8kB]
Fetched 10.8kB in 0s (37.2kB/s)
Selecting previously deselected package couchdb.
(Reading database ... 124247 files and directories
currently installed.)
Unpacking couchdb (from .../couchdb_0.10.0-1ubuntu2_all.deb)
    ...
Processing triggers for ureadahead ...
ureadahead will be reprofiled on next reboot
Setting up couchdb (0.10.0-1ubuntu2) ...
 * Starting database server couchdb                      [ OK ]

Reading package lists... Done
Building dependency tree
Reading state information... Done
Reading extended state information
Initializing package states... Done
Writing extended state information... Done
```

CouchDB wird am Ende des Installationsprozesses auch gleich gestartet.

Unter Ubuntu 10.10

```
$ aptitude search couchdb
p couchdb - RESTful document oriented database, system DB
$ aptitude show couchdb
Package: couchdb
New: yes
State: not installed
Version: 1.0.1-0ubuntu3
```

Und wie oben bereits angesprochen, sehen wir hier, dass es sich um die Version 1.0.1 handelt. Der Installationsprozess ist der gleiche wie bei Ubuntu 10.04. Wir haben hier also die Installation mit dem Paketmanager gezeigt. Im nächsten Schritt gehen wir nochmals zurück zu Ubuntu 10.04 und kompilieren den Source-Code von CouchDB.

Den Source-Code kompilieren

Unter Ubuntu 10.0.4 ist, wie oben gesehen, nur eine veraltete CouchDB-Version 0.10.0 per Paketmanager installierbar. Wenn Sie eine neuere, bzw. die neueste Version von CouchDB nutzen möchten, müssen Sie entweder Ihr System aktualisieren (was generell eine gute Idee ist), oder Sie kompilieren den CouchDB-Source-Code von Hand.

Nur alte Version verfügbar

Im ersten Schritt laden Sie den Source-Code herunter, z.B. nach */tmp*. Sie können das Archiv von der Download-Seite direkt mit einem Browser aufrufen, oder Sie nutzen das Kommandozeilenprogramm `wget`. Nach dem Herunterladen entpacken Sie das mit `gzip` komprimierte `tar`-Archiv und wechseln in das Verzeichnis.

```
$ wget http://artfiles.org/apache.org/ \
    couchdb/1.1.0/apache-couchdb-1.1.0.tar.gz
--2011-06-25 14:51:44--  http://artfiles.org/apache.org/ \
    couchdb/1.1.0/apache-couchdb-1.1.0.tar.gz
Resolving artfiles.org... 80.252.110.38
Connecting to artfiles.org|80.252.110.38|:80... connected.
HTTP request sent, awaiting response... 200 OK
Length: 1088226 (1.0M) [application/x-gzip]
Saving to: `apache-couchdb-1.1.0.tar.gz'

100%[==============>] 1,088,226    728K/s    in 1.5s

2011-06-25 14:51:46 (728 KB/s) - \
`apache-couchdb-1.1.0.tar.gz' saved [1088226/1088226]

$ tar xfz  apache-couchdb-1.1.0.tar.gz
  cd apache-couchdb-1.1.0
```

Im nächsten Schritt müssen mehret abhängige Pakete installiert werden. Dazu zählen einige Entwicklertools, Erlang, ICU, der Xulrunner und cURL für Open SSL. Bei der Installation der Pakete ist ein genaueres Augenmerk auf den Xulrunner zu werfen. Die aktuelle Version des Xulrunners erhalten Sie mit diesem Befehl:

Abhängigkeiten auflösen

```
$ xulrunner -v
Mozilla XULRunner 1.9.2.16 - 20110323150444
```

LD_RUN_PATH Allerdings ist das eine andere Version, als in der *Configure*-Datei von CouchDB in `LD_RUN_PATH` angegeben ist. Da die Ubuntu-Maintainer relativ häufig die Minor-Version (die vierte Stelle) des Xulrunners ändern, muss beim Kompilieren die Variable `LD_RUN_PATH` mit der aktuell auf dem System vorliegenden Version überschrieben werden. Dies gilt im Übrigen auch für die Version Ubuntu 10.10.

```
$ sudo aptitude install build-essential erlang-nox erlang-dev\
libicu-dev xulrunner-dev libcurl4-openssl-dev
....
```

Makefile durch configure erstellen Dieser Installationsprozess nimmt einige Zeit in Anspruch, denn es werden ziemlich viele Pakete installiert. Sie werden zu Anfang gefragt, ob Sie diese alle installieren wollen, und Sie müssen diese Frage mit einem beherzten »Y« beantworten. Nachdem die Pakete installiert sind, wird durch den Aufruf von `configure` das Makefile erstellt. Dabei erfolgt eine Prüfung welche Komponenten auf dem System vorhanden sind, um den Source-Code kompilieren zu können, und außerdem werden Eigenschaften des Systems geprüft und als Information bereitgestellt.

Beim Aufruf von `configure` werden nun explizit die Pfade zu den Header- und Library-Dateien im System angegeben. Dies wird bewerkstelligt, indem die von `configure` genutzte Variable `LD_RUN_PATH` überschrieben wird.

Installation in das Home-Verzeichnis In diesem Installationsbeispiel soll CouchDB nicht standardmäßig nach */usr/local/* installiert werden, sondern in das Home-Verzeichnis des angemeldeten Benutzers und dort in ein Verzeichnis namens *local*. Das wird mit `-prefix=/home/ubuntu/local/` angegeben:

```
$ LD_RUN_PATH=/usr/lib/xulrunner-1.9.2.16 ./configure \
  --with-js-lib=/usr/lib/xulrunner-devel-1.9.2.16/lib/  \
  --with-js-include=/usr/lib/xulrunner-devel-1.9.2.16/include\
  --prefix=/home/ubuntu/local/
checking for a BSD-compatible install... /usr/bin/install -c
checking whether build environment is sane... yes
checking for a thread-safe mkdir -p... /bin/mkdir -p
checking for gawk... gawk
checking whether make sets $(MAKE)... yes
checking for style of include used by make... GNU
checking for gcc... gcc
checking whether the C compiler works... yes
checking for C compiler default output file name... a.out
```

```
...
checking for ICU >= 3.4.1... yes
...
checking for curl-config... /usr/bin/curl-config
checking for curl >= 7.18.0... yes
checking CURL_CFLAGS...
checking CURL_LIBS... -lcurl
checking for erl... /usr/bin/erl
...
configure: creating ./config.status
config.status: creating Makefile
config.status: creating bin/couchjs.tpl
config.status: creating bin/couchdb.tpl
...
config.status: creating test/view_server/Makefile
config.status: creating utils/Makefile
config.status: creating var/Makefile
config.status: creating config.h
config.status: executing depfiles commands
config.status: executing libtool commands

You have configured Apache CouchDB, time to relax.

Run `make && sudo make install' to install.
```

Wenn Sie die Aufforderung zum Relaxen lesen, haben Sie schon die halbe Miete eingenommen.

Der nächste Schritt ist das Bauen und Installieren von CouchDB. Dazu wird das Programm make genutzt. make muss wiederum der LD_RUN_PATH übergeben werden:

CouchDB bauen und installieren

```
$ LD_RUN_PATH=/usr/lib/xulrunner-1.9.2.16 make && make install
...
```

Danach können Sie kurz einen Kaffee holen gehen. Das Bauen und Installieren von CouchDB dauert einen Augenblick. Wenn Sie CouchDB erfolgreich installiert haben, wechseln Sie in das Verzeichnis */home/ubuntu/local/bin* und starten CouchDB:

```
$ cd /home/ubuntu/local/bin/
$ ./couchdb
Apache CouchDB 1.1.0. (LogLevel=info) is starting.
Apache CouchDB has started. Time to relax.
[info] [<0.33.0>] Apache CouchDB has \
  started on http://127.0.0.1:5984/
```

Das sieht gut aus, und jetzt sind Sie fast am Ziel angelangt. Damit Sie sicher sein können, dass die Installation wirklich perfekt ist, rufen Sie CouchDB unter *http://127.0.0.1:5984/* auf und starten alle Tests in der Test-Suite. Wenn alle Tests erfolgreich durchlaufen wurden, haben Sie CouchDB erfolgreich auf Ihrem (Ubuntu 10.04-)System installiert.

5.1.4 Debian Linux

Unter Debian Linux ist das Kompilieren der Quelldateien ziemlich simpel. Wir zeigen hier die einzelnen Schritte in Kurzfassung. Für das Herunterladen der Quelldateien nutzen wir das Versionskontrollsystem *git*[5]. Für die folgenden Operationen sollten Sie *root*-Rechte haben.

Schritt für Schritt:

1 *»git« installieren*

```
$ aptitude install git-core
```

2 *CouchDB 1.1.0 pullen*

```
$ git clone https://github.com/apache/couchdb.git
$ cd   couchdb
$ git branch -a
* trunk
  remotes/origin/0.10.x
  remotes/origin/0.11.x
  remotes/origin/0.8.x
  remotes/origin/0.9.x
  remotes/origin/1.0.x
  remotes/origin/1.1.x
  remotes/origin/HEAD  -> origin/trunk
  ...
$ git checkout 1.1.x
Branch 1.1.x set up to track remote branch 1.1.x from origin.
Switched to a new branch '1.1.x'
```

---

5 *http://git-scm.com/*

3 CouchDB installieren

```
$ ./bootstrap
$ ./configure
$ make && make install
```

4 CouchDB einrichten

```
$ adduser --system \
  --home /usr/local/var/lib/couchdb \
  --no-create-home \
  --shell /bin/bash \
  --group \
  --gecos "CouchDB Administrator" couchdb
$ chown -R couchdb:couchdb /usr/local/etc/couchdb
$ chown -R couchdb:couchdb /usr/local/var/lib/couchdb
$ chown -R couchdb:couchdb /usr/local/var/log/couchdb
$ chown -R couchdb:couchdb /usr/local/var/run/couchdb
$ chmod 0770 /usr/local/etc/couchdb
$ chmod 0770 /usr/local/var/lib/couchdb
$ chmod 0770 /usr/local/var/log/couchdb
$ chmod 0770 /usr/local/var/run/couchdb
```

5 CouchDB als User »couchdb« starten

```
$ sudo -i -u couchdb couchdb
```

Diese Schritte können Sie (bis auf die *git*-Installation) in der Datei *INSTALL.Unix* nachlesen. Sie finden diese im Ordner *couchdb* oder aber auch unter *https://github.com/apache/couchdb/blob/trunk/INSTALL.Unix*.

5.1.5 Mac OS X

Unter Mac OS X ist die Installation von CouchDB sehr einfach. Es gibt drei mögliche Varianten. Zum einen gibt es die Mac-App »CouchDBX«, die ursprünglich von Jan Lehnardt gebaut wurde. Außerdem kann CouchDB mit Hilfe von Paketmanagern installiert werden. Zum einen über die bei Mac-Benutzern sehr bekannten, mittlerweile etwas in die Tage gekommenen MacPorts[6] und zum anderen über den wesentlich neueren und leichtgewichtigeren Paketmanager »Homebrew«[7].

CouchDBX/ MacPorts/ Homebrew

---

[6] *http://www.macports.org/*
[7] *http://mxcl.github.com/homebrew/*

5 | CouchDB-Administration

Beachten Sie, dass MacPorts und Homebrew nicht in Mac OS X integriert sind und vor der Nutzung installiert werden müssen. Außerdem ist es ratsam, nur einen der beiden Paketmanager zu nutzen, da es sonst bei der Installation von Software, die von beiden Paketmanagern bereitgestellt wird, zu Konflikten kommen kann. Wir empfehlen die Nutzung von Homebrew.

CouchDBX installieren

Alle Bestandteile im Paket

CouchDBX ist ein Programm, das alle notwendigen Abhängigkeiten und Bestandteile für den Betrieb von CouchDB mitliefert. Es kann unter folgenden URLs heruntergeladen werden:

- *http://www.couchbase.com/downloads/couchbase-single-server/community*
- *http://packages.couchbase.com/releases/1.1.1/CouchbaseServer-community-1.1.1.zip*

Sicher fragen Sie sich, warum die Version 1.1.1 ist. Couchbase-Server als Community-Edition wird von der Firma Couchbase weiterentwickelt und maintained. Die Versionierung ist also die der Firma und nicht die des Apache-CouchDB-Open-Source-Projekts.

Abbildung 5.1 CouchDBX

Couchbase Server.app

Um das Programm zu installieren, entpacken Sie das ZIP-Archiv. Darin befindet sich auch schon die Mac-App namens *Couchbase Server.app*. Wie auf dem Mac üblich, können Sie das Programm in den *Applications*-Ordner schieben. Beim Start des Programms wird im Hintergrund der CouchDB-Server gestartet, und es öffnet sich automatisch Ihr Standardbrowser mit der URL *http://127.0.0.1:5984/_utils/*. Auch hier sollten Sie verifizieren, dass die Installation korrekt verlaufen ist, indem Sie alle Tests in der Test-Suite laufen lassen.

MacPorts

Wie bereits erwähnt, ist MacPorts ein Paketmanager, den Sie zuerst installieren müssen. Unter *http://www.macports.org/install.php* können Sie ihn herunterladen. Die momentan aktuelle Version ist 1.9.2. Nachdem Sie das *dmg*-Archiv heruntergeladen und geöffnet haben, starten Sie den Installationsprozess durch einen Doppelklick auf die Datei *MacPorts-1.9.2.pkg*.

Mac Paketmanager

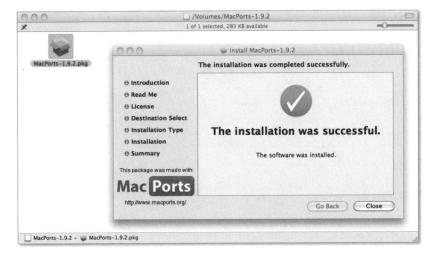

Abbildung 5.2 MacPorts

Bei bereits vorhandener Installation sollten Sie zuerst die Paketinformationen aktualisieren und dann die Pakete:

```
$ sudo port selfupdate
---> Updating the ports tree
...
$ sudo port upgrade outdated
---> Fetching gmp
...
```

Um nach dem CouchDB-Paket zu suchen, geben Sie die Option `search` an:

```
$ port search couchdb
couchdb @1.1.0 (databases)
    CouchDB is a document database server
```

```
couchdb-devel @1.1.0a1025573 (databases)
    CouchDB is a document database server
```

Anhand der Ausgabe können Sie sehen, dass es (zum Zeitpunkt des Schreibens dieser Zeilen) zwei Versionen gibt. Eine »Development«-Version 1.1.0a1025573 und die Version 1.1.0. Entscheiden Sie sich für eine der beiden Versionen, und installieren Sie diese:

```
$ sudo port install couchdb
Waiting for lock on /opt/local/var/macports/ \
  registry/.registry.lock
---> Computing dependencies for couchdb
---> Dependencies to be installed: autoconf automake \
  curl curl-ca-bundle libidn openssl erlang icu \
  spidermonkey nspr
---> Fetching autoconf
---> Verifying checksum(s) for autoconf
---> Extracting autoconf
---> Configuring autoconf
...
```

Für den produktiven Einsatz sollten Sie auf jeden Fall die Version 1.1.0 nutzen.

Homebrew

Alternativer Paketmanager

Homebrew ist wie MacPorts ein Paketmanager. Auf der Website von Homebrew unter *http://mxcl.github.com/homebrew/* steht ziemlich treffend: »The missing package manager for OS X«. Alle relevanten Informationen für Homebrew, um ein Paket installieren zu können, werden in einer *formula* vorgehalten. Diese formula ist ein Ruby-Script. Ein simples Beispiel finden Sie unter der obigen URL.

Homebrew installieren Sie durch Aufruf dieses Befehls:

```
ruby -e "$(curl -fsSLk \
https://gist.github.com/raw/323731/install_homebrew.rb)"
```

Außerdem muss Xcode[8] installiert sein, wobei Version 3 ausreichend ist. Wenn Sie Homebrew bereits installiert haben, sollten Sie die Pakete per Befehl `brew update` aktualisieren.

Im nächsten Schritt suchen wir nach CouchDB, um zu sehen, welche Version verfügbar ist:

---

8 *http://developer.apple.com/xcode/*

```
$ brew search couchdb
couchdb couchdb-lucene

$ brew info couchdb
couchdb 1.1.0
http://couchdb.apache.org/
Depends on: spidermonkey, icu4c, erlang
/usr/local/Cellar/couchdb/1.1.0 (305 files, 2.8M)
```

Gut, hier finden wir also die Version 1.1.0. Um CouchDB nun zu installieren, gehen Sie so vor:

```
$ brew install couchdb
```

Damit stoßen Sie den Installationsprozess für CouchDB und alle abhängigen Programme wie Erlang usw. an. Homebrew lädt die jeweils benötigte Software herunter und kompiliert Sie dann. Dieser Prozess kann einige Zeit in Anspruch nehmen. Nach der Installation können Sie CouchDB einfach mit diesem Befehl starten:

| Abhängigkeiten werden aufgelöst

```
$ couchdb
Apache CouchDB 1.1.0 (LogLevel=info) is starting.
Apache CouchDB has started. Time to relax.
[info] [<0.31.0>] Apache CouchDB has \
started on http://127.0.0.1:5984/
```

Mit diesem letzten Aufruf von CouchDB schließen wir die Installation auf Mac OS X ab.

FreeBSD

Auch auf FreeBSD ist CouchDB einfach und komfortabel über den bzw. die Paketmanager zu installieren. Zur Auswahl stehen `ports` und sein binary-Äquivalent `pkg_add`.

| ports, pkg_add

Die Installation über `ports` ist in zwei Schritten erledigt:

```
$ cd /usr/ports/database/couchdb
$ make install clean
```

Sollten Sie es eilig haben, empfiehlt sich `pkg_add`:

```
$ pkg_add -r couchdb
```

Nach der Installation finden Sie FreeBSD-typisch das Startskript in */usr/local/etc/rc.d/couchdb*.

Bevor Sie CouchDB starten können, müssen Sie folgende Zeilen in */etc/rc.conf* eintragen:

```
$ echo 'couchdb_enable=YES' >> /etc/rc.conf
```

Danach starten Sie CouchDB wie folgt:

```
$ /usr/local/etc/rc.d/couchdb start
```

Zum Zeitpunkt des Schreibens dieser Zeilen ist CouchDB in der Version 1.1.0 auf FreeBSD verfügbar.

[x] Leider enthält CouchDB in der Version 1.0 einen Fehler. Dieser Fehler kann zum Verlust von Daten führen. Bitte fügen Sie deshalb folgende Zeile in die Datei *local.ini* (diese befindet sich in */usr/local/etc/couchdb/*) in der Sektion `[couchdb]` ein: `delayed_commits = false`.

Windows

Binary herunterladen

CouchDB ist auch unter Windows verfügbar. Die Installation ist denkbar einfach. Laden Sie als Erstes die Quelle von der Seite *http://wiki.apache.org/couchdb/Windows_binary_installer?action=show &redirect=Windows+binary+installer* herunter. Wir zeigen hier die Installation unter Windows 7.

Nachdem Sie die *exe*-Datei heruntergeladen haben, starten Sie den Installer mit einem Doppelklick auf diese Datei.

Abbildung 5.3 CouchDB-Windows-Installer

Im weiteren Schritt werden Sie gefragt, in welches Verzeichnis Sie CouchDB installieren möchten (siehe Abbildung 5.4).

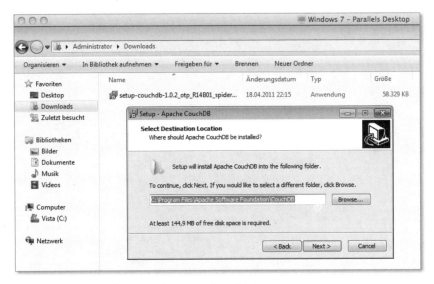

Abbildung 5.4 CouchDB-Windows-Installer – Pfad

Dann ein wichtiger Punkt: Sie können CouchDB als Windows-Service installieren und nach der Installation sofort starten. Beachten Sie, dass Sie CouchDB dann aus dem Programm Menü nicht manuell starten können, weil CouchDB schon läuft (siehe Abbildung 5.5).

CouchDB als Windows-Service

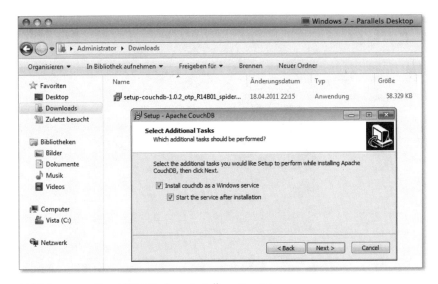

Abbildung 5.5 CouchDB-Windows-Installer – Service

Nachdem alle Vorbedingungen abgesteckt sind, wird die Installation gestartet:

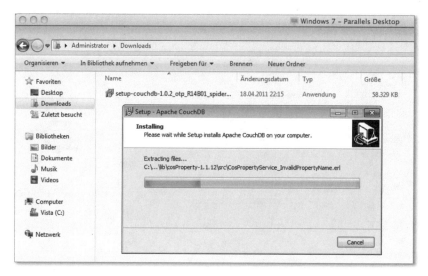

Abbildung 5.6 CouchDB-Windows-Installer – Installation

Schließlich ist die Installation beendet und CouchDB ist installiert:

Abbildung 5.7 CouchDB-Windows-Installer – Installation abgeschlossen

Im Startmenü wurde unter ALLE PROGRAMME ein neuer Ordner namens *Apache CouchDB* angelegt. Darin befindet sich der Eintrag *Futon (CouchDB web interface)*:

Abbildung 5.8 CouchDB-Windows-Installer – Programm-Menü

Wenn Sie auf diesen Eintrag klicken, wird der Standard-Webbrowser geöffnet und Futon unter der URL *http://127.0.0.1:5984/_utils/* aufgerufen:

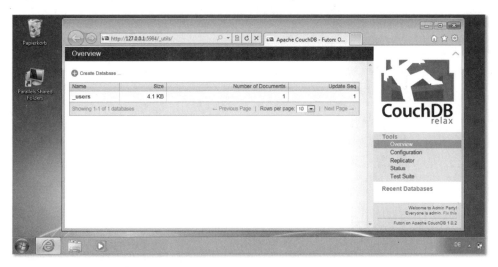

Abbildung 5.9 CouchDB-Windows-Installer – Futon

Damit ist die Installation unter Windows beendet.

5.1.6 Couchbase-Server

Binaries für diverse Plattformen

Die Firma Couchbase[9] (ehemals CouchOne) stellt seit kurzem auch den Couchbase-Server zum Download bereit. Dabei werden für Red Hat Linux, Debian-artige Linux (wie Ubuntu), Windows und Mac OS X fertige Installationsbinaries bereitgestellt. Der Unterschied zu Apache CouchDB ist die Integration von GeoCouch[10], eine Erweiterung, um mit Geo-Lokalisierungs-Daten arbeiten zu können.

Die dortige Versionsnummer 1.1(.x) ist die interne Version des Couchbase-Servers und sollte nicht mit der Versionsnummer von Apache CouchDB verwechselt werden. Die Couchbase-Server-Version 1.1(.x) basiert auf der Apache-CouchDB-Version 1.0.x. Die URL zu der Download-Seite ist: *http://www.couchbase.com/downloads/couchbase-single-server/community*.
Wenn Sie die neuste Couchbase-Server-Version nutzen wollen, die auf Apache CouchDB 1.1.0 basiert, müssen Sie – wenigstens zum Zeitpunkt der Drucklegung dieses Buches – auf die Development-Preview-Version zurückgreifen: *http://files.couchbase.com/developer-previews/couchbase-single-server-2.0.0-dev-preview-2*.

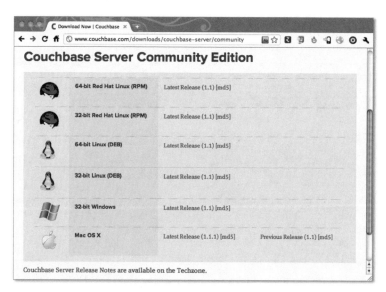

Abbildung 5.10 Couchbase-Server-Download

Die beiden zuletzt genannten Downloads für Mac OS X und Windows haben wir ja bereits besprochen. Die Installation für Red Hat und De-

---

9 *http://couchbase.com*
10 *https://github.com/couchbase/geocouch*

bian-artige Linux erfolgt jeweils mit dem mitgelieferten Paketmanager als Desktop-Applikation (z.B. Synaptic bei Ubuntu) oder per Kommandozeilen-Programm wie `dpkg`. Die Installation an sich ist trivial und wird an dieser Stelle nicht weiter ausgeführt.

5.2 Konfiguration

Es folgt eine Übersicht über alle zum Zeitpunkt der Drucklegung in CouchDB 1.1.0 verfügbaren Konfigurationsoptionen. Sollten Sie sich nicht sicher sein, ob diese Übersicht zum Zeitpunkt des Erscheinens dieses Buches noch vollständig ist, dann lenken Sie Ihren Webbrowser auf *http://127.0.0.1:5984/_utils/config.html*.

Die in den Tabellenunterschriften genannten Sektionen sind die [section]s aus den *.ini*-Dateien.

[+]

Option	Wert
compressible_types	text/*, application/javascript, application/json, application/xml
compression_level	8

Tabelle 5.1 attachments

Option	Wert
auth_cache_size	50
authentication_db	*_users
authentication_redirect	/_utils/session.html
require_valid_user	false
timeout	600

Tabelle 5.2 couchdb_httpd_auth

Option	Wert
database_dir	/home/till/couchdb-1.0.1/var/lib/couchdb
delayed_commits	true
max_attachment_chunk_size	4294967296

Tabelle 5.3 couchdb

Option	Wert
max_dbs_open	100
max_document_size	4294967296
os_process_timeout	5000
uri_file	/home/till/couchdb-1.0.1/var/lib/couchdb/couch.uri
util_driver_dir	/home/till/couchdb-1.0.1/lib/couchdb/erlang/lib/couch-1.0.1/priv/lib
view_index_dir	/home/till/couchdb-1.0.1/var/lib/couchdb

Tabelle 5.3 couchdb (Forts.)

Option	Wert
auth_cache	{couch_auth_cache, start_link, []}
db_update_notifier	{couch_db_update_notifier_sup, start_link, []}
external_manager	{couch_external_manager, start_link, []}
httpd	{couch_httpd, start_link, []}
query_servers	{couch_query_servers, start_link, []}
stats_aggregator	{couch_stats_aggregator, start, []}
stats_collector	{couch_stats_collector, start, []}
uuids	{couch_uuids, start, []}
view_manager	{couch_view, start_link, []}

Tabelle 5.4 daemons

Option	Wert
allow_jsonp	false
authentication_handlers	{couch_httpd_oauth, oauth_authentication_handler}, {couch_httpd_auth, cookie_authentication_handler}, {couch_httpd_auth, default_authentication_handler}
bind_address	127.0.0.1
default_handler	{couch_httpd_db, handle_request}
max_connections	2048

Tabelle 5.5 httpd

Option	Wert
port	5984
secure_rewrites	true
vhost_global_handlers	_utils, _uuids, _session, _oauth, _users
socket_options	[{recbuf, 262144}, {sndbuf, 262144}, {nodelay, true}]

Tabelle 5.5 httpd (Forts.)

Hinter der Anweisung {nodelay, true} (neu in CouchDB 1.1.0) versteckt sich TCP_NODELAY. TCP_NODELAY wurde geschaffen, um die Reaktionszeit zwischen Frage und Antwort bei TCP/IP-Anwendungen zu verkürzen.

[+]

Der bei TCP eingesetzte *Nagle-Algorithmus* soll zu kleine Pakete verhindern, da viele kleine Pakete dem Durchsatz der Verbindung schaden. Der Algorithmus verlangsamt das Übertragen von Daten, indem er sie zusammenfasst – die Latenz steigt.

Nagle-Algorithmus

Bei TCP-Anwendungen, deren Fokus auf schnellen Antworten in (Nah- bzw.) Echtzeit liegt, wird deshalb oft auf TCP_NODELAY gesetzt.

Option	Wert
_changes	{couch_httpd_db, handle_changes_req}
_compact	{couch_httpd_db, handle_compact_req}
_design	{couch_httpd_db, handle_design_req}
_temp_view	{couch_httpd_view, handle_temp_view_req}
_view_cleanup	{couch_httpd_db, handle_view_cleanup_req}

Tabelle 5.6 httpd_db_handlers

Option	Wert
_info	{couch_httpd_db, handle_design_info_req}
_list	{couch_httpd_show, handle_view_list_req}
_rewrite	{couch_httpd_rewrite, handle_rewrite_req}
_show	{couch_httpd_show, handle_doc_show_req}
_update	{couch_httpd_show, handle_doc_update_req}
_view	{couch_httpd_view, handle_view_req}

Tabelle 5.7 httpd_design_handlers

Option	Wert
/	{couch_httpd_misc_handlers, handle_welcome_req, <<"Welcome''>>}
_active_tasks	{couch_httpd_misc_handlers, handle_task_status_req}
_all_dbs	{couch_httpd_misc_handlers, handle_all_dbs_req}
_config	{couch_httpd_misc_handlers, handle_config_req}
_log	{couch_httpd_misc_handlers, handle_log_req}
_oauth	{couch_httpd_oauth, handle_oauth_req}
_replicate	{couch_httpd_misc_handlers, handle_replicate_req}
_restart	{couch_httpd_misc_handlers, handle_restart_req}
_session	{couch_httpd_auth, handle_session_req}
_stats	{couch_httpd_stats_handlers, handle_stats_req}
_utils	{couch_httpd_misc_handlers, handle_utils_dir_req, "/home/till/couchdb-1.0.1/share/couchdb/www"}
_uuids	{couch_httpd_misc_handlers, handle_uuids_req}
favicon.ico	{couch_httpd_misc_handlers, handle_favicon_req, "/home/till/couchdb-1.0.1/share/couchdb/www"}

Tabelle 5.8 httpd_global_handlers

Option	Wert
file	/home/till/couchdb-1.0.1/var/log/couchdb/couch.log
include_sasl	true
level	info

Tabelle 5.9 log

Option	Wert
reduce_limit	true

Tabelle 5.10 query_server_config

Option	Wert
javascript	/home/till/couchdb-1.0.1/bin/couchjs \ /home/till/couchdb-1.0.1/share/couchdb /server/main.js

Tabelle 5.11 query_servers

Option	Wert
connection_timeout	30000
db	_replicator
http_connections	20
http_pipeline_size	1
max_replication _retry_count	10
socket_options	[{keepalive, true}, {nodelay, false}]
ssl_certificate_max _depth	3
verify_ssl_certificates	false
worker_batch_size	500
worker_processes	4

Tabelle 5.12 replicator

Option	Wert
rate	1000
samples	[0, 60, 300, 900]

Tabelle 5.13 stats

Option	Wert
algorithm	sequential

Tabelle 5.14 uuids

Option	Wert
cert_file	/full/path/to/server_cert.pem
key_file	/full/path/to/server_key.pem
port	6984

Tabelle 5.15 ssl

Die Konfiguration von CouchDB lässt sich entweder programmatisch zur Laufzeit, über die Konfigurationsdateien (wie in den vorangegangenen Kapiteln gezeigt) oder direkt über Futon anpassen.

[x] Während programmatische Änderungen und Änderungen über Futon sofort *aktiv* sind, werden Änderungen an Konfigurationsdateien erst nach einem Neustart von CouchDB aktiv.

5.2.1 Programmatisch

Per HTTP konfigurieren

Um die gesamte Konfiguration, einzelne Sektionen oder auch nur einzelne Werte aus der Konfiguration abzufragen, müssen Sie nicht den Browser (bzw. Futon) benutzen. Natürlich besteht die Möglichkeit, HTTP anzuwenden:

```
$ curl http://till:berlin@127.0.0.1:5984/_config
{"httpd_design_handlers": {
    "_info":" {
...
    }
}
```

Lesen

Wenn Sie eine bestimmte Sektion auslesen wollen, geben Sie die Sektion in der URL an. Da wir *lesend* zugreifen, benutzen wir GET:

```
$ curl -X GET http://till:berlin@127.0.0.1:5984/_config/admins
{
    "till":"-hashed-..."
    "andy":"-hashed-..."
}
```

Löschen

Administrator löschen

Im Allgemeinen sollte in Bezug auf die Konfiguration nie gelöscht werden. Viel mehr werden Einträge bearbeitet. Administratoren sind die

Ausnahme von dieser Regel, im folgenden Beispiel löschen wir den Server-Administrator `andy`:

```
$ curl -X DELETE \
http://till:berlin@127.0.0.1:5984/_config/admins/andy
"-hashed-..."
$ curl -X GET \
http://till:berlin@127.0.0.1:5984/_config/admins/andy
{
  "error":"not_found",
  "reason":"unknown_config_value"
}
$ curl -X GET \
http://till:berlin@127.0.0.1:5984/_config/admins
{
  "till":"-hashed-..."
}
```

Im ersten Schritt haben wir `andy` gelöscht, und CouchDB liefert uns den letzten Wert von `andy` – in diesem Fall sein Passwort – zurück.

Bei der zweiten Abfrage auf `_config/andy` liefert CouchDB dementsprechend `not_found` (nicht gefunden) zurück.

Die dritte Abfrage zeigt alle verbleibenden Server-Administratoren: `till`.

Bearbeiten

Zu guter Letzt noch ein Beispiel zum Bearbeiten der CouchDB-Konfiguration über HTTP. Im Folgenden erhöhen wir den Wert für `timeout` (siehe Abschnitt 2.11.4, »Über Cookies anmelden«) von *600* auf *1200 Sekunden*:

```
$ SERVER=http://till:berlin@127.0.0.1:5984
$ curl -X PUT -d '"1200"' \
$SERVER/_config/couch_httpd_auth/timeout
"600"
```

CouchDB antwortet nach dem Bearbeiten mit dem vorhergehenden Wert der Option.

5.2.2 Konfigurationsdateien

Von Haus aus liest Ihre CouchDB beim Starten zwei Konfigurationsdateien ein: *default.ini* und *local.ini*.

local.ini, default.ini

Die Datei *default.ini* enthält Standardwerte, mit denen CouchDB arbeitet. Die Konvention empfiehlt, Änderungen an der *default.ini* zu vermeiden und alle notwendigen Einstellungen in der *local.ini* zu speichern.

Organisation

Einstellungen speichern

Da das programmatische Verändern von Dateien das Parsen und Verarbeiten dieser Dateien voraussetzt, kann es auch von Vorteil sein, neue Einstellungen in einzelnen Konfigurationsdateien zu speichern – *oauth.ini* oder *view.ini*.

Der Befehl couchdb unterstützt zu diesem Zweck die Option -A, die einen Pfad zu einem Verzeichnis erwartet, das die zusätzlichen Konfigurationen enthält:

```
$ couchdb -A /home/till/couchdb-config/ \
-A /home/till/andy/couchdb-config/
```

couchdb-config

Dieses Kommando startet CouchDB und fügt zusätzlich ein *couchdb-config*-Verzeichnis aus den *$HOME*-Verzeichnissen der Nutzer till und andy hinzu.

Wenn Sie nur die Konfiguration aus beiden genannten Verzeichnissen benutzen möchten und CouchDB *zwingen* wollen, die Standardkonfigurationsdateien zu ignorieren, fügen Sie dem Aufruf -n hinzu.

Zum Überprüfen benutzen wir die Option -c. Es ergibt sich folgender Befehl:

```
$ couchdb -n -c -A /home/till/couchdb-config/ \
-A /home/till/andy/couchdb-config/
/home/till/couchdb-config/local.ini
/home/till/couchdb-config/local.ini
```

[+] Nach der Installation von CouchDB (zum Beispiel mit aptitude oder nach dem Übersetzen der Quellen) werden die Verzeichnisse */etc/couchdb/default.d* und */etc/couchdb/local.d/* angelegt.

Automatisch einlesen

Wenn Sie weitere Konfigurationsdateien in eines der beiden Verzeichnisse kopieren, werden diese beim Starten von CouchDB automatisch eingelesen.

Besonders bei einem automatisierten Deployment ist das Hinzufügen von Konfigurationsdateien deutlich einfacher als das Auslesen und Verarbeiten einer Datei, um die gewünschten Optionen hinzuzufügen.

5.2.3 Point and Click

Die graphische Verwaltungsoberfläche Futon erleichtert besonders am Anfang den Einstieg in CouchDB. Auch in diesem Fall können Sie mit ein paar Mausklicks Einträge in der Konfiguration neu anlegen und löschen.

Um eine Option anzulegen, klicken Sie auf den Link ADD NEW SECTION. Zum Löschen klicken Sie auf das rote **x** hinter einem Eintrag. Die Verwaltung der Konfiguration finden Sie entweder in Futon unter CONFIGURATION oder direkt auf *http://127.0.0.1:5984/_utils/config.html*.

Abbildung 5.11 Konfiguration in Futon

5.3 Deployment

Beim operativen Einsatz von CouchDB sind generelle Punkte zu beachten. Zum Beispiel gehen die Autoren davon aus, dass Sie nicht nur um CouchDB *besorgt sind*, sondern auch Betriebssystem und die Hardware des Host-Systems bereits entsprechend überwachen. Auf diesen Teil gehen wir daher in diesem Kapitel nicht ein.

Für Überwachung sorgen

Sollten Sie generell auf der Suche nach einer *Lösung* für das Monitoring Ihrer Infrastruktur sein, empfehlen wir, einen Blick auf die Projekte Cacti (*http://www.cacti.net/*), Ganglia (*http://ganglia.sourceforge.net/*), Mu-

[+]

nin (*http://munin-monitoring.org/*), Zabbix (*http://www.zabbix.com/*) und ZenOSS (*http://www.zenoss.com/*) zu werfen.

In diesem Abschnitt unterscheiden wir zwischen sogenannter *Datenbankoptimierung* und *Monitoring* von CouchDB.

5.3.1 Datenbankoptimierung

In diesem Abschnitt geht es um *Kleinigkeiten*, die Sie im operativen Einsatz von CouchDB beachten sollten.

Version 1.1

CouchDB liegt aktuell in der Version 1.1.0 vor – Sie hat also die kritische 1.0 bereits überschritten. Fakt ist, dass die Autoren CouchDB bereits weit vor dieser Version produktiv einsetzten.

Andererseits sollten Sie nie vergessen, wie jung das Projekt CouchDB noch ist – wobei sich diese Empfehlung auf alle anderen NoSQL-Vertreter problemlos erweitern lässt.

Database Compaction

Festplattenplatz aufräumen — Wenn Sie Ihre CouchDB eine Weile im Einsatz haben, werden Sie bemerken, wie großzügig CouchDB mit *Ihrem* Speicherplatz umgeht. Spätestens dann ist der Zeitpunkt gekommen, Compaction zu benutzen. Die Details sind in Abschnitt 2.3.2, »Arbeiten mit der Datenbank«, erläutert.

compact_running — Da Compaction ein asynchroner Prozess ist, ist es im operativen Einsatz oft von Interesse zu erfahren, ob gerade Compaction auf einer Datenbank läuft. Um zu überprüfen, ob die Datenbank Compaction noch ausführt, schauen wir uns compact_running an:

```
$ curl http://127.0.0.1:5984/kassenbuch
{
    "db_name":"kassenbuch",
    "doc_count":2,
    "doc_del_count":0,
    "update_seq":2,
    "purge_seq":0,
    "compact_running":false,
    "disk_size":8281,
    "instance_start_time":"1297310725635201",
    "disk_format_version":5,
    "committed_update_seq":2
}
```

Das ist hier nicht der Fall.

Nach erfolgreicher Compaction kann Ihre Datenbank auf der Festplatte 60 % – 70 % kleiner sein. [+]

Wenn Sie mehrere Millionen Dokumente in Ihrer Datenbank gespeichert haben und entsprechend viele Schreiboperationen auf dem Datenbestand ausgeführt worden sind, kann Compaction je nach verfügbaren Ressourcen mehrere Stunden oder Tage dauern. Die gute Nachricht ist: Sollte irgendetwas den Prozess unterbrechen, kann er jederzeit durch einen erneuten POST auf _compact fortgesetzt werden.

_compact kann sehr lange dauern

Bei schreibintensiven Datenbanken empfiehlt es sich, ein Wartungsfenster für den Zeitraum zu definieren oder alle Zugriffe auf einen zweiten CouchDB-Server umzuleiten. Wenn während der Durchführung von Compaction zu viele neue Änderungen in der Datenbank erfolgen, kann es vorkommen, dass Compaction nie beendet wird. [x]

Auch Compaction benötigt Ressourcen. Ein Werkzeug, das überprüft wie beschäftigt Ihre Festplatten zurzeit sind, ist iostat. [!]

Im folgenden Beispiel werden zwei Reports im Abstand von fünf Sekunden erstellt:

```
$ iostat -d -x 5 2
Linux 2.6.35-24-virtual (domU-12-31-39-15-18-8A) \
02/13/2011 _x86_64_ (1 CPU)

Device:   rrqm/s  wrqm/s   r/s   w/s  rsec/s wsec/s avgrq-sz ...
          0.00    0.11    0.01  0.03  0.30   35.89  0.00     ...

Device:   rrqm/s  wrqm/s   r/s   w/s  rsec/s wsec/s avgrq-sz ...
          0.00    0.00    0.00  0.00  0.00   0.00   0.00     ...
```

View-Partitionierung

CouchDB legt auf der Festplatte im Verzeichnis *view_index_dir* pro _design-Dokument eine Datei an. Deren Name ist *MD5-Hash.view*. In ihr wird das Ergebnis aller in diesem _design-Dokument definierten Views gespeichert.

In vielen Beispielen in der offiziellen Dokumentation oder in Blogposts werden in einem _design-Dokument mehrere Views definiert. Das geschieht oft aus keinem *triftigen* Grund, sondern weil CouchDB das kann – später, im produktiven Einsatz, kann das zu handfesten Problemen führen:

Probleme bei mehreren Views

- Wenn Sie zum Beispiel zwei verschiedene Views anlegen und nur einer aktualisiert werden muss, werden nicht nur für einen, sondern für beide Views die Aktualisierungszyklen durchlaufen.
- Eigentlich nur an einem View notwendige Updates beeinflussen alle im gleichen _design-Dokument definierten Views.
- Operationen wie »View-Compaction« werden ebenfalls auf allen Views ausgeführt und können deshalb deutlich mehr Zeit und Ressourcen in Anspruch nehmen.

[+] Wenn Sie bereits mit relationalen Datenbanken gearbeitet haben, dann ist Ihnen eventuell »Tablespace« ein Begriff. Bei »Tablespace« handelt es sich um den Ort auf der Festplatte, an dem die Daten aus einer Tabelle gespeichert werden. Bei »Tablespaces« auf verschiedenen Festplatten konkurrieren Lese- und Schreiboperationen auf den Tabellen nicht um die gleichen Ressourcen. Die »View-Partitionierung« in CouchDB ist leider nicht so granular wie ein »Tablespace«, jedoch verfolgen wir damit ein ähnliches Konzept.

View-Compaction

.view-Datei wächst schnell an

Änderungen an den Dokumenten in Ihrerer Datenbank ziehen Änderungen an dem View nach sich. Da der View bei seiner Abfrage aktualisiert wird, versucht CouchDB, hier *besonders* schnell zu sein. Die Folge ist, dass die *.view*-Datei immer weiter wächst und einigen Platz auf der Festplatte in Anspruch nehmen kann.

Um dieses Verhalten in den Griff zu bekommen, lohnt es sich, die »View Compaction« auszuführen – und zwar startet zum Beispiel folgender curl-Befehl die View-Compaction für das Kassenbuch:

```
$ curl -H "Content-Type: application/json" -X POST \
http://127.0.0.1:5984/kassenbuch/_compact/kassenbuch
{"ok":true}
```

Durch die View-Compaction konnte in einigen Fällen die Größe der *.view*-Datei um bis zu 80 % Speicherplatz reduziert werden.

[»] Achtung! Die View-Compaction gibt noch keinen Speicherplatz frei. Dazu muss erst der im folgenden Abschnitt beschriebene View-Cleanup durchgeführt werden.

Wie schnell oder wie langsam diese Operation durchgeführt wird, richtet sich nach der Größe Ihrer Views und der vorhandenen Hardware. Aus Erfahrung raten wir davon ab, diesen Vorgang automatisiert und ohne Beobachtung mit einem *Cronjob* durchzuführen.

Da View-Compaction im Hintergrund abläuft, können Sie sich ihren Status mit folgender Abfrage anschauen:

```
$ SERVER=http://127.0.0.1:5984
$ curl -X GET \
$SERVER/kassenbuch/_design/kassenbuch/_info/
{
  "name":"kassenbuch",
  "view_index":
  {
    "signature":"84ed700340073ad9a66d7c739428bf46",
    "language":"javascript",
    "disk_size":4200,
    "updater_running":false,
    "compact_running":false,
    "waiting_commit":false,
    "waiting_clients":0,
    "update_seq":143,
    "purge_seq":0
  }
}
```

Die in der Antwort gelieferten Informationen von `_info` eignen sich hervorragend dazu, periodisch abgefragt und im Monitoring weiterverarbeitet zu werden.

View-Cleanup

Nach Änderungen an den Funktionen eines Views, empfiehlt es sich, den View-Cleanup durchzuführen. Der Name der durch CouchDB in *view_index_dir* angelegten Datei ist ein MD5-Hash der View-Definition. Wenn Funktionen im View geändert werden, ändert sich auch dieser MD5-Hash, und der View wird neu angelegt.

Die »alten« Views bleiben auf der Festplatte zurück, bis die View-Compaction ausgeführt wurde.

Auch nachdem die View-Compaction ausgeführt wurde, bleibt die Datei, in der der View vorher gespeichert war, auf der Festplatte zurück. Um den damit vermeintlich verlorenen Speicherplatz wieder freizugeben, benutzen wir View-Cleanup:

```
$ curl -H "Content-Type: application/json" \
-X POST \
http://till:berlin@127.0.0.1:5984/kassenbuch/_view_cleanup
{"ok":true}
```

database_dir und view_index_dir

`database_dir` und `view_index_dir` zeigen auf Verzeichnisse auf Ihrer Festplatte, in denen jeweils die Datenbank- und View-Dateien gespeichert werden. Wenn Sie sich nicht sicher sind, wo sich Ihre Datenbanken und Views gerade befinden, blättern Sie kurz zum Abschnitt 5.2, »Konfiguration«, zurück. Dort haben wir beschrieben, wie Sie die Konfiguration von CouchDB einsehen und gegebenenfalls anpassen können.

Für ausreichend Speicherplatz sorgen

Grundsätzlich sollte bei beiden Einstellungen darauf geachtet werden, dass in beiden Verzeichnissen immer genügend Speicherplatz zur Verfügung steht. Des Weiteren empfiehlt es sich aus Gründen der Geschwindigkeit, besonders bei schreibintensiven Anwendungen Datenbank und Views auf getrennte Festplatten auszulagern.

[»] Auch dieser Tipp ist vergleichbar mit dem »Tablespace«, siehe Abschnitt weiter oben.

delayed_commits

Die Option `delayed_commits` (= true) erlaubt es CouchDB, mehrere Schreiboperationen hintereinander auszuführen, ohne dass nach jeder Operation ein `fsync` ausgeführt wird.

fsync

Der `fsync` ist eine Operation, bei der Daten aus den *kernel filesystem buffers* auf die Festplatte geschrieben werden. Der *buffer* ist eine Region im Speicher, in der Daten zeitweise vorgehalten werden, bevor sie auf die Festplatte geschrieben werden.

delayed_commits

Der Nachteil der `fsync`-Operation ist, dass sie Zeit kostet – je nach System (Hardware, Betriebssystem und Architektur) unterschiedlich viel. Wenn `delayed_commits = true` als Konfiguration gesetzt ist, erarbeitet sich CouchDB damit einerseits einen Geschwindigkeitsvorteil, andererseits kann es auch dazu kommen, dass Daten bei einem Ausfall nicht mehr konsistent sind.

[x] Bei `delayed_commits = true` werden für einen Moment Daten im RAM zwischengespeichert, bevor sie auf die Festplatte geschrieben werden. Wenn aus irgendeinem Grund CouchDB oder Ihr Server in diesem Moment abstürzt, sind die Daten für immer verloren. Vergleichbar ist dieses

Prinzip mit dem Verhalten der MySQL-Table-Engine MyISAM[11] oder der NoSQL-Datenbank MongoDB[12].

Sowohl bei MyISAM als auch bei MongoDB werden Daten vor dem Schreiben auf die Festplatte im RAM zwischengespeichert. Dieser Vorgang nennt sich *Buffering*. Die Buffer werden in einem bestimmten Intervall geleert und auf die Festplatte geschrieben.

Buffern

Der Vorteil dieser Methode ist, dass der Schreibvorgang tatsächlich schneller ist. Denn erstens ist das Schreiben ins RAM schneller als auf die Festplatte, und zweitens wird die langsamere Operation (Schreiben der Daten auf die Festplatte) asynchron vom Client ausgeführt.

Der Nachteil ist, dass im Falle eines *Crashs* alle Daten, die noch nicht auf die Festplatte geschrieben wurden, für immer verloren sind.

Wenn `delayed_commits = false` konfiguriert wurde, wartet CouchDB nach jeder Schreiboperation, bis die Festplatte *geantwortet* hat: »Alles in Ordnung, die Dateien wurden geschrieben!«
Dieses Verhalten ist vor allem dann wünschenswert, wenn die Konsistenz der Daten in Ihrer Anwendung eine hohe Priorität hat, allerdings werden dadurch Schreiboperationen auch langsamer.

Schreiboperationen werden langsamer

`batch=ok` setzt `delayed_commits = false` automatisch außer Kraft. In diesem Fall werden die Operationen ohne `fsync` nacheinander ausgeführt.

[!]

Generell sind die Autoren dazu geneigt, für `delayed_commits` den Wert `false` zu empfehlen, auch wenn der offizielle Standardwert `true` lautet. Welche Option schlussendlich für den Einsatz bei Ihnen in Frage kommt, hängt von der Anwendung, den Daten und des eingesetzten Systems ab.

UUIDs in CouchDB

Wenn ein Dokument mit `POST` in CouchDB gespeichert wird, erstellt CouchDB eine ID beziehungsweise UUID. Leider ist diese Operation *langsam*. Die Möglichkeiten, damit umzugehen, gestalten sich wie folgt:

▶ **PUT statt POST**
Diese Methode setzt voraus, dass Sie die ID für das Dokument zum Beispiel selber in Ihrer Anwendung oder dem Client erstellen. Das Speichern geht dann wie folgt:

---

11 *http://vimeo.com/20990641*
12 *http://mongodb.org/*

```
$ curl -X PUT \
-d '{"mein":"dokument"}' \
http://127.0.0.1:5984/datenbank/1
```

▶ **Mehrere UUIDs von CouchDB**
Mit dieser Methode holen Sie sich im Vorfeld mehrere IDs von CouchDB und benutzen diese (mit Hilfe von PUT), wenn Sie Dokumente in die Datenbank speichern. Der Vorteil an dieser Methode ist, dass Sie sich keinen *schlauen* Algorithmus einfallen lassen müssen, um die IDs zu erzeugen – das erledigt CouchDB für Sie.

Das folgende Beispiel zeigt, wie Sie sich zehn IDs von CouchDB erstellen lassen:

```
$ curl http://127.0.0.1:5984/_uuids?count=10
{
  "uuids":[
    "1985426544b68f46d64e5482a200072f",
    "1985426544b68f46d64e5482a200091b",
    "1985426544b68f46d64e5482a200148f",
    "1985426544b68f46d64e5482a2001b7d",
    "1985426544b68f46d64e5482a2001b8c",
    "1985426544b68f46d64e5482a2001ca6",
    "1985426544b68f46d64e5482a2001d6d",
    "1985426544b68f46d64e5482a2002752",
    "1985426544b68f46d64e5482a2002b6d",
    "1985426544b68f46d64e5482a20036f0"
  ]
}
```

In Ihrer Anwendung würden Sie diese zehn IDs dafür verwenden, die nächsten zehn Dokumente zu speichern.

Logging

▶ **Loglevel**
In den meisten Fällen ist es vollkommen ausreichend, wenn im CouchDB-Log nur kritische Fehler auftauchen und auf Debug-Informationen ganz verzichtet wird. Fügen Sie dazu die Zeile level = crit in Ihrer *local.ini* (Sektion [log]) ein.

Andere Loglevel sind zum Beispiel error, warn oder debug – der Reihenfolge nach wird CouchDB damit im Log immer »gesprächiger« und die Log-Datei größer!

▶ **Logrotation aktivieren**
Da viele Anwender CouchDB aus seinen Quellen selber übersetzen,

ist Logrotation oft nicht aktiviert. Wenn Sie zu Beispiel CouchDB auf Ubuntu *selbst bauen*, befindet sich die Konfiguration für *logrotate.d* in */usr/local/etc/logrotate.d/couchdb*. Damit die Logrotation aktiviert wird, erstellen Sie einen symbolischen Link wie folgt:

```
ln -s /usr/local/etc/logrotate.d/couchdb \
/etc/logrotate.d/couchdb
```

▶ **Logrotation konfigurieren**
Abhängig von vorhandenem Platz auf der Fesplatte, dem Loglevel und dem *Verkehr* auf Ihrer CouchDB, kann es notwendig werden, die Standardwerte in der Konfiguration anzupassen.

Beispielkonfigurationen finden Sie in Ihrem Terminal über `man 8 logrotate` oder auf *http://linuxcommand.org/man_pages/logrotate8.html*.

▶ **Log-Verzeichnis**
Sollten Sie unter chronischem Platzmangel auf der Festplatte leiden, könnte es von Vorteil sein, die Logs auf ein anderes Laufwerk auszulagern. Fügen Sie dafür folgende Anweisung in Ihre *local.ini* (Sektion `[log]`) ein:

```
file = /irgendwo/wo/mehr/speicherplatz/frei/ist/couch.log
```

Vergessen Sie nicht, dass CouchDB Schreibrechte auf den neuen Pfad zur Log-Datei benötigt. [✗]

Sollten Sie die Log-Datei mit `file` auf ein anderes Laufwerk gelenkt haben, ist es auch notwendig, die Konfiguration für `logrotate.d` anzupassen. [«]

Wenn Sie auf Logging ganz verzichten können, ersetzen Sie die `file`-Anweisung durch `file = /dev/null`. [+]

Temporary Views

Diese Kernaussage ist kurz: Sie sollten auf keinen Fall Temporary Views im produktiven Betrieb einsetzen.

Temporary Views werden auch oft als eine Art *Ad-hoc-Abfrage* missverstanden.

Keine Ad-hoc-Abfrage

Während der Entwicklung einer Anwendung sind diese Abfragen natur-gemäß schneller, da Sie noch keine hohe Anzahl an Dokumenten in Ihrer Datenbank haben. Je größer die Anzahl der Dokumente ist, desto langsamer sind Temporary Views.

5.3.2 Statistiken und Monitoring

CouchDB liefert Ihnen neben Statistiken zur Datenbank oder zu Views auch Statistiken zum Server.

```
$ curl http://127.0.0.1:5984/_stats
{
  "couchdb": {
    "open_databases": {
      "description":"number of open databases",
      "current":1.0,
      "sum":1.0,
      "mean":0.0,"stddev":0.01,
      "min":0,
      "max":1
    },
    "auth_cache_hits": {
      "description":"number of authentication cache hits",
      "current":null,
      "sum":null,
      "mean":null,
      "stddev":null,
      "min":null,
      "max":null
    },
    "auth_cache_misses": { ... },
    "database_reads": { ... },
    "database_writes": { ... },
    "request_time": { ... },
    "open_os_files": { ... }
  },
  "httpd": {
    "requests": { ... }
    "bulk_requests": { ... },
    "view_reads": { ... },
    "clients_requesting_changes": { ... },
    "temporary_view_reads": { ... }
  },
  "httpd_request_methods": {
    "DELETE": { ... },
    "HEAD": { ... },
    "POST": { ... },
    "PUT": { ... },
    "GET": { ... },
    "COPY": { ... }
  },
```

```
"httpd_status_codes": {
  "400": { ... },
  "201": { ... },
  "403": { ... },
  "409": { ... },
  "200": { ... },
  "202": { ... },
  "404": { ... },
  "301": { ... },
  "405": { ... },
  "500": { ... },
  "401": { ... },
  "304": { ... },
  "412": { ... }
  }
}
```

CouchDB nimmt auch hier dem Administrator etwas Arbeit ab und liefert für jede Metrik nicht nur eine *verständliche* Beschreibung, sondern auch das Minimum, das Maximum, den Durchschnitt und die Gesamtsumme (aller aufgetretenen Events der Metrik).

CouchDB liefert viele Werte für die Überwachung

Mit diesen Werten lassen sich Plugins zum Beispiel für Munin und Ganglia mit *relativ* übersichtlichem Aufwand erstellen. Auch sollte die Integration in »Alerting« (zum Beispiel Nagios) schnell erledigt sein.

Sollten Sie auf der Suche nach einer Möglichkeit sein, der CouchDB-Community etwas zurückzugeben, wären Plugins für Monitoring und Alerting eine großartige Möglichkeit. Zum Zeitpunkt des Schreibens dieser Zeilen existierten noch keine *freien* Projekte, die diese Lücke schließen.

[+]

Nur der CouchDB-Hoster Cloudant bietet bisher seinen Kunden die Integration von Munin-Plugins an. Allerdings ist dafür ein dedizierter Cluster notwendig.

Munin-Plugins bei Cloudant

5.4 Skalierung

Im Hinblick auf das Wachstum unserer Anwendung wollen wir natürlich wissen, welche Möglichkeiten uns CouchDB bietet, wenn die Zeit kommt, dass wir uns vor Dokumenten und Abfragen nicht mehr retten können.

Weil CouchDB noch ein sehr junges Projekt ist, ist es im Gegensatz zu relationalen Datenbanken schwierig, ausgewogene Lösungsvorschläge in

Caching, Sharding

Bezug auf *Caching* und *Sharding* online zu erhalten. Einschlägige Fachliteratur existierte bisher auch noch nicht. :-)

In diesem Kapitel beschäftigen wir uns mit dem aktuellen Stand – viel Spaß!

5.4.1 Caching

Wie ist das mit dem Cache bei CouchDB? – Es tut mir leid, es Ihnen mitteilen zu müssen, aber CouchDB cacht eigentlich gar nichts. Gar nichts, wenn wir von der in Abschnitt 5.3.1, »Datenbankoptimierung«, erwähnten Konfigurationsoption `delayed_commits` einmal absehen – im Sinne von Caching bedeutet sie, dass nicht jeder Schreibzugriff auf CouchDB direkt auf die Festplatte geht. Aber das war's.

CouchDB benötigt wenig RAM

Der Vorteil des fehlenden Caches ist, dass CouchDB auch unter Last nur sehr wenig RAM braucht und es deshalb nur in den seltensten Fällen zu einem Crash kommt.

Die Kehrseite der Medaille ist, dass vorhandenes RAM nicht optimal genutzt wird.

Cache-Strategie

»Caching is hard!«, auch bei CouchDB. Und obwohl CouchDB selbst nicht cachet, lässt sich an der folgenden Strategie der Vorteil der HTTP-Schnittstelle deutlich erkennen.

[!] Sollten Sie in der Situation sein, dass sich die Dokumente in Ihrer Datenbank *ständig* ändern, ist Caching nicht der richtige Weg für Sie. In diesem Fall empfehlen wir Ihnen beim Thema »Sharding« in Abschnitt 5.4.2 weiterzulesen.

ETag Die herkömmliche Strategie, Inhalte aus CouchDB zu cachen, ist, das `ETag` zu verwenden. Das `ETag` ist die in `_rev` gespeicherte Revision des Dokuments und wird Ihnen bei einer Abfrage über `HEAD` angezeigt:

```
$ SERVER=http://127.0.0.1:5984
$ curl -I \
$SERVER/kassenbuch/78273b7de029a7e08b746c676d0\
0a474
HTTP/1.1 200 OK
Server: CouchDB/1.1.0 (Erlang OTP/R14B03)
Etag: "1-544ecee09a3f3769b31f7897982d820b"
Date: Sat, 25 Jun 2011 15:24:51 GMT
Content-Type: text/plain;charset=utf-8
```

```
Content-Length: 222
Cache-Control: must-revalidate
```

Bei einer HEAD-Abfrage (`curl -I`) werden nur die Header (Kopfzeilen) zum Dokument und nicht der Inhalt des Dokuments zurückgeliefert. Das hat den Vorteil, dass diese Abfrage im Produktivbetrieb *etwas* effizienter ist. Denn mit HEAD werden weniger Daten zurückgeschickt.

[«]

Natürlich können Sie sich die Header auch bei einer GET-Abfrage anzeigen lassen. Ein Beispiel dafür folgt:

```
curl -X GET -i \
http://127.0.0.1:5984/kassenbuch/78273b7de029a7e08b\
746c676d00a474
HTTP/1.1 200 OK
Server: CouchDB/1.1.0 (Erlang OTP/R14B03)
Etag: "1-544ecee09a3f3769b31f7897982d820b"
Date: Sat, 25 Jun 2011 15:30:38 GMT
Content-Type: text/plain;charset=utf-8
Content-Length: 222
Cache-Control: must-revalidate

{
  "_id":"78273b7de029a7e08b746c676d00a474",
  "_rev":"1-544ecee09a3f3769b31f7897982d820b",
  "bezeichnung":"Das CouchDB-Buch",
  "betrag":"30",
  "waehrung":"euro",
  "datum":"2011-07-01",
  "typ":"ausgabe",
  "hinzugefuegt":"2011-07-07T21:10:13.338Z"
}
```

Mit dieser Abfrage ist es zum Beispiel möglich, periodisch den Status des Dokuments zu prüfen und bei einem neuen ETag den angelegten Cache zu invalidieren.

Dokumente periodisch prüfen

HEAD-Abfragen sind auch bei /_all_docs- und bei _design-Dokumenten möglich. Damit lässt sich zum Beispiel überprüfen, ob an den Dokumenten in einer Datenbank Änderungen vorgenommen wurden und ob sich das Ergebnis des Views geändert hat.

[+]

CouchCache

CouchCache[13] ist ein Projekt eines ehemaligen Angestellten von CouchOne (heute CouchBase): Mikeal Rogers. Es ist ein in *node.js*[14]

HTTP-Proxy-Server

---

13 *https://github.com/mikeal/couchcache*
14 *http://nodejs.org/*

geschriebener HTTP-Proxy-Server, der Anfragen an Ihre CouchDB entgegennimmt und entweder an CouchDB weiterreicht oder die Antwort aus einem Cache liefert.

CouchCache ist noch ein sehr junges Projekt und unterstützt zum Zeitpunkt des Schreibens dieser Zeilen bisher nur das Cachen einzelner Dokumente. Da die Quellen auf Github verfügbar sind, sind der Erweiterung von CouchCache keine Grenzen gesetzt.

[»] Mikeal Rogers weist explizit auf der Projektseite auf die Alpha-Qualität von CouchCache hin. Sollten Sie sich für den Einsatz entscheiden, empfehlen wir Ihnen, das Zusammenspiel mit Ihrer Anwendung gründlich zu testen.

> **node.js**
>
> *node.js* ist ein ereignisgesteuertes I/O-Framework für die V8 JavaScript-Engine von Google. Es ist speziell dafür gedacht, *skalierbare* Serverdienste wie zum Beispiel Webserver zu schreiben.
>
> Ähnlich wie im View bei CouchDB wird auch bei *node.js* JavaScript auf dem Server ausgeführt.
>
> Im Zusammenhang mit *node.js* wird auch oft über *non-blocking IO* gesprochen. Generell beschreibt das die Art und Weise, wie IO (»input output«, Eingabe und Ausgabe) bei *node.js* verarbeitet werden: Es erlaubt einem in *node.js* implementierten Dienst weiterzuarbeiten, und bevor eine andere Anfrage abgearbeitet wurde. Durch das Entkoppeln von Anfrage und Antwort ist es parallel möglich, mehrere Anfragen zu bearbeiten.
>
> *Non-blocking IO* ist also die Basis von *node.js*. Oft wird es auch als *Reactor Pattern* bezeichnet. Noch einmal kurz ausgeholt, ist das ein Pattern (Muster), das diesen Vorgang allgemein beschreibt: Anfragen von Clients (zum Beispiel eines Webbrowsers) anzunehmen und sie mit Hilfe eines *Dispatchers* an den Event Handler weiterzuleiten.
>
> Der Pattern ist unter anderem in folgenden Projekten implementiert:
>
> - **Twisted**
>   *http://twistedmatrix.com/trac/* für Python
>
> - **POE**
>   *http://poe.perl.org/* für Perl
>
> - **EventMachine**
>   *http://rubyeventmachine.com/* für Ruby

Varnish

Ab und an wird der Einsatz von Varnish[15] als HTTP-Cache vor CouchDB empfohlen. Anzumerken ist, dass zum Zeitpunkt des Schreibens dieser Zeilen Varnish das `ETag` nicht unterstützt. Das macht den Einsatz dieser Lösung nicht unmöglich, aber aufwendiger.

HTTP-Cache

Im Falle von Varnish ist der Anwender gezwungen, die Cache-Invalidierung entweder in der Anwendung zu implementieren – zum Beispiel beim Bearbeiten eines Dokuments – oder zum Beispiel ein Programm zu schreiben, das den `_changes`-Feed der Datenbank verarbeitet und dementsprechend den Cache für einzelne Dokumente oder Views löscht.

Varnish

Varnish wird als *HTTP accelerator* (Web-Beschleuniger) bezeichnet. Im Gegensatz zu anderen Proxy-Servern wurde Varnish von Grund auf nur für die Beschleunigung von Web-Inhalten konzipiert.

Neben der Geschwindigkeit ist die Konfigurationssprache (*VCL – Varnish Configuration Language*) Varnishs große Stärke. Sie erlaubt es, über ein System von *Hooks* an verschiedenen Punkten in eine Anfrage einzugreifen. Zur Laufzeit wird die VCL einmal in C-Code übersetzt und im Speicher abgelegt.

Da prinzipiell alle Entscheidungen zum Cache-Verhalten über die VCL gesteuert werden können, ist Varnish ein äußerst flexibles und mächtiges Werkzeug für jeden Administrator.

5.4.2 Sharding

CouchDBs Replication funktioniert sehr einfach: Ich kann eine Datenbank **jederzeit** mit einer anderen synchronisieren. Ohne Zweifel ist das eines der *Killerfeatures* von CouchDB.

Realisation

Trotz dieses *Killerfeatures* wird immer wieder darüber diskutiert, wie *distributed* (verteilt) CouchDB wirklich ist. Egal ob Sie dem zustimmen oder anderer Meinung sind, es ist mit CouchDB sehr einfach, einen Rechnerpark aufzusetzen, auf dem Instanzen Ihre Datenbank die ganze Zeit miteinander abgleichen oder replizieren. Master-Slave-Konzepte (wie bei relationalen Datenbanken) sind auf diese Art und Weise nicht nur fast trivial aufzusetzen, sondern auch im laufenden Betrieb deutlich entspannter – eben relaxed.

Master-Slave-Konzept

---

15 http://www.varnish-cache.org/

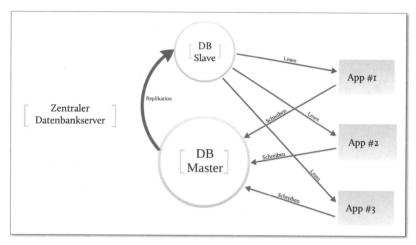

Abbildung 5.12 Master-Slave-Prinzip, Quelle: *http://prezi.com/g_ih9qhkjzw4/master-slave/*

Der Knackpunkt an dieser Geschichte ist allerdings, dass es bisher auf so einem CouchDB-Cluster nicht möglich ist, Lese- und Schreibzugriffe zu skalieren – denn alle Instanzen im Verbund haben die gleiche Anzahl von Dokumenten.

Egal welche Instanz Sie mit Ihrer Abfrage *treffen*, der Schreib- beziehungsweise Lesezugriff dauert bei gleicher Auslastung immer gleich lang.

An dieser Stelle kommt *Sharding* beziehungsweise die Sharding-Implementierung in CouchDB-Lounge (siehe Absatz weiter unten) und Big-Couch (ebenfalls weiter unten in diesem Abschnitt) ins Spiel.

Sharding und CouchDB

Partitionierung Bei Sharding (Partitionierung) werden Dokumente aus einer Datenbank entweder auf mehrere Datenbanken oder CouchDB-Instanzen verteilt.

Bei diesen Instanzen kann es sich um virtuelle Maschinen auf einem physischen Server oder auch um mehrere physische Server handeln. Diese physischen Server können sich entweder im selben Serverschrank oder Rechenzentrum befinden oder auch auf verschiedene Rechenzentren in verschiedenen Ländern oder Kontinenten verteilt sein. Dem Aufwand sind keine Grenzen gesetzt.

Die Abbildung 5.13 demonstriert, wie Schreibzugriffe bei Sharding funktionieren:

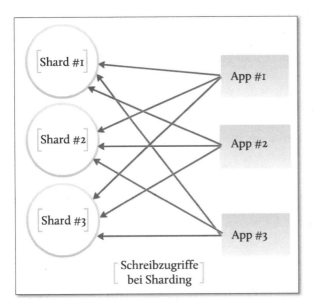

Abbildung 5.13 Schreibzugriffe, Quelle: *http://prezi.com/pnqbbekdpugu/sharding-writes/*

Shard-Key

Entscheidend bei Sharding ist der *Shard-Key* (Schlüssel). Er wird dafür verwendet, die CouchDB-Dokumente auf die verschiedenen Instanzen im Cluster zu verteilen.

CouchDB-Lounge und BigCouch benutzen beide die ID des CouchDB-Dokuments, um Daten im Cluster zu verteilen. Bei beiden kommt ein Algorithmus zur Anwendung, der eine Dokument-ID einer Instanz im Cluster zuordnet. Dieser Algorithmus nimmt die Zuordnung sowohl bei Lese- als auch Schreibzugriffen *gegen* den Cluster vor.

CouchDB-Lounge, BigCouch

Die Dokument-ID als Shard-Key ist eine sehr allgemeine Zuordnung. Nicht immer entspricht das den Problem-Dokumenten in Ihrer Anwendung.

[«]

Ein Beispiel für einen anwendungsspezifischen Shard-Key wäre die User-ID. Diesem Beispiel folgend würden bei Sharding alle dem Benutzer zugehörigen Daten auf derselben Instanz im Cluster gespeichert werden. Der Zugriff auf die Daten des Nutzers wäre damit nicht nur einfacher, sondern auch schneller. Das Aggregieren der Daten von mehreren Instanzen wäre nicht notwendig.

[zB]

Manuelle Partitionierung
Unabhängig von den Cluster-Lösungen BigCouch und CouchDB-Lounge und deren *automatischem* Sharding ist die frühe manuelle Partitionierung der Daten von Vorteil und ein erster Schritt, CouchDB zu skalieren.

Dieser Weg ist relativ einfach, da er für Sie nicht mit dem Mehraufwand verbunden ist, eine neue Softwarelösung *auf* CouchDB einzusetzen und/oder mehrere Instanzen nebst Konfiguration von Anfang an zu verwalten.

Eine Datenbank pro Dokumenttyp

Die einfachste Form der manuellen Partitionierung ist, eine Datenbank pro Dokumenttyp zu verwenden. Der Vorteil ist offensichtlich: Sie bleiben flexibel und können einen bestimmten Dokumenttyp – beziehungsweise dessen Datenbank – im Fall der Fälle auf eine andere Instanz auslagern.

[zB] Sie betreiben einen Onlinedienst, der Ihren Kunden ein Kassenbuch zur Verfügung stellt. In dieser Anwendung existieren drei Arten von Dokumenten: »Benutzer«, »Ausgabe« und »Einnahme«.

Auf Grund ihrer *Natur* ist es fast unausweichlich, dass nicht nur die Anzahl der Dokumente, die Ausgaben und Einnahmen beschreiben, sondern auch die Operationen, die in diesen Dokumenten ausgeführt werden, die der Benutzer-Dokumente deutlich übersteigen.

In diesem Fall ist es von Vorteil, wenn Sie diese Typen in eine eigene Datenbank oder jeweils eine Datenbank auslagern. Wenn die Zeit kommt, können Sie dieser Datenbank mehr Ressourcen zur Verfügung stellen – zum Beispiel indem Sie die Datenbank auf einen *eigenen* Server mit einer schnelleren Festplatte, (noch) mehr CPU und RAM replizieren.

Problem gelöst!

[!] Bei manueller Partitionierung müssen Sie möglicherweise das eine oder andere Konzept in Ihren View-Abfragen überdenken. Es ist in CouchDB bisher nicht möglich, die Ergebnisse aus verschiedenen Views zu kombinieren.

[»] Natürlich können Sie auch mit BigCouch und CouchDB-Lounge eine manuelle Partitionierung Ihrer Dokumente vornehmen. Auf diese Art und Weise können Sie einem Dokumenttyp einen eigenen Cluster zuweisen.

Automatische Partitionierung mit Consistent Hashing
Der Algorithmus, der diesem System zu Grunde liegt, heißt *Consistent Hashing* (konsistente Hash-Funktion). Seine Eigenschaften sind die Einweg-

berechenbarkeit, Kollisionsresistenz, Gleichverteiltheit und nicht zuletzt die effiziente Berechenbarkeit.

In Abschnitt 1.5.6, »Consistent Hashing und Partition Tolerance«, sind wir bereits im Detail auf Partitionierung und Consistent Hashing eingegangen.

Eine praktische Implementierung dieses Algorithmus könnte in PHP wie folgt aussehen:

PHP-Beispiel

```php
<?php
function findNode($id) {

    static $cluster = array(
        'node1' => array(0,1,2,3),
        'node2' => array(4,5,6,7),
        'node3' => array(8,9,a,b),
        'node4' => array(c,d,e,f),
    );

    $first = substr($id, 0, 1);
    foreach ($cluster as $node => $map) {
        for ($i = 0; $i < count($map); ++$i) {
            if ($first == $map[$i]) {
                return $node;
            }
        }
    }
    return false;
}

echo findNode('e81756548995ce15a8a9ec325e001ba1'); // node4
echo findNode('78273b7de029a7e08b746c676d00a474'); // node2
```

Schritt für Schritt:

1 findNode()
Diese Funktion nimmt als Parameter die ID des Dokuments.

2 $cluster
Enthält die Zuordnung der IDs zur Instanz (node). Die Zuordnung geschieht über das erste Zeichen in der Dokument-ID.

3 *Shard-Key*
Wir bestimmen den Shard-Key, indem wir das erste Zeichen der `$id` mit `substr()` extrahieren, und speichern es in `$first`.

4 *Zuordnung*
Durch die Schleifen bestimmen wir die Instanz, auf der sich das Dokument befindet oder gespeichert werden soll. ∎

[×] Sollte sich die Anzahl der Instanzen im Cluster ändern, ändert sich auch der Algorithmus, der die Zuordnung der Dokumente auf eine bestimmte Instanz vornimmt. Deshalb sollte nach dem Hinzufügen oder Entfernen einer Instanz immer ein *Rebalancing* ausgeführt werden. Dieser Vorgang verteilt alle Dokumente im Cluster neu.

[+] Da es sich beim Rebalancing um eine zeitintensive und *kostspielige* Operation handelt, kann Over-Sharding von Vorteil sein. Während Sharding im Allgemeinen auf verschiedenen physischen Instanzen stattfindet, bedient sich Over-Sharding der Möglichkeit, mehrere virtuelle Instanzen auf einer physischen Instanz aufzusetzen. Sollte – zum Beispiel wegen Überlastung des Systems – eine virtuelle Instanz auf einen anderen physischen Server »umgezogen werden«, ändert sich die Zuordnung der Dokumente zur Instanz nicht.

CouchDB-Lounge

CouchDB-Lounge[16] ist eine von zwei serverseitigen Lösungen, wenn Sie CouchDB im Cluster betreiben wollen. Das Projekt wird von der Firma Meebo[17] gesponsert und ist wie CouchDB selbst unter der *freien* Apache-Software-Lizenz[18] verfügbar.

CouchDB-Lounge besteht aus drei Komponenten: Es enthält zwei Proxy-Server – Dumbproxy und Smartyproxy – und einen eigenen »Replicator«.

dumbproxy
Dumbproxy ist ein Nginx-Webserver[19], der über ein eingebautes Proxy-Modul Anfragen an die Instanzen im Cluster weiterleitet. Mit Hilfe von Consistent Hashing (über die Dokument-ID) kümmert er sich um das Sharding aller Dokumente bis auf die Views.

---

16 http://tilgovi.github.com/couchdb-lounge/
17 http://www.meebo.com/
18 http://de.wikipedia.org/wiki/Apache-Lizenz
19 http://nginx.org/

smartyproxy

Smartyproxy ist ein in Twisted geschriebener Proxy-Server (siehe dazu den Kasten »node.js« in Abschnitt 5.4.1, »Caching«) der sich um das Sharding der Views kümmert. Während das Verteilen von herkömmlichen Dokumenten im Cluster eher trivial ist, ist vor allem das spätere Aggregieren aller Ergebnisse eines Views von verschiedenen Instanzen im Cluster aufwendig.

Twisted

Aber keine Sorge – genau um diesen Teil kümmert sich Smartyproxy.

Replicator

Last but not least hat CouchDB-Lounge einen eigenen Replicator (replication_notifier.py), der sich um folgende wichtige Aufgaben im Cluster kümmert:

- das Anlegen der _design-Dokumente auf allen Instanzen
- Synchronisieren von Änderungen an _design-Dokumenten auf allen Instanzen
- das Replizieren von Dokumenten für Redundanz

Zum Zeitpunkt des Schreibens dieser Zeilen setzt CouchDB-Lounge CouchDB in der Version 0.10.2 voraus. Es ist mit späteren oder früheren Versionen von CouchDB nicht kompatibel.

[!]

Keine Sorge: Auch bei CouchDB-Lounge werden Fortschritte gemacht! Es gibt im Github-Repository[20] der Firma Meebo eine *transitional* branch, in der der Einsatz der Version 1.0.2 von CouchDB zusammen mit CouchDB-Lounge getestet wird. Im folgenden Text verweisen wir aber noch auf die ältere Variante.

[«]

Zu 99 % setzt CouchDB-Lounge eine normale CouchDB-Installation voraus. Für den eingebauten Replicator ist allerdings ein Patch notwendig, das es ermöglicht, nur _design-Dokumente zwischen den Instanzen im Cluster zu replizieren.

[x]

Installation

Im Folgenden gehen wir exemplarisch auf die Installation von CouchDB-Lounge unter Ubuntu (10.04) ein:

---

20 *https://github.com/meebo/couchdb-lounge/tree/transitional*

```
$ LOUNGEBUILD=/tmp/couchdb-lounge
$ git clone \
https://github.com/meebo/couchdb-lounge.git $LOUNGEBUILD
$ sudo aptitude install build-essential \
erlang-nox erlang-dev libicu-dev xulrunner-dev \
libcurl4-openssl-dev libjson0-dev pkg-config \
libpcre3-dev zlib1g-dev python-twisted \
python-cjson python-simplejson python-pyicu
...
$ cd $LOUNGEBUILD
$ ./configure
...
$ make
...
$ make install
...
```

Schritt für Schritt:

1 git clone
Mit dem Programm »git« legen Sie eine Kopie des CouchDB-Lounge-Repository in /tmp/lounge an.

2 aptitude install
Installiert alle notwendigen Programme und Bibliotheken für (CouchDB und) CouchDB-Lounge.

3 ./configure, make, make install
Übersetzt die Quellen und installiert CouchDB-Lounge auf Ihrem System.

Die wichtigsten Dateien und Verzeichnisse im Überblick:

- **/etc/init.d/nginx-lounge**
  Mit diesem Startskript starten Sie Dumbproxy – Sie haben recht, der Name *nginx-lounge* ist etwas verwirrend.

- **/etc/init.d/smartproxyd**
  Mit diesem Startskript starten Sie den Twisted-Prozess.

- **/etc/lounge**
  In diesem Verzeichnis müssen Sie die *shard.conf* (siehe Kasten) anlegen.

- **/root/bin/check-smartproxy.py, /etc/cron.d/check-smartproxy**
  Dieses Programm bzw. der dazugehörige Cronjob stellen sicher, dass der Smartyproxy immer läuft.

> **shard.conf**
>
> In der Datei *shard.conf* definieren Sie Ihren Cluster für CouchDB-lounge.
>
> Ein Beispiel sieht wie folgt aus:
> ```
> {
>     "shard_map": [[0,1], [1,0]],
>     "nodes": [ ["localhost", 5984], ["localhost", 5985] ]
> }
> ```
> Die `shard_map` legt fest, auf welcher Instanz (*node*) sich ein Shard befindet und auf welcher Instanz sich eine Kopie (für den *Ernstfall*) befindet. Die Instanzen werden in Nodes über ein Wertepaar mit Host und Port der CouchDB definiert.
>
> In diesem Fall liegt Shard *eins* (bzw. »0«) auf `localhost:5984` und dessen Backup auf `localhost:5985`. Bei Shard *zwei* (bzw. »1«) ist es andersherum.

Nachdem CouchDB-Lounge installiert ist, müssen Sie noch eine angepasste Version von CouchDB installieren. Gehen Sie dazu genau wie in Abschnitt 5.1.3, »Ubuntu«, vor, allerdings müssen Sie vor dem `./configure`-Befehl noch alle Patches aus dem Verzeichnis */tmp/couchdb-lounge/couchdb* einspielen.

Ein Patch ist eine Korrekturanweisung für Softwarequellcode. Im Allgemeinen werden Patches gerade bei Linux- und Unix-Programmen dazu verwendet, Sicherheitslücken zu schließen, Fehler zu korrigieren oder noch nicht vorhandene Eigenschaften nachzurüsten.

Exemplarisch funktioniert das wie folgt:

```
$ cd /tmp/apache-couchdb-0.10.2/src
$ PATCHFILE=couchdb-0.10.2-designreplication.patch
$ patch -p1 < /tmp/couchdb-lounge/couchdb/$PATCHFILE
```

In diesem Beispiel liegt der entpackte Download von CouchDB in */tmp/apache-couchdb-0.10.2*.

[»] Das wichtigste Patch ist der `couchdb-0.10.2-designreplication.patch` – er möglicht es CouchDB-Lounge, nur die `_design`-Dokumente im Cluster zu replizieren. Bei den anderen handelt es sich um Patches, die kleine Fehler beheben und andere Verbesserungen für CouchDB bereithalten.

[x] Denken Sie daran, die Version 0.10.2 von CouchDB herunterzuladen! Die Patches können mit keiner anderen Version benutzt werden.

BigCouch

BigCouch ist die Cluster-fähige Lösung der Firma Cloudant. Im Gegensatz zu CouchDB-Lounge ist bei BigCouch *alles* in Erlang implementiert und keine externen Prozesse wie Smartproxy und Dumbproxy sind notwendig.

Eine Instanz in einem BigCouch-Cluster weiß alles über den Rest vom Cluster – jede Instanz kann über die bekannte CouchDB-API Lese- und Schreibzugriffe entgegennehmen und die Antwort entsprechend an den Client liefern.

Abbildung 5.14 BigCouch

Installation

Die Installation von BigCouch auf Ubuntu (10.04, Lucid) gestaltet sich recht einfach! Zuerst installieren Sie wie gewohnt die Erlang VM, ICU und die OpenSSL-Bibliotheken:

```
sudo aptitude install erlang libicu42 libicu-dev \
libcurl4-openssl-dev
```

Im nächsten Schritt installieren Sie die JavaScript-Engine Spidermonkey. Dazu fügen Sie das commonjs-Launchpad-Repository auf Ihrem System hinzu und installieren mit `aptitude` das Paket:

Spidermonkey

```
$ sudo apt-key adv --keyserver keyserver.ubuntu.com \
--recv-keys 74EE6429
$ echo "deb http://ppa.launchpad.net/commonjs/ \
ppa/ubuntu karmic main" >> /etc/apt/sources.list
$ sudo aptitude update
$ sudo aptitude install libmozjs-1.9.2 libmozjs-1.9.2-dev
$ sudo ln -s /usr/lib/libmozjs-1.9.2.so /usr/lib/libmozjs.so
```

Zum Zeitpunkt des Schreibens dieser Zeilen sind die Spidermonkey-Pakete nur für Ubuntu 9.10 verfügbar. Da wir das PPA mit `karmic` hinzufügen, überlisten wir `aptitude` an dieser Stelle. Sollte es bei Ihnen dennoch nicht funktionieren, empfehlen wir Ihnen, Spidermonkey (bzw. Xulrunner) wie in Kapitel 5.1.3, »Ubuntu«, beschrieben zu installieren.

[«]

Danach laden Sie mit `git clone` den Source-Code von BigCouch von Github herunter und durchlaufen die bekannten Schritte, um die Software zu installieren:

```
$ git clone https://github.com/cloudant/bigcouch.git
...
$ cd bigcouch
$ git checkout bigcouch-0.3.1
$ ./configure -p /opt/bigcouch
...
$ make
...
$ sudo make install
...
```

Das *Präfix* (Option: `-p`), in dem wir BigCouch installieren, ist in diesem Fall das Verzeichnis */opt/bigcouch*. In den folgenden Beispielen beziehen wir uns immer auf diesen Pfad. Natürlich können Sie BigCouch auch in Ihr *$HOME*-Verzeichnis – zum Beispiel */home/till/bigcouch* – installieren. In diesem Fall können Sie auf `sudo` vor `make install` verzichten.

[x]

Sollten bei der Installation Fehler auftreten, verzagen Sie nicht! Cloudant pflegt ein Dokument, das eventuelle Stolpersteine und ihre Umgehung enthält. Sie finden es unter *http://github.com/cloudant/bigcouch/wiki/troubleshooting*.

[+]

[»] Wenn Sie nicht Ubuntu benutzen, finden Sie Installationsanweisungen für andere Betriebssysteme (Mac OS X, CentOS/Red Hat) in der *README*-Datei[21] von BigCouch im Github-Repository.

[+] Wenn Ihnen das *Provisioning-Framework Chef* (von Opscode)[22] ein Begriff ist, können Sie diese Schritte auch überspringen und sich ein paar Chef-Rezepte zum Installieren von BigCouch herunterladen. Die Rezepte finden Sie ebenfalls auf Github unter *https://github.com/cloudant/cloudant_cookbooks/tree/master/bigcouch*.

[+] Alternativ zur Installation mit `./configure`, `make` und `make install` stellt die Firma Cloudant auch Binärpakete für Debian/Ubuntu und CentOS/Red Hat bereit. Diese finden Sie ebenfalls auf Github[23] verlinkt.

Nachdem Sie alle notwendigen Schritte durchlaufen haben, sollte BigCouch bereits automatisch gestartet haben. Jede BigCouch-Instanz ist sowohl über Port 5984 als auch über Port 5986 erreichbar:

```
$ curl http://127.0.0.1:5984
{"couchdb":"Welcome","version":"1.0.2","bigcouch":"0.3.0"}
$ curl http://127.0.0.1:5986
{"couchdb":"Welcome","version":"1.0.2"}
```

- **5984**

    »front door« (Vordertür). Dieser Port ist *cluster-aware*, das heißt, dass alle Abfragen über diesen Port auf dem Cluster lesen und schreiben. Die Schnittstelle entspricht CouchDB.

- **5986**

    »back door« (Hintertür). Dieser Port ist für Administrativa, direkt auf der Instanz.

Startscript in /etc/init.d

Um BigCouch anzuhalten beziehungsweise wieder zu starten, wurde bei der Installation ein Skript in */etc/init.d* angelegt. Es unterstützt Linux-/Unix-typisch `start`, `stop` und `status`.

Let's get together!

Nach der Installation haben Sie eine einzelne Instanz – aber wie geht's weiter?

---

21 *https://github.com/cloudant/bigcouch#readme*
22 *http://www.opscode.com/chef/*
23 *https://github.com/cloudant/bigcouch/downloads*

Natürlich könnten Sie *einfach* die Installation auf drei verschiedenen Instanzen wiederholen, eine simplere Möglichkeit ist, ein *dev-cluster* aufzusetzen. Dafür gehen Sie wie folgt vor:

dev-cluster

Statt `make install` am Ende der Installation einzugeben, tippen Sie `make dev`. Dieser Befehl installiert drei Test-Instanzen. Starten Sie diese wie folgt:

```
$ ./rel/dev1/bin/bigcouch
$ ./rel/dev2/bin/bigcouch
$ ./rel/dev3/bin/bigcouch
```

Die zu den Instanzen gehörenden Ports (»front door« und »back door«) sind die folgenden:

- **dev1**
  15984 und 15986

- **dev2**
  25984 und 25986

- **dev3**
  35984 und 35986

Alle Instanzen in einem gemeinsamen Cluster zusammenzufassen funktioniert wie folgt:

```
$ NODE1=http://127.0.0.1:15986
$ curl -X PUT $NODE1/nodes/dev2@127.0.0.1 -d {} {
  "ok":true,
  "id":"dev2@127.0.0.1",
  "rev":"1-967a00dff5e02add41819138abb3284d"
}
$ curl -X PUT $NODE1/nodes/dev3@127.0.0.1 -d {} {
  "ok":true,
  "id":"dev3@127.0.0.1",
  "rev":"1-967a00dff5e02add41819138abb3284d"
}
```

In diesem Beispiel haben wir »dev2« und »dev3« über »dev1« im Cluster registriert. Da es in einem BigCouch-Cluster keine »Master-Instanz« gibt, hätten wir »dev3« auch über »dev2« registrieren können.

Ob alles funktioniert hat, überprüfen wir am Ende mit folgendem Befehl:

```
$ curl http://127.0.0.1:15984/_membership
{
  "all_nodes":[
    "dev1@127.0.0.1",
```

```
      "dev2@127.0.0.1",
      "dev3@127.0.0.1"
   ],
   "cluster_nodes":[
      "dev1@127.0.0.1",
      "dev2@127.0.0.1",
      "dev3@127.0.0.1"
   ]
}
```

[!] Sollten Sie Ihre Instanzen nicht über ein LAN miteinander verbinden, sollten Sie das sogenannte *Magic Cookie* in */opt/bigcouch/etc/vm.args* ändern. Das Magic Cookie wird benötigt, damit die Instanzen in einem Cluster miteinander *sprechen* können.

Herzlichen Glückwunsch, es ist ein Cluster! Viel Spaß damit!

Wie geht's weiter?

Loadbalancer Da alle Instanzen in einem BigCouch-Cluster alles über den Cluster wissen, würde sich der Einsatz eines *Loadbalancers* (Lastverteilers) lohnen. Ein Loadbalancer verteilt Lese- und Schreibzugriffe auf dem Cluster – zum Beispiel über »round-robin« (Zufall) oder auch über eine Gewichtung oder zum Beispiel die Auslastung (bereits bestehende Verbindungen) der Instanz.

Wenn etwas Zeit übrig ist, sollten Sie sich folgende Softwarelösungen näher anschauen:

- **HAProxy**
  ein TCP-Loadbalancer, *http://haproxy.1wt.eu/*

- **Nginx**
  ein Webserver mit Proxy-Modul, *http://nginx.org/*

- **Pound**
  ein HTTP-Loadbalancer, *http://www.apsis.ch/pound/*

[+] Die Firma Cloudant setzt bei ihrem Hosting Angebot HAProxy ein.

Nginx

Beispiel für Loadbalancing Die einfachste Konfiguration von diesen drei Kandidaten bietet nginx. Auch seine Installation ist sehr einfach – sie sieht wie folgt aus:

```
$ aptitude install nginx
```

Danach erstellen Sie im Pfad */etc/nginx/sites-enabled* eine Datei *loadbalancer* und fügen folgenden Inhalt ein:

```
upstream bigcouch {
  server 127.0.0.1:15984;
  server 127.0.0.1:25984;
  server 127.0.0.1:35984
}
server {
  server_name loadbalancer:5984;
  location / {
    proxy_pass http://bigcouch;
  }
}
```

Schritt für Schritt:

1 *upstream*
... ist ein nginx-Modul und definiert die Instanzen, auf die die Anfragen verteilt werden sollen. Der Standardmechanismus beim Verteilen ist »round-robin«, aber es wird zum Beispiel auch eine Gewichtung der einzelnen Instanzen unterstützt. Mehr Informationen dazu finden Sie im offiziellen Wiki unter *http://wiki.nginx.org/HttpUpstreamModule*.

2 *server*
... definiert den virtuellen Host – vergleichbar mit <VirtualHost>-Containern bei Apache. Über die Direktive proxy_pass werden die Anfragen an den in upstream{} definierten Cluster weitergeleitet. ∎

Die neue Konfiguration wird durch einen Restart von Nginx geladen:

`/etc/init.d/nginx restart`

Danach tragen Sie `loadbalancer` in Ihre */etc/hosts* ein. Dazu fügen Sie folgende Zeile am Ende der *hosts*-Datei ein:

`127.0.0.1 loadbalancer`

Ein prüfender Blick verrät uns, ob alles funktioniert:

```
$ curl http://loadbalancer:5984
{"couchdb":"Welcome","version":"1.0.2","bigcouch":"0.3.0"}
```

Konfiguration

Die Konfiguration zu Ihrer BigCouch-Instanz befindet sich im Verzeichnis */opt/bigcouch/etc* – denken Sie an das Präfix. In diesem Verzeichnis befinden sich drei Dateien:

- **default.ini**
  Diese Datei sollte Ihnen inzwischen von CouchDB bekannt sein. Der beachtenswerte Unterschied zu einer herkömmlichen CouchDB ist die Sektion [cluster] – siehe Kasten.

- **local.ini**
  Sollten Sie eine Änderung an den Werten in der *default.ini* vornehmen wollen, überschreiben Sie diese in der *local.ini*. Auf diese Weise sind die Änderungen an der Standardkonfiguration auch noch nach ein paar Wochen nachvollziehbar.

- **vm.args**
  Diese Datei enthält vor allem Optionen für die Erlang-VM, aber auch den Magic-Cookie-Parameter (-setcookie), damit die Instanzen in Ihrem Cluster miteinander sprechen können.

Konfiguration: Quorum-Konstanten

Die Sektion [cluster] enthält die Konfiguration der Quorum-Konstanten q, r, w und n.

Diese Konstanten können Sie über die *local.ini* setzen, aber auch bei einer Abfrage als Query-Parameter (z.B. *http://loadbalancer:5984/kassenbuch/ID?r=1*). Im Detail haben diese Werte folgende Bedeutung:

- **q**
  Die Anzahl der Shards (Partitionen), auf die eine Datenbank aufgeteilt wird. Dieser Wert wird meistens über die *.ini*-Dateien gesteuert, kann aber auch bei einer PUT-Abfrage mit ?q=12 angegeben werden, wenn die Datenbank erstellt wird.

- **r**
  ... steht für »read« (lesen). Bei einem Wert von r=2 wird ein Dokument von zwei Instanzen im Cluster gelesen, bevor der Client eine Antwort bekommt. Ein höherer Wert sichert Ihnen konsistente Antworten vom Cluster, während ein niedrigerer Wert einen höheren Lesedurchsatz bietet. Diesen Wert können Sie bei einer GET-Abfrage auf ein Dokument jederzeit anpassen.

- **w**
  ... bedeutet »write« (schreiben). Bei w=3 werden drei Kopien eines Dokuments auf den Cluster geschrieben, bevor der Client eine erfolgreiche Rück-

meldung erhält. Um den Wert für ein Dokument zu ändern, können Sie bei PUT und POST ?w=4 angeben.

▶ **n**
n ist die Replication-Konstante, sie bestimmt, wie viele Kopien eines Dokuments auf den Cluster verteilt werden. Nach einer Schreibaktion werden die offenen Replications (n-w) im Hintergrund erledigt. Genau wie q ist n datenbankspezifisch und gegebenenfalls bei der Erstellung der Datenbank anzugeben.

Bei Abfragen gegen Views oder zum Beispiel _all_docs können Sie ?r=x nicht angeben. [✘]

Das *Oversharding* bei BigCouch wird mit q gesteuert. Ein sinnvoll gesetzter Parameter macht eine spätere Erweiterung Ihres Clusters deutlich einfacher. »Shards« bei BigCouch sind nichts anderes als Datenbanken in einer CouchDB. [+]

Rebalancing
Wenn Sie Ihren Cluster erweitern oder verkleinern, müssen Sie Ihm den neuen *Ort* mitteilen, an dem sich der Shard befindet. BigCouch legt in der Datenbank *dbs* ein Dokument für jede Datenbank an. In diesem Dokument befindet sich das *Mapping* der Shards auf diese Instanzen:

```
$ curl http://loadbalancer:5984/dbs/kassenbuch
{
  "_id":"kassenbuch",
  "_rev":"1-870230918648a47ad4d268c07215bc2f",
  "shard_suffix":[46,49,50,57,51,53,54,57,54,48,52],
  "changelog":[
    ["add","00000000-55555554","dev1@127.0.0.1"],
    ["add","00000000-55555554","dev2@127.0.0.1"],
    ["add","00000000-55555554","dev3@127.0.0.1"],
    ["add","55555555-aaaaaaa9","dev1@127.0.0.1"],
    ["add","55555555-aaaaaaa9","dev2@127.0.0.1"],
    ["add","55555555-aaaaaaa9","dev3@127.0.0.1"],
    ["add","aaaaaaaa-ffffffff","dev1@127.0.0.1"],
    ["add","aaaaaaaa-ffffffff","dev2@127.0.0.1"],
    ["add","aaaaaaaa-ffffffff","dev3@127.0.0.1"]
  ],
  "by_node":{
    "dev1@127.0.0.1":[
      "00000000-55555554",
      "55555555-aaaaaaa9",
      "aaaaaaaa-ffffffff"
    ],
```

```
        "dev2@127.0.0.1":[
          "00000000-55555554",
          "55555555-aaaaaaa9",
          "aaaaaaaa-ffffffff"
        ],
        "dev3@127.0.0.1":[
          "00000000-55555554",
          "55555555-aaaaaaa9",
          "aaaaaaaa-ffffffff"
        ]
      },
      "by_range":{
        "00000000-55555554":[
          "dev1@127.0.0.1",
          "dev2@127.0.0.1",
          "dev3@127.0.0.1"
        ],
        "55555555-aaaaaaa9":[
          "dev1@127.0.0.1",
          "dev2@127.0.0.1",
          "dev3@127.0.0.1"
        ],
        "aaaaaaaa-ffffffff":[
          "dev1@127.0.0.1",
          "dev2@127.0.0.1",
          "dev3@127.0.0.1"
        ]
      }
    }
}
```

Um die eigentlichen Daten von einer Instanz auf eine andere zu bewegen, empfiehlt es sich, entweder rsync[24] oder scp[25] zu nutzen.

[»] Zum Zeitpunkt des Schreibens ist das *Rebalancing* bei BigCouch noch ein *manueller* Prozess. Laut Cloudant wird sich das bei BigCouch ab der Version 0.4 ändern.

5.4.3 Sharding a Shard

Don't try this at home!

Unabhängig davon, wie sich Ihre Anwendung entwickeln müsste, sieht es im laufenden Betrieb oft anders aus. Im besten Fall reicht eine gut

---

24 *http://rsync.samba.org/*
25 *http://www.openbsd.org/cgi-bin/man.cgi?query=scp&sektion=1*

platzierte Werbekampagne, und die Neukunden rennen Ihnen die Tür ein! Das ist toll für den Erfolg Ihres Unternehmens, aber die Kapazität Ihrer Server neigt sich dem Ende zu – was ist zu tun?

Die einfachste Möglichkeit ist immer ein Rebalancing – einfach ist aber nicht unbedingt schnell!   *Rebalancing*

Shard-Splitting

Bei BigCouch besteht außerdem die Möglichkeit, den einem Shard zugehörigen *Keyspace* (Schüsselbereich) aufzuteilen. Dafür müssen Sie das Mapping (in */dbs/datenbankname*) anpassen und die betroffenen Dokumente auf den neuen Shard übertragen (und auf dem *alten* Shard löschen).

Zum Zeitpunkt des Schreibens dieser Zeilen ist das Aufteilen eines Shards ein händischer Prozess. Das automatisierte Shard-Splitting befindet sich allerdings auf der Roadmap von BigCouch.

CouchDB-Lounge in einer CouchDB-Lounge

Wenn Sie CouchDB-Lounge einsetzen, können Sie einen der Shards mit einer weiteren CouchDB-Lounge ersetzen.

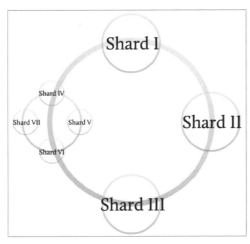

Abbildung 5.15 Shard IV wird durch eine weitere CouchDB-Lounge ersetzt, Quelle: *http://prezi.com/esdz0xmmzsqs/lounge-in-a-lounge/*

Das hat den Vorteil, dass nicht wie bei einem Rebalancing alle Schlüssel neu verteilt werden müssen. Die Nachteile (Mehrzahl!) dieser Lösung sind allerdings nicht zu unterschätzen:

- Jede neue CouchDB-Lounge hat einen eigenen Proxy, wodurch die Latenz bei Abfragen an den Cluster steigt.
- deutlich höherer Konfigurationsaufwand
- unsaubere Lösung durch das Verschalten des Dokumentenspeichers

Zusammenfassung

Beide vorgestellten Lösungen sind in ihrer aktuellen Form als *Hack* zu bezeichnen. Ein Rebalancing ist langfristig die bessere Lösung.

5.4.4 Bitte skalieren Sie weiter!

An dieser Stelle endet unser Exkurs zu Caching und der Welt der Cluster und Sharding-Lösungen für CouchDB.

In diesem Kapitel haben wir Ihnen einen Einblick in aktuell verfügbare Lösungen und Methodiken im Hinblick auf die Skalierung von CouchDB gegeben. Bedenken Sie jedoch, dass die hier vorgestellten Werkzeuge und Wege nicht als Blaupause zu verstehen sind, sondern Ihnen vor allem als Inspiration für kommende Aufgaben dienen sollen.

Nach der Theorie folgt die Praxis – »CouchDB in Action«. Lesen Sie in diesem letzten Kapitel, wie Bibliotheken den täglichen Umgang mit CouchDB erleichtern.

6 Bestehende Anwendungen und Libraries

Wir sind im letzten Kapitel dieses Buches über CouchDB angelangt. Sie haben in den Kapiteln 1 bis 5 alles Wissenswerte über CouchDB erfahren. Sie haben gelernt, was CouchDB ist, wer als Erfinder und in der Community dahintersteckt, wie die RESTful-API funktioniert, wie Sie Applikationen mit und ohne CouchApp bauen und schließlich, wie Sie CouchDB installieren und administrieren. Was fehlt dann noch? Es fehlt das »Real Life«.

CouchDB ist eine Datenbank. Und ein Webserver. Und man kann komplette Applikationen nur mit CouchDB bauen. Was also noch? Sie werden in den meisten Fällen CouchDB als Datenbank nutzen und dann irgendwie darauf zugreifen. Das »Irgendwie« wird in 99 % der Fälle eine Bibliothek bzw. ein Wrapper sein. Je nachdem welche Programmiersprache Sie nutzen, gibt es unterschiedlich viele und gute Wrapper, um die Kommunikation mit CouchDB zu vereinfachen. Einige dieser Wrapper bzw. Bibliotheken stellen wir Ihnen in diesem Kapitel vor. Eine etwas größere Übersicht finden Sie im »Get started«-Bereich des CouchDB-Wiki: *http://wiki.apache.org/couchdb/Basics*.

Zugriff auf CouchDB durch Wrapper

6.1 PHPillow

Sie lesen im Folgenden ein Gastkapitel von Kore Nordmann, dem Macher von PHPillow, Arbit und seines Zeichens Fachgutachter dieses Buches. Wir freuen uns, dass wir ihn dafür gewinnen konnten, Ihnen den PHP-Wrapper vorzustellen.

In diesem Abschnitt wird eine der bekannteren PHP-Bibliotheken zum komfortableren Zugriff auf CouchDB betrachtet: PHPillow[1]. Grundsätzlich ist eine Bibliothek oder Erweiterung zur Verwendung von CouchDB aus PHP heraus nicht notwendig, da PHP nativ einen HTTP-Client mitbringt. Über diesen allein lässt sich CouchDB relativ komfortabel verwenden.

Abstraktion der Schnittstelle

In komplexeren objektorientierten Applikationen will man jedoch eventuell eine weitergehende Abstraktion der Schnittstelle zu CouchDB, und eine Bibliothek soll einem insbesondere häufig vorkommende Aktionen vereinfachen. PHPillow bringt dafür die folgenden Features mit:

- Abstraktion und Validierung der CouchDB-Dokumente über entsprechende Objekte
- automatische Synchronisation der Views mit der Datenbank
- In- und Export von Daten – kompatibel zu python-couchdb[2]

6.1.1 Geschichte

PHPillow entstand, als CouchDB selbst noch sehr jung war – das erste Release war schon 2008 verfügbar, als CouchDB mit Version 0.7.2 noch in den Kinderschuhen steckte. PHPillow wurde seitdem kontinuierlich aktualisiert und an die neuen Versionen von CouchDB angepasst.

Arbit – project tracking

PHPillow selbst entstand im Rahmen des Projektes »Arbit – project tracking«[3], eines modernen Issue-Trackers, geschrieben in PHP. Für diese Software wurde ein sinnvoller Abstraktionslayer gesucht, da der Issue-Tracker seine Daten unter anderem auch in CouchDB speichern kann. Da damals noch keine anderen Lösungen im PHP-Umfeld existierten, wurde PHPillow entwickelt. Dabei wurden bei PHPillow primär die Ansprüche von Arbit berücksichtigt – es entstand dabei jedoch eine Bibliothek für CouchDB, die mittlerweile auch von vielen anderen Projekten verwendet wird.

6.1.2 Installation

PHP-Bibliotheken werden üblicherweise mit Hilfe des pear-Installers[4] installiert – einer Paketverwaltungssoftware, geschrieben in PHP, für PHP-Software. Diese sollte auf allen PHP-Entwicklungsmaschinen lauffähig

---

1 *http://arbitracker.org/phpillow.html*
2 *http://code.google.com/p/couchdb-python/*
3 *http://arbitracker.org/*
4 *http://pear.php.net*

sein. Wenn das der Fall ist, lässt sich PHPillow einfach mit Hilfe von `pear` installieren:

```
pear channel-discover pear.arbitracker.org
pear install arbit/PHPillow
```

Wenn der `include_path` in der *php.ini* den Pfad zu den PEAR-Bibliotheken enthält, lässt sich PHPillow anschließend nach dem Einbinden von »PHPillow/bootstrap.php« direkt verwenden. Wie später gezeigt wird, geschieht dies einfach über:

PEAR

```
include 'PHPillow/bootstrap.php';
```

In der Bootstrap-Datei wird ein Autoloader registriert, so dass alle Klassen, die PHPillow benötigt, automatisch gefunden werden.

6.1.3 Verwendung

PHPillow folgt dem Konzept von CouchDB, in dem Dokumente das zentrale Element darstellen. Entsprechend bietet PHPillow eine `phpillowDocument` genannte Basis-Klasse für eigene Dokumente. Auch wenn Dokumente in CouchDB selbst schemafrei sind, so folgen Dokumente in einer Anwendung jedoch immer einem gewissen Schema, das sich eventuell über die Zeit ändert. Entsprechend definiert man für die eigene Anwendung Erweiterungen der abstrakten Klasse `phpillowDocument` und spezifiziert in diesen programmatisch die Struktur der erwarteten Dokumente. Dafür stehen eine Reihe von Validatoren für die einzelnen Felder der Dokumente zur Verfügung – um sicherzustellen, dass wirklich nur die erwarteten Werte im Dokument landen.

phpillow-Document

Im Folgenden sei eine solche Dokumenten-Definition exemplarisch an einem sehr einfachen Blog-Eintrags-Dokument dargestellt:

```
class myBlogDocument extends phpillowDocument {
  protected $requiredProperties = array(
    'title',
    'text'
  );

  public function __construct()
  {
    $this->properties = array(
      'title'    => new phpillowStringValidator(),
      'text'     => new phpillowTextValidator(),
      'comments' =>
        new phpillowDocumentArrayValidator(
```

```
            'myBlogComments'
        ),
    );
    parent::__construct();
}

protected function generateId()
{
    return $this->stringToId($this->storage->title);
}

protected function getType()
{
    return 'blog_entry';
}
}
```

Zuerst wird eine Liste von Dokumenten-Eigenschaften deklariert, die in jedem Fall gesetzt sein müssen, um ein sinnvolles Dokument speichern zu können. Im `Constructor` werden dann anschließend alle Eigenschaften mit ihren jeweiligen Validatoren definiert. Exemplarisch werden in diesem einfachen Beispiel ein String-Validator, ein Text-Validator und ein Document-Array-Validator verwendet. Letzterer stellt sicher, dass die Eigenschaft ein Array mit Kommentar-Dokumenten enthält.

generateId() Zudem muss für jede Dokumenten-Klasse die Methode `generateId()` definiert werden, die bestimmt, welche ID für das Dokument verwendet werden soll. Gibt diese Methode `null` zurück, wird der Mechanismus von CouchDB verwendet, um eine automatische ID zu erzeugen. Ansonsten lassen sich über diese Methode »schöne« oder deterministische IDs erzeugen.

In PHPillow hat jedes Dokument zudem einen »Typ«. Der Typ ist ein Identifikator, um leichter verschiedene Dokumenten-Typen in Views unterscheiden zu können. Wie in anderen Kapiteln bereits erwähnt, kann man das alternativ auch über strukturelle Elemente im Dokument entscheiden – aber ein explizit definierter Typ erleichtert dies.

Dokumente erstellen Die Verwendung der Klasse, um eigene Dokumente in der Datenbank erstellen zu können, oder diese erneut zu laden, ist nun intuitiv:

```
require 'PHPillow/bootstrap.php';
require 'myBlogDocument.php';

phpillowConnection::createInstance( 'localhost', 5984, \
    'user', 'password' );
```

```
phpillowConnection::setDatabase( 'test' );

$doc = new myBlogDocument();
$doc->title = 'New blog post';
$doc->text = 'Hello world.';
$id = $doc->save();
```

Zu Beginn muss natürlich PHPillow, wie oben beschrieben, eingebunden werden – ebenso wie die zuvor gezeigte Definition des eigenen Dokumentes. Anschließend wird eine Verbindung zur Datenbank aufgebaut und die zu verwendende Datenbank spezifiziert.

Um ein neues Blog-Dokument in der spezifizierten Datenbank anzulegen, kann nun die eigene Dokumenten-Klasse instanziiert werden und dieser Eigenschaften zugewiesen werden. Die Methode `save()` speichert das Dokument anschließend in der Datenbank und gibt die ID, unter der es gespeichert wurde, zurück.

save()

Das Laden eines Dokumentes gestaltet sich äquivalent:

```
$doc = new myBlogDocument();
$doc->fetchById( 'blog_entry-new_blog_post' );
```

Die ID, die in diesem Beispiel hart-kodiert ist, entspricht der durch die oben gesehene Methode `stringToId()` generierten ID. Auf dem so erhaltenen Dokument können nun erneut Eigenschaften gesetzt, geändert oder auch entfernt werden. Ein erneuter Aufruf von `save()` speichert diese Änderungen dann in der Datenbank.

stringToId()

Optional kann PHPillow dabei einen `revisions`-Array pflegen, der alle alten Versionen eines Dokumentes enthält. Dieses Feature ist eine der Auswirkungen der Entwicklung von PHPillow für Arbit, da man sowohl von Issues als auch von Wiki-Dokumenten alte Versionen betrachten können soll und die Versionierung von Dokumenten in CouchDB dafür ja nicht zu verwenden ist.

6.1.4 Views

PHPillow abstrahiert nicht nur Dokumente, sondern auch Views. Dazu wird in diesem Fall von der Klasse `phpillowView` oder `phpillowFileView` abgeleitet, die die einzelnen JavaScript-Funktionen spezifiziert. Bei der ersten Anfrage an den View wird der View in die Datenbank hochgeladen. Dazu lassen sich auf dem View-Objekt anschließend Abfragen mit den üblichen CouchDB-Query-Parametern durchführen. Diese werden dabei von den jeweils üblichen PHP-Datentypen in die für die Abfrage notwendigen Argumente übersetzt.

Ein einfaches Beispiel für eine View-Definition:

```
class myBlogView extends phpillowView
{
    protected $viewDefinitions = array(
        // Index blog entries by their title,
        // and list all comments
        'by_title' => 'function( doc )
        {
            if ( doc.type == "blog_entry" )
            {
                emit( doc.title, doc._id );
            }
        }',
    );

    protected function getViewName()
    {
        return 'blog_entries';
    }
}
```

phpillowFileView In diesem Beispiel ist der View `by_title` inline definiert. Es ist zu erkennen, dass die Eigenschaft `type` verwendet wird, um nur Blog-Eintrags-Dokumente mit diesem View zu indexieren. Bei Ableitung von `phpillowFileView` können die JavaScript-Funktionen alternativ auch über Dateien referenziert werden. Zu den Definitionen der Map- und Reduce-Funktionen muss zusätzlich noch der Name des Views aus der Methode `getViewName()` zurückgegeben werden. Anschließend kann der View direkt abgefragt werden:

```
$view = new myBlogView();
$result = $view->query( 'by_title' );

foreach ( $result->rows as $row )
{
    echo $row['key'], ' -> ', $row['value'], PHP_EOL;
}
```

phpillowResult Der erste Parameter der `query()`-Methode ist dabei die View-Funktion, die angefragt werden soll. Optional kann als zweiter Parameter noch ein Array mit Query-Parametern spezifiziert werden. Die Methode gibt als Ergebnis ein `phpillowResult` zurück, über das anschließend einfach iteriert werden kann – wie in dem Beispiel zu sehen ist.

6.1.5 Zusammenfassung

PHPillow bietet seit den ersten Tagen von CouchDB ein einfaches objektorientiertes Interface zu CouchDB – getestet durch die Verwendung in zahlreichen Anwendungen und vielen Unit-Tests. Das hier Gezeigte wird durch zwei Command-Line-Tools komplettiert, die zu python-couchdb (siehe Abschnitt 6.3, »CouchDB-Tools«) kompatible Dumps in- und exportieren können. Dies war vor allem relevant, als Replication mit CouchDB noch nicht so gut wie heutzutage funktionierte. Die Bibliothek steht unter LGPL 3 und kann somit frei verwendet werden.

6.2 Couch Potato

Sie lesen im Folgenden ein Gastkapitel von Alexander Lang, dem Macher von Couch Potato. Wir freuen uns, dass wir ihn dafür gewinnen konnten, Ihnen die Bibliothek anhand einer kleinen Rails-Anwendung zu zeigen.

In diesem Kapitel geht es um die Entwicklung von Anwendungen mit Ruby on Rails und CouchDB. Anhand einer Beispielanwendung zeigen wir die Arbeit mit Dokumenten und Views aus Ruby heraus. Für den Zugriff auf CouchDB verwenden wir die Bibliothek Couch Potato. Couch Potato ist ein Open-Source-Projekt und wird seit 2008 auf *http://github.com/langalex/couch_potato* vom Autor dieses Gastkapitels und Helfern entwickelt.

Ruby on Rails

Ruby on Rails ist ein populäres Web-Entwicklungs-Framework, das in der Sprache Ruby geschrieben ist. Ein guter Anlaufpunkt ist *http://rubyonrails.org/*.

Couch Potato gehört zu den Object Mappern, das heißt, es bietet Mechanismen, Ruby-Objekte und deren Attribute in CouchDB-Dokumenten zu speichern und Dokumente wieder in vollständige Ruby-Objekte umzuwandeln. Für den Zugriff auf CouchDB verwendet die Bibliothek CouchRest.

Object Mapper

Neben von ActiveRecord her bekannten Funktionen wie Validierung, Callbacks und ActiveModel-Kompatibilität (Couch-Potato-Objekte lassen sich z.B. in Rails-Formularen einsetzen, funktionieren als `redirect_to`-Parameter usw.) bietet Couch Potato weitere Features:

ActiveRecord

Automatische Generierung von Views: Views werden in Ruby definiert und automatisch in CouchDB angelegt und aktualisiert.

Testen von Views: Couch Potato bietet die Möglichkeit, in Ruby Unit-Tests für MapReduce-Funktionen zu schreiben.

Persistenz und Models sind voneinander getrennt, d.h. Model-Objekte haben keine `save`-Methode. Dadurch lassen sie sich besser Unit-testen (ohne Datenbankzugriffe).

6.2.1 Projekt: Fotohosting-Site mit Rails/CouchDB

Um die Verwendung von Couch Potato zu demonstrieren, werden wir im Folgenden einen kleinen Foto-Service à la Flickr erstellen. Unsere Benutzer sollen in der Lage sein, ihre Fotos hochzuladen und mit diversen Metadaten zu versehen. Um zu den einzelnen Fotos zu gelangen, soll es eine Übersicht über alle Fotos geben. Um den Web 2.0-Stempel abstauben zu können, fügen wir außerdem eine Tag-Cloud hinzu, die uns die beliebtesten Tags aller Fotos anzeigt.

6.2.2 Theorie

Was ist eigentlich die Aufgabe eines CouchDB-Frameworks? ActiveRecord, mit über 20.000 Zeilen Code inzwischen ein stattliches Projekt, abstrahiert für uns die (flachen) Tabellenschemata von relationalen Datenbanken und deren Beziehungen und hebt sie in die (nicht flache) objektorientierte Welt. Neben der Umwandlung von Objekten nach SQL und zurück und dem Formulieren von Suchanfragen gehört dazu auch die Verwaltung und Veränderung der Schemata mittels DDL und noch einiges mehr – alles in allem eine Riesenaufgabe, eine dicke Abstraktion. Bei CouchDB schrumpft diese Abstraktion auf ein vergleichbar kleines Minimum: Wir können unsere Ruby-Objekte (die nichts weiter als Hashes sind) nahezu 1:1 nach JSON serialisieren und in CouchDB ablegen.

Die Aufgabe des Frameworks reduziert sich zunächst auf Komfortfunktionen wie die automatisierte (De-)Serialisierung, das automatische Anlegen von Views und deren Abfrage. Wichtig ist vor allem, dass uns das Framework durch zu hohe Abstraktionen nicht gleich wieder unsere neu gewonnene Leichtigkeit und Flexibilität raubt: Das zentrale Element bei der Arbeit mit CouchDB bilden strukturierte, schemalose Dokumente, Views und deren Abfrage, nicht das Entlanghangeln an Relationen oder das Bilden von Joins. Dabei sollte uns unser Framework nicht im Weg stehen (etwa durch falsche Abstraktionen).

6.2.3 Los geht's

Nachdem wir uns eine neue Rails-Anwendung durch Eingabe von `rails new couchfoto` (ausgehend von Rails 3.0.x) erstellt haben, geht es zunächst an die Konfiguration. Im `Gemfile` laden wir durch Hinzufügen der Zeile `gem "couch_potato"` das Couch Potato `gem`. Da wir ActiveRecord nicht benötigen, können wir es auch gleich abschalten: Dazu entfernen wir die Zeile `gem "rails"` und ersetzen sie durch: *Rails 3.0.x*

```
gem 'railties'
gem 'actionpack'
gem 'activemodel'
gem 'actionmailer' # optional
```

Die Konfiguration der CouchDB-Datenbank geschieht durch Anlegen der Datei *RAILS_ROOT/config/couchdb.yml*. Diese enthält vorerst nur einen Eintrag: `development: couchfoto_development`. Mit dem Start von CouchDB und dem Anlegen unserer Datenbank mit Hilfe von Futon ist die Grundkonfiguration abgeschlossen. *couchdb.yml*

Erstes Ziel unserer Anwendung ist es, Fotos anlegen und anzeigen zu können. Das Hochladen der eigentlichen Binärdaten ignorieren wir für den Moment, zunächst wollen wir einen Titel sowie mehrere Tags pro Bild vergeben.

Dafür legen wir als Erstes ein `Photo model` an:

```
class Photo
  include CouchPotato::Persistence

  property :tags
  property :title

  validates_presence_of :title
end
```

Die `include`-Anweisung erweitert unsere Klasse um diverse Methoden zum Speichern und Laden sowie Makros zum Deklarieren von Eigenschaften, Validierungen und Callbacks. Da CouchDB kein Schema hat, können wir die Namen unserer Attribute nicht daraus ableiten, sondern müssen diese explizit vorgeben.

6 | Bestehende Anwendungen und Libraries

Unterschied zu ActiveRecord

Den ersten Unterschied zu einer ActiveRecord-Anwendung finden wir in der Deklaration der Tags. In der relationalen Welt werden diese meist über zwei zusätzliche Relationen – Tagging und Tag – abgebildet. Die damit verbundene Komplexität hat zu einer Vielzahl an Plugins geführt, die uns diese Aufgabe abnehmen. Anders in CouchDB: Wir speichern die Tags einfach als Array innerhalb unseres Foto-Dokuments. Als Eingabe unserer Nutzer werden wir einen String mit durch Leerzeichen getrennten Wörtern akzeptieren. Eine kleine Hilfsfunktion übernimmt die Aufspaltung in ein Array:

```
class Photo
  ...

  attr_accessor :tags_string
  before_create :extract_tags

  private

  def extract_tags
    self.tags = tags_string.to_s.split(/\s+/)
  end
end
```

Als Nächstes benötigen wir einen Controller, den wir mit `new`-, `create`- und `show`-Actions ausstatten. Der daraus resultierende Code sieht folgendermaßen aus:

```
class PhotosController < ApplicationController
  def new
    @photo = Photo.new
  end

  def create
    @photo = Photo.new params[:photo]
    if db.save(@photo)
      redirect_to @photo
    else
      render 'new'
    end
  end

  def show
    @photo = db.load! params[:id]
  end
```

```
    private
    
    def db
      CouchPotato.database
    end
end
```

Einziger Unterschied im Vergleich zur Nutzung von ActiveRecord ist, dass das Speichern und Laden der Fotos nicht durch Methoden auf der `Photo`-Klasse, sondern durch ein separates Datenbank-Objekt erfolgt. Das hat zunächst nichts mit CouchDB zu tun, sondern ist eine Designentscheidung von Couch Potato, um durch die Entkopplung von Models und Datenbank das Unit-Testing zu vereinfachen.

Entkopplung wegen Unit-Testing

Auch die Views entsprechen dem Rails-Standard. Zu beachten ist lediglich, dass wir für die Zuweisung der Tags das `tags_string`-Attribut verwenden, damit wir vor dem Speichern einen Array erzeugen können. Hier unsere *new.html.erb:*

```
<%= form_for(@photo) do |f| %>
  <p>
    <%= f.label :title, 'Title' %>
    <%= f.text_field :title %>
  </p>
  
  <p>
    <%= f.label :tags, 'Tags' %>
    <%= f.text_field :tags_string %>
  </p>
  
  <p><%= f.submit 'Upload Photo' %></p>
<% end %>
```

Auch *show.html.erb* ist trivial:

```
<h1><%= @photo.title %></h1>

<h2>Tags</h2>
<% @photo.tags.each do |tag| %>
  <li><%= tag %></li>
<% end %>
```

Fehlt noch eine Route:

```
Couchfoto::Application.routes.draw do
  resources :photos
end
```

Attribut ruby_class

Schon können wir unsere ersten Urlaubsfotos hochladen und bestaunen – wenn auch zunächst nur in Schwarz auf Weiß. Ein Blick auf Futon zeigt uns die angelegten Dokumente. Jedes enthält neben dem Titel und den Tags ein Attribut `ruby_class` (mit dessen Hilfe aus den Dokumenten automatisch wieder Ruby-Objekte entstehen), die aus ActiveRecord bekannten Timestamps `created_at_/_updated_at` und die Dokumenten-ID und Revision.

CouchDB-View erstellen

Um zum Betrachten der Bilder nicht jeweils die ID aus Futon in den Browser kopieren zu müssen, bietet es sich an, als Nächstes eine Liste aller Fotos zu implementieren. Dazu benötigen wir einen ersten CouchDB-View. Couch Potato generiert diesen automatisch für uns, wenn wir in unserem `Photo model` folgende Zeile einfügen:

```
class Photo
  ...
    view :by_title, :key => :title
end
```

Der erste Parameter des `view`-Aufrufs gibt den Namen des Views, der zweite den zu verwendenden Key an. Jeder View besteht aus Key-Value-Paaren, wobei durch entsprechende Abfragen auf dem Key gefiltert und sortiert werden kann. Standardmäßig werden Views nach dem Key in aufsteigender alphabetischer Reihenfolge sortiert. Neben einfachen Strings können auch komplexere Typen, z.B. Arrays, als Key Verwendung finden.

Die Implementierung von Controllern und Views ist recht einfach:

```
class PhotosController
  def index
    @photos = db.view(Photo.by_title)
  end
end
```

Die Methode »view«

Zum Ausführen der View-Abfrage wird die Methode `view` der Couch-Potato-Datenbank genutzt. Diese kümmert sich automatisch darum, den View bei Bedarf anzulegen. Das Rails-Template:

```
<ul>
  <% @photos.each do |photo| %>
    <li><%= link_to photo.title, photo %></li>
  <% end %>
</ul>
```

Nachdem wir die Index-Seite einmal im Browser geladen haben, können wir in Futon erkennen, dass ein neues Dokument namens *_design/photo* angelegt wurde – dieses enthält unter dem Namen *views/by_title* den automatisch angelegten View mit folgender `map`-Funktion:

```
function(doc) {
  if(doc.ruby_class && doc.ruby_class == 'Photo') {
    emit(doc['title'], 1);
  }
}
```

Entscheidend ist hier der Aufruf der `emit`-Funktion, wodurch CouchDB einen Index über alle Titel aller Fotos aufbaut. Der zweite Parameter für den Value kann an dieser Stelle '1' sein. CouchDB fügt die passenden Dokumente zur Abfragezeit automatisch ein, wenn man den Parameter `include_docs=true` setzt – was Couch Potato automatisch tut. Aufgrund der '1' können wir den gleichen View benutzen, um unsere Fotos durch Angabe von `:reduce => true` zu zählen.

include_docs=true

Nicht viel schwieriger gestaltet sich die Anzeige unserer Tag-Cloud. Dazu definieren wir im `Photo model` einen zweiten View `:tag_cloud` und übergeben unsere eigenen `map`- und `reduce`-Funktionen:

```
class Photo
  ...
  view :tag_cloud, :type => :raw,
    map: 'function(doc) {
      if(doc.ruby_class == 'Photo') {
        doc.tags.forEach(function(tag) {
          emit(tag, 1);
        });
      }
    }',
    :reduce => 'function(keys, values) {
      return(sum(values));
    }', :group => true
end
```

Hier rufen wir `emit` für jeden Tag des Fotos auf und übergeben als Wert eine »1«. Das Zwischenergebnis ist ein Index, der jeden Tag jedes Fotos und eine »1« enthält. Mittels `reduce`-Funktion und der Angabe `:group => true` gruppieren wir unseren Index nach Tag-Namen – das Ergebnis ist eine Liste mit eindeutigen Tag-Namen und der jeweiligen Anzahl der Vorkommen (die Summe aller Einsen eines Tags).

reduce-Funktion

CouchDB gibt uns als Ergebnis einen Hash zurück, der unter anderem den Key rows enthält, der ein Array aus Hashes enthält. Um im (Rails-)View nicht mit verschachtelten Arrays und Hashes hantieren zu müssen, bietet

_attachments

uns Couch Potato an, einen sogenannten `results_filter` als Parameter an den `view`-Aufruf zu übergeben:

```
class Photo
  ...
  class Tag < Struct.new(:name, :count); end

  view :tag_cloud, ... :results_filter => lambda{|rows|
    rows['rows'].map{|row|
      Tag.new(row['key'], row['value'])
    }
  }
end
```

Von nun an gibt unser `Photo.tag_cloud`-View ein Array von `Tag`-Objekten zurück. Controller und View gestalten sich entsprechend einfach:

```
class PhotosController < ApplicationController
  def tags
    @tags = db.view(Photo.tag_cloud)
  end
end
```

```
<ul class="tags">
  <% @tags.each do |tag| %>
    <li class="size-<%= tag.count %>"><%= tag.name %></li>
  <% end %>
</ul>
```

Als Ergebnis erhalten wir eine alphabetisch sortierte Liste aller Tags, garniert mit je nach Häufigkeit des Vorkommens verschiedenen CSS-Klassen, über die wir die Schriftgröße steuern können.

Bilder hochladen — Fehlt nur noch ein entscheidendes Feature: das Hochladen der Bilddateien. Hierbei stehen uns zwei Möglichkeiten offen: das Speichern der Daten im Dateisystem, wie bei vielen Rails-Plugins üblich (z.B. Paperclip, Carrierwave), oder das Hochladen als Attachment direkt in CouchDB. Dadurch eröffnen sich einige interessante Möglichkeiten, wie z.B. die automatische Verteilung der Mediendaten in einem Cluster aus mehreren CouchDB Datenbanken mit Hilfe der integrierten Replications-Mechanismen.

Da wir mit einem starken Nutzerwachstum in kürzester Zeit für unsere Applikation rechnen, entscheiden wir uns für das Speichern der Daten als Attachments. CouchDB bietet hierfür eine eigene API, mit der sich Binärdaten zu bestehenden Dokumenten hinzufügen lassen, erkennbar am _attachments-Präfix. Couch Potato unterstützt diese API, die wir um eine Hilfsfunktion erweitern:

```
require 'mime/types'

class Photo
  ...
  def file=(file)
    _attachments['file'] = {
      'data' => File.read(file.path),
      'content_type' => MIME::Types.type_for(file.path).first
    }
  end
end
```

Eine weitere Hilfsmethode generiert uns die URL zu unserem Foto:

```
class Photo
  ...
  def public_url
    "#{CouchPotato.full_url_to_database}/#{_id}/file"
  end
end
```

Gern vergessen, aber wichtig: Das Setzen des Content-Types im Formular auf multipart:

```
<%= form_for(@photo, :html => {:multipart => true}) do |f| %>
  ...
  <%= f.file_field :file %>
<% end %>
```

Und noch eine Ergänzung im show-Template:

```
<%= image_tag @photo.public_url %>
```

Damit ist unsere Anwendung fürs Erste fertig. Unsere Nutzer können nun Fotos hochladen, taggen und durch den Bestand browsen. Wie anhand des Beispielcodes zu sehen, ist es mit CouchDB recht einfach, »typische« Web-Features relativ unkompliziert umzusetzen. Wofür es in ActiveRecord oft zahlreiche Plugins gibt, reicht in CouchDB ein einfacher View oder ein paar Zeilen Code. Wichtig bei der Arbeit mit CouchDB ist es, sich das Denken in Schemata und Tabellen abzugewöhnen und sich der Flexibilität und Leistungsfähigkeit der Views bewusst zu werden. Oft gibt es mehrere Möglichkeiten, ein Feature umzusetzen. Daten lassen sich inline im Dokument oder als eigene Dokumente mit Hilfe von Fremdschlüsselbeziehungen speichern. Die Entscheidung für die eine oder andere Variante hängt vom jeweiligen Fall ab, z.B. wie oft und von wem bestimmte Daten überschrieben werden sollen.

Links

- **Source-Code**
  http://github.com/langalex/couchfoto

- **Couch Potato**
  http://github.com/langalex/couch_potato

- **CouchRest**
  http://github.com/jchris/couchrest

6.3 CouchDB-Tools

Die CouchDB-Tools sind Teil des Projekts couchdb-python von Christopher Lenz[5]. Zu allererst ist dieses Projekt eine Client-Bibliothek, die den Zugriff von Python auf CouchDB vereinfacht.

dump.py, load.py, replicate.py

In diesem Abschnitt beschäftigen wir uns allerdings weniger mit der Bibliothek, sondern mit drei dem Projekt beiliegenden Helfern – *dump.py*, *load.py* und *replicate.py*.

Diese Programme sind natürlich mit couchdb-python implementiert und können Ihnen neben der vorhandenen Dokumentation[6] als praktische Beispiele zum Einstieg in diese Bibliothek dienen.

6.3.1 Installation

Um die Tools zu verwenden, benötigen Sie neben Python die Module `simplejson` und `httplib2`. Diese installieren Sie auf Ubuntu wie folgt:

```
$ sudo aptitude install python-httplib2 python-simplejson
...
```

Danach haben Sie drei Möglichkeiten:

pip Entweder Sie benutzen `pip` zum Installieren, oder Sie laden sich die Quellen von couchdb-python (Version 0.8) von pypi[7] herunter, oder Sie

---

5 http://www.cmlenz.net/archives/couchdb/
6 http://packages.python.org/CouchDB/
7 http://pypi.python.org/pypi/CouchDB

holen sich die aktuellsten Quellen mit Hilfe von Mercurial vom Projekt auf Google Code[8].

Die Installation von `pip` haben wir in Abschnitt 4.1.1, »Installation«, gezeigt. [«]

Über `pip` ist die Installation am einfachsten:

```
$ sudo pip install --upgrade CouchDB
Downloading/unpacking CouchDB
  Downloading CouchDB-0.8.tar.gz (48Kb): 48Kb downloaded
  Running setup.py egg_info for package CouchDB
Installing collected packages: CouchDB
  Found existing installation: CouchDB 0.6
    Uninstalling CouchDB:
      Successfully uninstalled CouchDB
  Running setup.py install for CouchDB
    Installing couchdb-dump script to /usr/local/bin
    Installing couchpy script to /usr/local/bin
    Installing couchdb-load script to /usr/local/bin
    Installing couchdb-replicate script to /usr/local/bin
Successfully installed CouchDB
Cleaning up...
```

Nach der Installation befinden sich die Tools leider in einem obskuren Pfad auf Ihrem System:

```
$ ls -lah /usr/local/lib/python2.6/dist-packages/couchdb/tools
total 40K
drwxr-sr-x 2 root staff 4.0K 2011-05-14 23:23 .
drwxr-sr-x 4 root staff 4.0K 2011-05-14 23:23 ..
-rw-r--r-- 1 root staff 2.7K 2011-05-14 23:23 dump.py
-rw-r--r-- 1 root staff 2.7K 2011-05-14 23:23 dump.pyc
-rw-r--r-- 1 root staff  214 2011-05-14 23:23 __init__.py
-rw-r--r-- 1 root staff  151 2011-05-14 23:23 __init__.pyc
-rw-r--r-- 1 root staff 3.2K 2011-05-14 23:23 load.py
-rw-r--r-- 1 root staff 3.0K 2011-05-14 23:23 load.pyc
-rw-r--r-- 1 root staff 3.5K 2011-05-14 23:23 replicate.py
-rw-r--r-- 1 root staff 3.8K 2011-05-14 23:23 replicate.pyc
```

Mit den nachfolgenden Befehlen erzeugen wir symbolische Links und können einfacher auf die Tools zugreifen.

Der Einfachheit halber erzeugen wir jeweils einen Link, der den Namen *couchdb-* voranstellt. So erinnern Sie sich auch noch in ein paar Wochen daran, wofür diese kleinen Programme gebraucht werden. [+]

---

8 http://code.google.com/p/couchdb-python/source/checkout

```
$ TOOL_PATH=/usr/local/lib/python2.6/dist-packages/couchdb/\
tools
$ sudo ln -s $TOOL_PATH/dump.py \
/usr/local/bin/couchdb-dump.py
$ sudo ln -s $TOOL_PATH/load.py \
/usr/local/bin/couchdb-load.py
$ sudo ln -s $TOOL_PATH/replicate.py \
/usr/local/bin/couchdb-replicate.py
```

Nach den symbolischen Links überprüfen wir exemplarisch, ob *couchdb-dump* funktioniert:

```
$ couchdb-dump --help
Usage: couchdb-dump [options] dburl

Options:
  --version             show program's version number and exit
  -h, --help            show this help message and exit
  --json-module=JSON_MODULE
                        the JSON module to use ("simplejson",
                        "cjson", or "json" are supported)
  -u USERNAME, --username=USERNAME
                        the username to use for authentication
  -p PASSWORD, --password=PASSWORD
                        the password to use for authentication
```

Ein voller Erfolg!

6.3.2 couchdb-dump

Backup erstellen Mit *couchdb-dump* haben Sie zum Beispiel die Möglichkeit, ein Backup Ihrer Datenbank zu erzeugen. In diesem Beispiel nehmen wir unsere CouchApp Kassenbuch. Das Format, in dem das Backup erstellt wird, ist ein Textformat und gleicht dem Format einer E-Mail. Das hat den Vorteil, dass dieses Backup auch außerhalb von CouchDB lesbar ist und weiterverarbeitet werden kann.

Mit diesem Befehl legen Sie eine Kopie Ihrer Datenbank an und speichern diese in der Datei *kassenbuch*:

```
$ couchdb-dump http://127.0.0.1:5984/kassenbuch > kassenbuch
Dumping document '_design/kassenbuch'
```

Sollten Sie Ihre Datenbank mit einem Benutzer und Passwort geschützt haben, fügen Sie dem Aufruf die Optionen --username=benutzer und --password=passwort hinzu.

6.3.3 couchdb-load

Um die Datenbank zu importieren, gehen Sie wie folgt vor: Zuerst erstellen Sie eine neue Datenbank – `couchdb-load` nimmt Ihnen diesen Schritt nicht ab. Danach importieren Sie die Datenbank *zurück*:

Datenbank importieren

```
$ curl -XPUT http://127.0.0.1:5984/kassenbuch-neu
{"ok":true}
$ couchdb-load --input=kassenbuch \
http://127.0.0.1:5984/kassenbuch-neu
Loading document '_design/kassenbuch'
```

Die Option `--input` ist die Datei, aus der Sie importieren möchten.

Auch bei diesem Aufruf können Sie `-username` und `-password` verwenden.

6.3.4 couchdb-replicate

couchdb-replicate bietet Ihnen die Möglichkeit, eine Replication über die Kommandozeile zu starten. Dazu gehen Sie wie folgt vor:

```
$ couchdb-replicate http://127.0.0.1:5984/kassenbuch \
http://till.cloudant.com/kassenbuch
...
```

Die erste URL bei diesem Befehl ist die Quelle, die zweite ist das Ziel. Interessant sind an dieser Stelle auch noch zwei unterstützte Optionen, `-compact` und `-continuous`. Mit der ersten wird automatisch Compaction auf dem Ziel ausgeführt, wenn die Replication beendet wurde. Mit der zweiten starten Sie Continuous Replication. Das heißt, dass alle Änderungen von der lokalen CouchDB-Instanz auch in Zukunft automatisch auf das Ziel übertragen werden.

Continuous Replication

6.3.5 Zusammenfassung

In diesem Abschnitt haben wir Ihnen die CouchDB-Tools vorgestellt und an einigen Beispielen demonstriert, wieso sie in die Werkzeugkiste aller CouchDB-Administratoren gehören.

Abschließend wollen wir uns noch der Frage widmen: »Wozu das Ganze, da CouchDB doch Replication bietet?«

Die Frage ist einfach beantwortet:

- **Replication**
  Nicht immer ist Replication möglich. Zum Beispiel könnte sich Ihre Instanz in einem geschlossenen Netzwerk befinden oder die Firewall erlaubt keinen HTTP-Zugriff nach außen

- **Backup**
  Die Autoren sind der Meinung, dass mehr zu einem Backup gehört, als Daten in einer anderen CouchDB zu speichern. Das Sichern Ihrer Datenbanken – zum Beispiel auf einem Netzwerkspeicher – ist deutlich einfacher (»relaxed«), wenn Sie dafür nicht noch eine CouchDB-Instanz administrieren müssen.

- **Migration**
  CouchDB ist ein Open-Source-Projekt und hat sich dem Ziel verschrieben Daten möglichst dezentralisiert zu organisieren. Dazu gehört unserer Meinung nach auch die Möglichkeit, auf einfache Art und Weise Daten aus einer CouchDB herauszubekommen, wenn sich der Nutzer dafür entscheidet, eine andere Datenbank einzusetzen.

- **Erlang**
  Natürlich ist es möglich, die Datenbanken einer CouchDB-Instanz mit Hilfe von Erlang auszulesen. Und obwohl Erlang großartig ist, ist der Einstieg in Python immer noch viel leichter. :-)

6.4 jquery.couch.js

CouchDB ohne JavaScript-Unterstützung im Backend ist nicht möglich. Allerdings ist es auch eher unwahrscheinlich, dass im Frontend auf JavaScript verzichtet wird. Deshalb haben sich die Entwickler von CouchDB gleich zu Anfang des Entstehungsprozesses für eine der großen JavaScript-Libraries entschieden: »jQuery«[9]. Diese ursprünglich von John Resig[10] gebaute Library ist mittlerweile wohl eine der am weitesten verbreitete AJAX-Libraries und hat eine sehr große Community.

jQuery-Plugin Dieser Abschnitt betrachtet das von CouchDB mitgelieferte jQuery-Plugin »jquery.couch.js«. Eine schlichte, aber gute Online-Dokumentation hat Dale Harvey erstellt. Sie finden diese unter *http://arandomurl.com/random/jquery.couch.js-docs/symbols/$.couch.html*. Dale arbeitet momentan außerdem an einer IDE für CouchApps. Wenn Sie daran Interesse haben, sollten Sie ihm auf Twitter folgen (*http://twitter.com/daleharvey/*).

---

9 http://jquery.com
10 http://ejohn.org/

6.4.1 Überblick

Das beste Beispiel für die Nutzung von jQuery ist das Web-Interface Futon. Den Auszug aus dem HTML-Markup zeigt Abbildung 6.1.

view-source:127.0.0.1:5984/_utils/

```
<!DOCTYPE html>
<!--

Licensed under the Apache License, Version 2.0 (the "License"); you may not use
this file except in compliance with the License. You may obtain a copy of the
License at

   http://www.apache.org/licenses/LICENSE-2.0

Unless required by applicable law or agreed to in writing, software distributed
under the License is distributed on an "AS IS" BASIS, WITHOUT WARRANTIES OR
CONDITIONS OF ANY KIND, either express or implied. See the License for the
specific language governing permissions and limitations under the License.

-->
<html lang="en">
  <head>
    <title>Overview</title>
    <meta http-equiv="Content-Type" content="text/html;charset=utf-8">
    <link rel="stylesheet" href="style/layout.css?0.11.0" type="text/css">
    <script src="script/json2.js"></script>
    <script src="script/sha1.js"></script>
    <script src="script/jquery.js?1.4.2"></script>
    <script src="script/jquery.couch.js?0.11.0"></script>
    <script src="script/jquery.dialog.js?0.11.0"></script>
    <script src="script/futon.js?0.11.0"></script>
    <script src="script/futon.browse.js?0.11.0"></script>
    <script src="script/futon.format.js?0.11.0"></script>
    <script>
      var page = new $.futon.CouchIndexPage();
      $(document).ready(function() {
        if (!/index\.html$/.test(location.pathname)) {
          $.futon.navigation.ready(function() {
            this.updateSelection(location.pathname + "index.html");
          });
        }
        var dbsPerPage = parseInt($.futon.storage.get("per_page"));
        if (dbsPerPage) $("#perpage").val(dbsPerPage);
        $("#perpage").change(function() {
          page.updateDatabaseListing();
          $.futon.storage.set("per_page", this.value);
        });

        page.updateDatabaseListing();
```

Abbildung 6.1 HTML-Markup in Futon

JavaScript-Einbindung

Als Erstes fällt dem aufmerksamen Leser natürlich auf, dass die Einbindung der unterschiedlichen JavaScript-Dateien im `<head>`-Teil des HTML-Markups stattfindet. Das widerspricht in drei Punkten »best practices«. Zum einen sollte das JavaScript nicht im `<head>` eingebunden werden. Zum zweiten sollte das JavaScript minifiziert sein, was bei den meisten Dateien nicht der Fall ist (z.B. *json2.js*, *sha1.js*). Und zu guter Letzt sollten alle JavaScript-Dateien bzw. -Libraries in einer einzigen Datei vereinigt werden. Nach Rückfrage im CouchDB-IRC-Channel[11] hat man uns gesagt, dass sich dies in Futon2 ändern wird. Allerdings kann niemand sagen, in welcher CouchDB-Version Futon2 integriert sein wird – ganz dem Open-Source-Mantra getreu »It's done when it's done«.

11 *chat.freenode.net#couchdb*

In diesem Abschnitt ist für uns diese Zeile von Interesse:

```
<script src="script/jquery.couch.js?0.11.0"></script>
```

Dies ist die Einbindung des jQuery-Plugins »jquery.couch.js«. Es ist dafür da, die Kommunikation mit CouchDB auf JavaScript-Ebene zu simplifizieren. Eingesetzt wird es in Futon und kann in jeder Applikation genutzt werden, die in CouchDB gespeichert ist. Beispiele dafür sind die in Kapitel 3, »Praxis 1 – das Kassenbuch (zentraler CouchDB-Server)«, beschriebene Kassenbuch-Applikation und das Pendant dazu in Kapitel 4, »Praxis 2 – das Kassenbuch als CouchApp«, als CouchApp. Wir werden uns dieses Plugin hier etwas näher ansehen.

6.4.2 Struktur des Plugins

Je nach Installation finden Sie alle Dateien für Futon, die von dem in CouchDB integrierten HTTP-Server ausgeliefert werden, in einem Verzeichnis wie diesem (Mac OS X, Installation mit Homebrew):

```
$ ll /usr/local/Cellar/couchdb/1.1.0/share/couchdb/www/
total 136
drwxr-xr-x   18 -  612 Apr 18 22:57 .
drwxr-xr-x    4 -  136 Apr 18 22:57 ..
-rw-r--r--    1 - 2046 Apr 18 22:57 _sidebar.html
-rw-r--r--    1 - 5804 Apr 18 22:57 config.html
-rw-r--r--    1 - 3322 Apr 18 22:57 couch_tests.html
-rw-r--r--    1 - 3649 Apr 18 22:57 custom_test.html
-rw-r--r--    1 -10250 Apr 18 22:57 database.html
drwxr-xr-x   15 -  510 Apr 18 22:57 dialog
-rw-r--r--    1 - 3999 Apr 18 22:57 document.html
-rw-r--r--    1 - 9326 Apr 18 22:57 favicon.ico
drwxr-xr-x   32 - 1088 Apr 18 22:57 image
-rw-r--r--    1 - 3172 Apr 18 22:57 index.html
-rw-r--r--    1 - 6137 Apr 18 22:57 replicator.html
drwxr-xr-x   21 -  714 May  4 16:47 script
-rw-r--r--    1 - 3625 Apr 18 22:57 session.html
drwxr-xr-x   12 -  408 Apr 18 22:57 spec
-rw-r--r--    1 - 3536 Apr 18 22:57 status.html
drwxr-xr-x    3 - 102 Apr 18 22:57 style
```

Alle relevanten JavaScript-Dateien befinden sich dabei im Verzeichnis *script*. Hier der Inhalt des Verzeichnisses:

```
$ ll /usr/local/Cellar/couchdb/1.1.0/share/couchdb/www/script
drwxr-xr-x  21 -   714 Apr 18 22:57 .
drwxr-xr-x  18 -   612 Apr 18 22:57 ..
-rw-r--r--   1 -  3891 Apr 18 22:57 base64.js
-rw-r--r--   1 - 15162 Apr 18 22:57 couch.js
-rw-r--r--   1 - 12886 Apr 18 22:57 couch_test_runner.js
-rw-r--r--   1 -  2927 Apr 18 22:57 couch_tests.js
-rw-r--r--   1 - 48970 Apr 18 22:57 futon.browse.js
-rw-r--r--   1 -  4732 Apr 18 22:57 futon.format.js
-rw-r--r--   1 -14397 Apr 18 22:57 futon.js
-rw-r--r--   1 - 21940 Apr 18 22:57 jquery.couch.js
-rw-r--r--   1 -  3736 Apr 18 22:57 jquery.dialog.js
-rw-r--r--   1 -  3603 Apr 18 22:57 jquery.editinline.js
-rw-r--r--   1 - 20409 Apr 18 22:57 jquery.form.js
-rw-r--r--   1 -163855 Apr 18 22:57 jquery.js
-rw-r--r--   1 -  3193 Apr 18 22:57 jquery.resizer.js
-rw-r--r--   1 -  5155 Apr 18 22:57 jquery.suggest.js
-rw-r--r--   1 -17349 Apr 18 22:57 json2.js
drwxr-xr-x   6 -   204 Apr 18 22:57 jspec
-rw-r--r--   1 - 19167 Apr 18 22:57 oauth.js
-rw-r--r--   1 -  5753 Apr 18 22:57 sha1.js
drwxr-xr-x  71 -  2414 Apr 18 22:57 test
```

Auf Grund des Auszuges aus dem HTML-Markup weiter oben erkennen Sie unschwer, dass CouchDB hier das Verzeichnis */usr/local/Cellar/couchdb/1.1.0/share/couchdb/www/* als Webserver-Root hat (in Ubuntu 10.10 finden Sie das Verzeichnis unter */usr/share/couchdb/www/script/*).

Diese Erkenntnis sei an dieser Stelle erwähnt, da Sie ja durchaus das eine oder andere Debug-Statement in die Dateien einfügen könnten, um zu sehen, wie der Code funktioniert. Natürlich können Sie aber auch den JavaScript-Debugger z.B. in den Chrome Developer Tools oder Firebug nutzen. Mit ein wenig Übung ist dies ein extrem hilfreiches Tool für die Entwicklung im Frontend-Bereich.

JavaScript debuggen

Unser Interesse gilt hier also der Datei */usr/local/Cellar/couchdb/1.1.0/share/couchdb/www/script/jquery.couch.js*.

Die Grundstruktur eines jQuery-Plugins ist folgende:

```
(function($) {

  // plugin code

})(jQuery)
```

immediate function

Dies ist ein vielfach genutztes Paradigma in JavaScript und heißt *immediate function*[12]. Diese Funktion wird sofort (engl.: *immediate*) nach ihrer Erstellung durch das Laden im Browser ausgeführt. Erkennbar ist eine solche Funktion sehr einfach an den () Klammern. Der Funktion können auch Parameter übergeben werden. Im Fall des Plugins ist es das jQuery-Objekt. Innerhalb des Plugins ist es über $ verfügbar.

Der Grund für die Nutzung dieses Paradigmas von den jQuery-Entwicklern liegt auf der Hand. Das Plugin wird einfach auf einer entsprechenden Seite nach der Einbindung der jQuery-Library geladen, und alle Plugin-Funktionen sind ohne weiteres Zutun sofort verfügbar. Es muss also kein Constructor-Aufruf erfolgen oder dergleichen.

Generell wird der Zugriff auf alle jQuery-Methoden durch $ ermöglicht. Deshalb macht es natürlich Sinn, auch für das Plugin diesen Variablennamen zu nutzen. Weitere Informationen zu jQuery-Plugins finden Sie in der Dokumentation unter *http://docs.jquery.com/Plugins/Authoring*.

$-Objekt erweitern

Innerhalb des Plugin-Codes wird als Erstes das $-object um das Objekt couch erweitert. Wenn es bereits existiert, wird es genutzt, und wenn nicht, wird ein leeres Objekt erzeugt.

```
(function($) {
  $.couch = $.couch || {};
  ...
})(jQuery)
```

$.couch

Das Plugin bietet nun einige öffentlich zugängliche Methoden. Dies kann man sehr gut in der JavaScript-Konsole von Chrome oder Firefox inspizieren. Rufen Sie mit dem Browser Futon auf, und geben Sie dann in der JavaScript-Konsole $.couch ein. Sie erhalten eine Ausgabe, die die öffentlich zugänglichen Methoden dieses Objekts enthält (siehe Abbildung 6.2).

Diese Methoden werden dem zuvor erstellten Objekt $.couch durch die jQuery-Methode $.extend()[13] hinzugefügt. Dabei ist der erste Parameter der Methode das Ziel-Objekt, und alle weiteren Objekte sind die, die dem Ziel-Objekt hinzugefügt werden sollen. Wenn Sie die Methoden genauer ansehen, werden Sie feststellen, dass so gut wie alle einen AJAX-Request absetzen, um die angefragten Daten von der CouchDB zu erhalten. Als Beispiel sollen hier alle Datenbanken im CouchDB-Cluster ausgegeben werden:

---

[12] Vgl. Stefanov, Stoyan – JavaScript Patterns, O'Reilly S. 69f.
[13] *http://api.jquery.com/jQuery.extend*

```
$.couch.allDbs({
  success: function (data) {
    console.log(data);
  }
});
["_users", "book", "kassenbuch"]
```

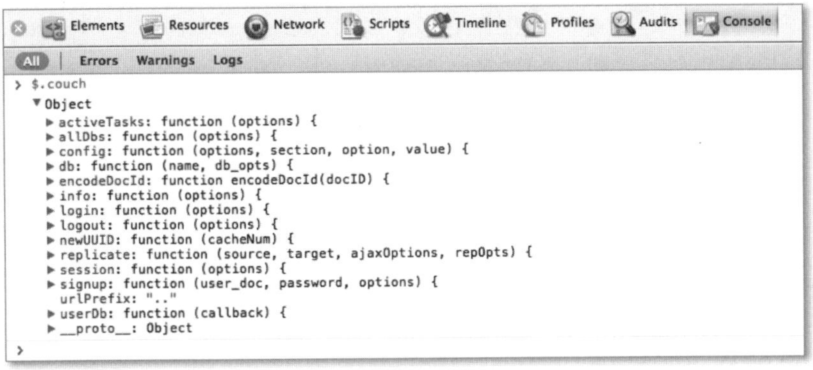

Abbildung 6.2 $.couch – öffentlich zugängliche Methoden

Als Ergebnis erhalten wir also eine Liste bzw. ein JavaScript-Array aller Datenbanken im Cluster. Der Aufruf von `allDbs()` erfordert also ein Objekt, in dem jQuery-konforme AJAX-Eigenschaften angegeben werden können. Näheres dazu finden Sie in der jQuery-Dokumentation unter *http://api.jquery.com/jQuery.ajax/* (Achtung, die aktuelle jQuery-Dokumentation liegt für Version 1.6 vor). Sie können weitere Beispiele einfach in der JavaScript-Konsole Ihres Browsers testen, indem Sie wie im Beispiel vorgehen.

allDbs()

6.4.3 Globale Methoden für den Cluster

Hier nun eine Liste aller globalen Methoden:

$.couch.activeTasks(options)

JSON-Array: Gibt alle laufenden Tasks zurück.

```
$.couch.activeTasks({
  success: function (data) {
    console.log(JSON.stringify(data));
  }
});
```

```
[{
  "type":"Replication",
  "task":"2cb595: _users -> users",
  "status":"W Processed source update #4",
  "pid":" <0.400.0> "
}]
```

$.couch.activeTasks(options)

JSON-Array: Gibt alle laufenden Tasks zurück.

```
$.couch.activeTasks({
  success: function (data) {
    console.log(JSON.stringify(data));
  }
});
[{
  "type":"Replication",
  "task":"2cb595: _users -> users",
  "status":"W Processed source update #4",
  "pid":" <0.400.0> "
}]
```

$.couch.allDbs(options)

Gibt alle Datenbanken im Cluster zurück.

```
$.couch.allDbs({
  success: function (data) {
    console.log(JSON.stringify(data));
  }
});
["_users","book","kassenbuch"]
```

$.couch.config(options, section, option, value)

Setzen, Ändern und Löschen von Konfigurations-Parametern

```
$.couch.config({
  type: 'UPDATE',
  success: function (data) {
    console.log(JSON.stringify(data));
  }
}, 'attachments', 'compression_level', '7');
"7"
```

$.couch.session(options)

JSON: Informationen zum momentan angemeldeten Benutzer.

```
$.couch.session({
  success: function (data) {
    console.log(JSON.stringify(data));
  }
});
{
  "ok":true,
  "userCtx":{
    "name":"andy",
    "roles":["_admin","boss"]
  },
  "info":{
    "authentication_db":"_users",
    "authentication_handlers":[
        "oauth","cookie","default"
    ],
    "authenticated":"cookie"
  }
}
```

$.couch.userDb(callback)

Wird von `$.couch.signup` genutzt, um herauszufinden, in welcher Datenbank der Benutzer gespeichert werden soll (`default _users`).

$.couch.signup(user_doc, password, options)

JSON: einen Benutzer anlegen

```
$.couch.signup({"name": "horst"}, "secret", {
  success: function (data) {
    console.log(JSON.stringify(data));
  }
});
{
   "_id": "org.couchdb.user:horst",
   "_rev": "1-b7033f5a06fecf8b99bc1351d8dc1e88",
   "name": "horst",
   "salt": "e7541b21ded28b2f87ec1db2d70007e1",
   "password_sha": "cbb51f5f0dad4a097e126992fd77c4f05259dbfb",
   "type": "user",
   "roles": [
   ]
}
```

$.couch.login(options)

JSON: Login am CouchDB-Cluster

```
$.couch.login({
  name: "horst",
  password: "secret",
  success: function (data) {
    console.log(JSON.stringify(data));
  }
});
{
  "ok":true,
  "name":"horst",
  "roles":[]
}
```

$.couch.logout(options)

JSON: aktuelle User-Session beenden

```
$.couch.logout({
  success: function (data) {
    console.log(JSON.stringify(data));
  }
});
{"ok":true}
```

$.couch.db(name, db_opts)

JSON: Operationen in einer bestimmten Datenbank (siehe Abschnitt 6.4.4, »Methoden pro Datenbank«)

$.couch.info(options)

JSON: Gibt grundlegende Informationen zum CouchDB-Cluster.

```
$.couch.info({
  success: function (data) {
    console.log(JSON.stringify(data));
  }
});
{
  "couchdb":"Welcome",
  "version":"1.1.0"
}
```

$.couch.replicate(source, target, ajaxOptions, repOpts)

JSON: eine Datenbank replizieren

```
$.couch.replicate('kassenbuch', 'kassenbuch42',{
  success: function (data) {
    console.log(JSON.stringify(data));
  }
},{"create_target":true});
{
  "ok":true,
  "session_id":"df832c4...",
  "source_last_seq":406,
  "history":[
      {
        "session_id":"df832c4...",
        "start_time":"Thu, 05 May 2011 ...",
        "end_time":"Thu, 05 May 2011 ...",
        "start_last_seq":0,
        "end_last_seq":406,
        "recorded_seq":406,
        "missing_checked":0,
        "missing_found":69,
        "docs_read":71,
        "docs_written":71,
        "doc_write_failures":0
      }
   ]
}
```

$.couch.newUUID(cacheNum)

String: neue UUID generieren

```
$.couch.newUUID({
  success: function (data) {
    console.log(JSON.stringify(data));
  }
});
"e7541b21ded28b2f87ec1db2d7002630"
```

Es gibt außer diesen erwähnten auch interne Methoden, die nicht weiter von großem Interesse sind für die Nutzung der Library in eigenen Projekten. Aus diesem Grund gehen wir auf diese auch nicht weiter ein. Sie sollten den Code aber trotzdem lesen, um zu verstehen, wie die Library funktioniert. Besonders interessant ist dabei die Methode ajax(obj,

ajax()

options, errorMessage, ajaxOptions). Sie ist im Großen und Ganzen ein Wrapper um die jQuery-Methode $.ajax().

6.4.4 Methoden pro Datenbank

Im vorigen Abschnitt haben wir bei der Methode $.couch.db(name, db_opts) auf diesen Abschnitt verwiesen. Diese Methode beinhaltet wiederum viele Methoden, um mit einer einzelnen Datenbank zu kommunizieren. Lassen Sie uns auch hier sehen, welche Methoden öffentlich sind. Um die Methode nutzen zu können, müssen wir angeben, mit welcher Datenbank wir kommunizieren wollen:

```
var db = $.couch.db('kassenbuch')
db
```

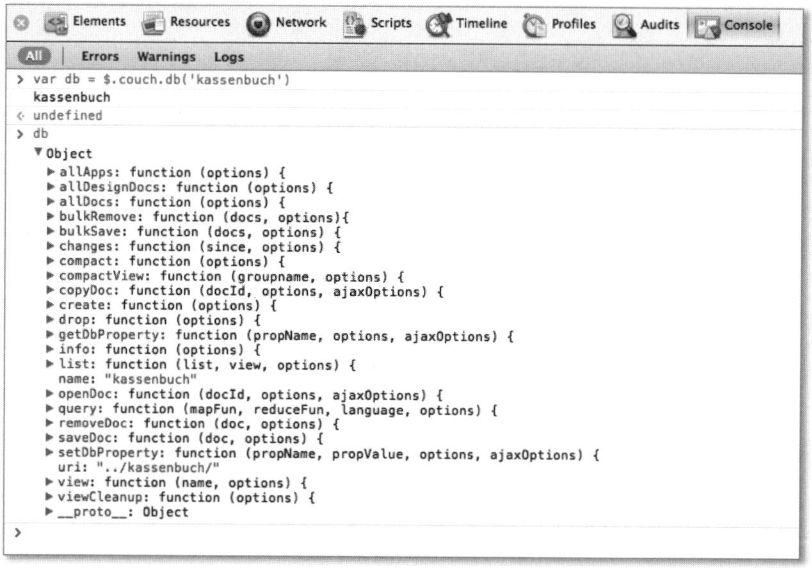

Abbildung 6.3 $.couch.db – öffentlich zugängliche Methoden

Das Ergebnis, wenn wir db aufrufen, sehen Sie in Abbildung 6.3.

Und auch hier soll eine Übersicht nicht fehlen. Wie im vorigen Abschnitt werden wir zu jeder Methode ein einfaches Beispiel geben.

$.couch.db.compact(options)

JSON: Compaction auf Datenbank anwenden

```
db.compact({
  success: function(data) {
    console.log(JSON.stringify(data))
  }
});
{"ok":true}
```

$.couch.db.viewCleanup(options)

JSON: View-Ausgabe-Cache leeren

```
db.viewCleanup({
  success: function(data) {
    console.log(JSON.stringify(data))
  }
});
{"ok":true}
```

$.couch.db.compactView(groupname, options)

JSON: Compaction auf die Views aus einem einzelnen Design-Dokument (groupname) anwenden statt auf die gesamte Datenbank.

```
db.compactView('buchhaltung', {
  success: function(data) {
    console.log(JSON.stringify(data))
  }
});
{"ok":true}
```

$.couch.db.create(options)

JSON: eine neue Datenbank erstellen

```
var newDb = $.couch.db('neue_db')
newDb.create({
  success: function(data) {
    console.log(JSON.stringify(data))
  }
});
{"ok":true}
```

$.couch.db.drop(options)

Eine Datenbank löschen

```
var delDb = $.couch.db('neue_db')
delDb.drop({
  success: function(data) {
    console.log(JSON.stringify(data))
  }
});
{"ok":true}
```

$.couch.db.info(options)

JSON: Informationen über die aktuell gewählte Datenbank erhalten

```
db.info({
  success: function(data) {
    console.log(JSON.stringify(data))
  }
});
{
  "db_name":"kassenbuch",
  "doc_count":18,
  "doc_del_count":51,
  "update_seq":406,
  "purge_seq":0,
  "compact_running":false,
  "disk_size":65630,
  "instance_start_time":"1304630702895008",
  "disk_format_version":5,
  "committed_update_seq":406
}
```

$.couch.db.changes.onChange(fun)

JSON: Änderungen an der aktuell gewählten Datenbank verfolgen

```
var dbChanges = $.couch.db('kassenbuch').changes()
dbChanges.onChange = function (data) {
    console.log(JSON.stringify(data))
}
```

$.couch.db.changes.stop()

JSON: Verfolgung der Änderungen beenden

```
dbChanges.stop()
```

$.couch.db.allDocs(options)

JSON: alle Dokumente der aktuell gewählten Datenbank erhalten

```
db.allDocs({
  success: function(data) {
    console.log(JSON.stringify(data))
  }
});
{
  "total_rows":18,
  "offset":0,
  "rows":[
    {
      "id":"_design/buchhaltung",
      "key":"_design/buchhaltung",
      "value":{
        "rev":"260-45a8153ee31b0f6873850fddd2bbf76f"
      }
    },
    {
      "id":"b0001",
      "key":"b0001",
      "value":{
        "rev":"6-c21232ff4bee925414f6861f8dd9ac5a"
      }
    },
    {
      "id":"b0002",
      "key":"b0002",
      "value":
      {
        "rev":"1-467e80017e61b506e2e856588c9946a4"
      }
    }
    ...
]}
```

$.couch.db.allDesignDocs(options)

JSON: alle Design-Dokumente der aktuell gewählten Datenbank erhalten

```
db.allDesignDocs({
  success: function(data) {
    console.log(JSON.stringify(data))
  }
});
```

```
{
  "total_rows":18,
  "offset":0,
  "rows":[
  {
    "id":"_design/buchhaltung",
    "key":"_design/buchhaltung",
    "value":{
      "rev":"260-45a8153ee31b0f6873850fddd2bbf76f"
    }
  }]
}
```

$.couch.db.allApps(options)

JSON: alle Design-Dokumente mit einer *index.html* (also CouchApps) der aktuell gewählten Datenbank erhalten

```
db.allApps({
  eachApp: function(data) {
    console.log(JSON.stringify(data))
  }
});
"buchhaltung"
```

$.couch.db.openDoc(docId, options, ajaxOptions)

JSON: ein Dokument auf Grund seiner _id in der aktuell gewählten Datenbank öffnen

```
db.openDoc('b0001', {
  success: function(data) {
    console.log(JSON.stringify(data))
  }
});
{
  "_id":"b0001",
  "_rev":"6-c21232ff4bee925414f6861f8dd9ac5a",
  "typ":"Einnahme",
  "betrag":22.5,
  "mwst":0.07,
  "beschreibung":"Rechnung 42 und drei",
  "datum":"2011-01-04"
}
```

$.couch.db.saveDoc(doc, options)

JSON: ein neues Dokument in der aktuell gewählten Datenbank erstellen

```
db.saveDoc({"_id":"b1004","typ":"Einnahme"},{
  success: function(data) {
    console.log(JSON.stringify(data))
  }
});
{
  "ok":true,
  "id":"b1004",
  "rev":"1-7f20f0af782221eb13ff603152d552d1"
}
```

$.couch.db.bulkSave(docs, options)

JSON: wie `saveDoc()`, allerdings getreu der CouchDB-API mehrere Dokumente auf einmal speichern in der aktuell gewählten Datenbank

$.couch.db.removeDoc(doc, options)

JSON: ein Dokument aus der aktuell gewählten Datenbank löschen

```
db.removeDoc({"_id":"b1003", \
  "_rev":"1-7f20f0af782221eb13ff603152d552d1"}, {
  success: function(data) {
    console.log(JSON.stringify(data))
  }
});
{
  "ok":true,
  "id":"b1003",
  "rev":"2-c0c04a96b3030d110e9111facd62962b"
}
```

$.couch.db.bulkRemove(docs, options)

Wie `removeDoc()`, aber getreu der CouchDB-API mehrere Dokumente auf einmal löschen in der aktuell gewählten Datenbank

$.couch.db.copyDoc(docId, options, options)

JSON: ein Dokument kopieren

```
db.copyDoc("b0004",{
  success: function(data) {
    console.log(JSON.stringify(data))
  }
```

```
}, {"headers": {"Destination": "b1111"}});
{
  "id":"b1111",
  "rev":"1-e9aa78c751e13bd0e6ecdc0c0d2e7123"
}
```

$.couch.db.query(mapFun, reduceFun, language, options)

JSON: das Ergebnis aus der gelieferten MapReduce-Funktion

```
db.query("function(doc) {emit(null,doc.betrag)}", \
  "_sum","javascript",{
  success: function(data) {
    console.log(JSON.stringify(data))
  }
});
```

$.couch.db.list(list, view, options)

Ausgabe der Inhalte einer _list-Funktion aus einem _design-Dokument

```
db.list("buchhaltung/html_list", "auswertung", {
  success: function() {

  }
});
```

$.couch.db.view(name, options)

JSON: einen bestimmten View in einem Design-Dokument erhalten

```
db.view("buchhaltung/auswertung?group=true", {
  success: function(data) {
    console.log(JSON.stringify(data))
  }
});
{
  "rows":[
    {
      "key":["Ausgabe",0.19,"2011","01","12", \
        "id:b0003","Bürobedarf"],"value":6.3
    },
    {
      "key":["Ausgabe",0.19,"2011","01","13", \
        "id:b0007","Blumen für Rene und Kiana"],"value":15.6
    },
```

```
{
  "key":["Ausgabe",0.7,"2011","01","12", \
    "id:b0004","Bewirtung"],"value":85.2
}
...
]
}
```

$.couch.db.getDbProperty(propName, options, ajaxOptions)

JSON: einzelne Eigenschaften der Datenbank zurückgeben

$.couch.db.setDbProperty(propName, propValue, options, ajaxOptions)

JSON: einzelne Eigenschaften der Datenbank setzen

Die beiden zuletzt genannten sind Methoden, um Eigenschaften, die in der Info zu einer Datenbank angegeben sind (*http://127.0.0.1:5984/ kassenbuch*), bearbeiten zu können. Leider ist die Implementierung ziemlich unklar und wird daher nicht näher ausgeführt.

Zusammenfassung

Wir haben in diesem Abschnitt das von CouchDB mitgelieferte jQuery-Plugin *jquery.couch.js* beschrieben und alle Methoden mit einem Beispiel gezeigt. In Kapitel 3 haben wir den Zugriff auf die CouchDB mit einer eigenen Klasse `kassenbuch` bewerkstelligt. Eine gute Übung, um das hier beschriebene Plugin zu nutzen, ist der Austausch der AJAX-Methoden in `kassenbuch` mit Methoden aus dem Plugin. Darunter fallen zumindest die Methoden `createDocument()`, `saveDocument()` und `deleteDocument()`, aber auch z.B. `list()`.

Durch die hier erstellte Referenz sollten Sie in der Lage sein, alle Methoden in Ihren eigenen Projekten einzubauen. Zugegebenermaßen ist die Library »gewachsen« und die API in einigen Teilen sehr unschön oder inkonsistent. Eine Möglichkeit, dieses Umstandes Herr zu werden, wäre, ein eigenes Plugin zu schreiben. Sie können das bestehende sehr gut als Vorlage nutzen und alle Unzulänglichkeiten ausmerzen. Dabei sollten Sie nur die Teile einbauen, die Sie auch wirklich brauchen.

Library teilweise unschön

6.5 Ubuntu One

Ubuntu One ist ein Dienst der Firma Canonical und seit der Ubuntu-Version 9.10 auf jedem Desktop-System vorinstalliert.

Zum Zeitpunkt des Schreibens dieser Zeilen wird von circa 12 Millionen Ubuntu-Nutzern weltweit ausgegangen[14] – wie viele Ubuntu 9.10 oder eine neuere Version einsetzen, ist nicht bekannt. Allerdings kann man auf Grund der Beliebtheit von Ubuntu[15] davon ausgehen, dass es sich sich hierbei um die größte CouchDB-Installation weltweit handelt.

Abbildung 6.4 Ubuntu One, Quelle: *http://one.ubuntu.com/*

PIM-Dienst Ubuntu One ist ein sogenannter PIM-Dienst *(Personal Information Manager)*. Jeder angemeldete Kunde hat Zugriff auf einen *Cloud-Storage-Syncdienst* mit 2 GB Speicher, auf dem Kontakte, Notizen, Lesezeichen und *private* Dateien gespeichert werden. Im Rahmen des Dienstes kann der Kunde von verschiedenen Endgeräten auf seine Daten zugreifen.

Außerdem bietet die Firma Canonical einen Online-Musikhandel (vergleichbar mit dem Apple-Dienst iTunes), über den Alben und einzelne Titel erworben werden können.

Basispaket kostenfrei Das Basispaket (enthält 2 GB Speicher) ist kostenfrei, für weiteren Speicherplatz muss der Kunde zahlen (50 GB für 10,00 USD), was den Dienst preislich vergleichbar mit dem Dienst Dropbox[16] macht.

Ubuntu One Mobile Ein weiterer Eckstein ist das kostenpflichtige Zusatzpaket *Ubuntu One Mobile*, das die Syncdienstleistung erweitert und für mobile Endgeräte (Android und iPhone) zur Verfügung steht. Im Gegensatz zu Dropbox ist Ubuntu One allerdings (neben Android und iPhone) vor allem für Ubuntu und einige andere Linux-Derivate erhältlich.

Von anderen Betriebssystemen ist der Zugriff auf alle Daten jederzeit mit dem Webbrowser unter der URL *http://one.ubuntu.com* möglich.

---

14 *http://www.muktware.com/a/3/2/29/2010/531?page=0,0*
15 *http://distrowatch.com/stats.php?section=popularity*
16 *http://dropbox.com*

6.5.1 Warum CouchDB?

Die Wahl von CouchDB ist vor allem dem *offenen* Dokumentenspeicher geschuldet. Besonders Adressbücher sind ein Paradebeispiel für den Einsatz einer dokumentorientierten Datenbank, da die Mehrzahl der Einträge in einem Adressbuch stets unterschiedliche Daten enthält. Das Ziel der CouchDB-Integration war neben dem Schaffen eines zentralen Speichers für Daten, den Austausch dieser Daten zwischen Programmen nicht nur zu ermöglichen, sondern auch zu vereinfachen.

Einfacher Datenaustausch

Zurzeit werden folgende Programme unterstützt:

- **Evolution**
  Synchronisieren von Kontakten

- **Banshee**
  Anbindung an den Musikdienst

- **Facebook**
  Synchronisieren von Kontakten

- **Firefox**
  Synchronisieren von Lesezeichen

- **Gwibber**
  Speichert Nachrichten von Ihren Konten bei Twitter und identica

- **Rhythmbox**
  Anbindung an den Musikdienst

- **Tomboy Notes**
  Synchronisieren von Notizen

Unter *https://wiki.ubuntu.com/UbuntuOne* wird die Liste der unterstützten Programme auf dem aktuellen Stand gehalten.

6.5.2 CouchDB-Integration

CouchDB ist in der Version 0.10 in Ubuntu One integriert. Sollte es auf Ihrem Ubuntu-Desktop noch nicht installiert sein, benötigen Sie die Pakete `couchdb-bin` und `desktopcouch`:

```
$ sudo aptitude install couchdb-bin desktopcouch
...
```

Nach der Installation der Pakete wird ein Monitor gestartet (`desktop-couch-server`), der sich darum kümmert, dass die CouchDB nur dann gestartet wird, wenn ein anderes Programm darauf zugreifen muss.

CouchDB wird auf zufälligem Port gestartet

Wenn ein Programm auf die Daten in der CouchDB zugreifen will, wird CouchDB auf einem zufälligen Port (nicht 5984) gestartet. Das hat den Vorteil, dass diese Installation nicht mit einer weiteren *permanenten* Installation kollidiert.

[»] Intern ist diese Funktionalität über D-Bus-Activation (*Desktop BUS*) implementiert. *D-Bus* ist ein IPC-Framework (*Inter Process Communication*). Ohne in CouchDB-ferne Details abzugleiten: D-Bus vereinfacht die Kommunikation zwischen verschiedenen Prozessen (laufende Programme). Wenn ein Programm CouchDB benötigt, stellt es die Anfrage über D-Bus, und dadurch wird CouchDB gestartet.

Sicherheit

OAuth — Natürlich ist das Thema Sicherheit sehr wichtig, wenn ein Programm Ihre persönlichen Daten speichert. Im Falle von Ubuntu One wird auf OAuth gesetzt. Die Funktionalität wurde von Jason Davies[17] für Canonical beziehungsweise Ubuntu One in CouchDB implementiert und dem Projekt gestiftet.

Praktisch wird OAuth wie folgt benutzt: Der Zugang (über OAuth) zu Ihrer CouchDB wird auf Ihrem System im Schlüsselbund gespeichert. Das bedeutet, der Zugriff auf Ihre Daten ist nur für Programme des aktuellen Nutzers möglich, aber nicht für Programme anderer Nutzer.

[✗] An dieser Stelle wollen wir darauf hinweisen, dass die Daten nicht verschüsselt sind. Natürlich besteht immer die Möglichkeit, direkt über Erlang auf die Datenbanken von CouchDB zuzugreifen. Auf diesem Weg kann OAuth umgangen werden.

6.5.3 Hacken

Obwohl CouchDB nicht die ganze Zeit läuft, handelt es sich auch bei dieser Installation um eine vollwertige CouchDB-Installation.

Die Konfiguration finden Sie auf Ubuntu im Pfad *~/.config/desktop-couch/desktop-couch.ini*. Die Datenbanken werden in *~/.local/share/desktop-couch* gespeichert.

[»] Für den Zugriff auf diese CouchDB müssen Sie sich mit OAuth beschäftigen. Am besten blättern Sie dafür noch einmal zu Abschnitt 2.11.5, »OAuth nutzen«, zurück!

---

17 *http://www.jasondavies.com/*

Manuell starten

Um `desktopcouch` zu starten, führen Sie folgenden Befehl aus:

```
$ /usr/lib/desktopcouch/desktopcouch-get-port
Apache CouchDB has started, time to relax.
36535
```

Die 36535 ist übrigens der Port!

Über folgenden Befehl beenden Sie `desktopcouch`:

```
$ /usr/lib/desktopcouch/desktopcouch-stop
Apache CouchDB has been killed.
```

Alle Befehle sind in Python implementiert. Wenn Sie etwas Inspiration benötigen, was Sie mit `desktopcouch` anstellen könn(t)en, sollten Sie sich die Quellen in einem Texteditor anschauen. In dessen Google-Group unter *http://groups.google.com/group/desktop-couchdb* finden Sie weitere Informationen zu diesem Projekt.

[+]

Port

Sollten Sie den Port vergessen, haben Sie zwei Möglichkeiten, ihn in Erfahrung zu bringen: entweder `desktopcouch-get-port` erneut aufrufen (programmatisch von Vorteil) oder folgende Datei in Ihrem Browser öffnen – mit Google Chrome geht das wie folgt:

```
$ google-chrome ~/.local/share/desktop-couch/couchdb.html
```

6.5.4 Zusammenfassung

In diesem Abschnitt haben wir Ihnen Ubuntu One vorgestellt und Ihnen gezeigt, wie Sie unabhängig von diesem Dienst auf *Ihre* gespeicherten Daten zugreifen können.

Index

.couch-Dateien 69
.couchapprc 167
_all_docs 84
_bulk_docs 89
_changes 72
_compact 74
_count 102
_design 67, 89
_id 77
_replicate 75
_replicator 123, 221
_rev 77
_show-Funktionen 101
_stats 102, 221
_sum 102
_view 66, 89
_list-Funktionen 107

A

ACID 35, 48
ACL 130
Admin-Party 126
Administrator 125
admins 222
AKID 49
Amazon Dynamo 48
Anderson, J. Chris 43
Androide 200
ASF 43
Attachments 80
attachments 217
Availability 49

B

B+Tree Index 42
B-Tree-Index 40
Backup 120, 274
BASE 48
Basic-Auth 126
Bell, Alan 42
Benutzerrollen 128
Bereichsabfrage 82
BigCouch 248
  Konfiguration 254

Brewer, Eric 48
by_id_index 41
by_sequence_index 41

C

Caching 236
Cacti 225
Canonical 296
CAP-Theorem 48
Christopher Lenz 274
Cloudant 196, 248
cloudant.com 61
Cluster-Konstante 254
Codd, Edgar F. 28
CommonJS 92
Compaction 74
CONNECT 32
Consistency 49
Consistent Hashing 52, 242
Continuous Replication 277
Cookies 131
COPY 32
Couch Potato 265
Couch-Camp 18
couchapp 162
couchapp.conf 168
Couchbase-Server 216
CouchCache 237
CouchDB 1.1.0 58, 60, 82, 91, 92,
  115, 118, 123, 136, 137, 217, 219,
  221, 226
CouchDB, Definition von 25
CouchDB-Community 43
CouchDB-Hosting 61
CouchDB-Lounge 51, 52, 244
CouchDB-Tools 274
couchdb_httpd_auth 217
CouchDBX 208
COUNT 40
CREATE INDEX 40
Crockford, Douglas 36
cURL 20, 33

Index

D

D-Bus 297
daemons 218
Database Compaction 226
database_dir 230
Datenbank löschen 71
Datenbankoptimierung 226
DB2 27
Debian 206
default.ini 223
delayed_commits 230
DELETE 32
Deployment 196, 225
desktopcouch 296
Dokumentbasiert 28
Dokumente 76
Domino 45
dumbproxy 244
dump.py 276

E

ElasticSearch 138
ETag 91, 236
evently 171
Eventual Consistency 50

F

Fielding, Roy 31
Foreign Key 28
FreeBSD 211
fsync 230
Futon 59, 225
   Test Suite 62

G

Ganglia 225
GET 32
Gilbert, Seth 49
GIN 40
GiST 40
Google 37
Google BigTable 48
GROUP BY 40
group_level 103

H

HEAD 32
Homebrew 210
HTTP 31
HTTP 1.1 56
HTTP-Proxy 137
HTTP-Proxy-Server 237
httpd_db_handlers 219

I

IBM 45
Installation 200
iOS 200
iostat 227
Iris Associated 44
IrisCouch 196
iriscouch.com 61

J

JavaScript 92
jQuery 171
jquery.couch.js 278

K

Katz, Damien 42
Konfiguration 100, 217
Konfigurationsdateien 223

L

Lang, Alexander 265
Lehnardt, Jan 43
load.py 277
Loadbalancer 252
local.ini 117, 223
lode 51, 52
log 220
Logging 97, 220
logging 232
Lotus Notes 45
Lucene 138
Lynch, Nancy 49

M

Mac OS X 207
MacPorts 209
Magic Cookie 252
Map-Funktion 101
MapReduce 37, 68, 89, 90, 106, 181
Master-Master-Replication 120
Mobile Couchbase 201
Monitoring 225, 234
Munin 225
mustache.js 171
MVCC 34

N

Nagle-Algorithmus 219
Nginx 116, 252
nginx-lounge 246
node.js 99, 237, 238
non-blocking IO 238
Nordmann, Kore 259
NoSQL 47

O

O(log n) 41
OAuth 133, 298
OPTIONS 32
Oracle 27
ORDER BY 40
Oversharding 240

P

Paketmanager 201
Partition Tolerance 49–52
Partitionierung 50, 242
PHP 259
PHPillow 259
POST 32
PostgreSQL 27, 40
PUT 32

Q

query_server_config 220
query_servers 221
Quorum 254

R

Range 82
Range-Query 82
Ray Ozzie 44
RDBMS 27
Rebalancing 240, 244, 255
replicate.py 277
Replication 75, 221, 239, 277
RESTful 31
RESTful-API 25
Revision 77
RFC 2518 33
RFC 2616 32
RFC 4627 36
Rogers, Mikael 237
RPC 32
Ruby 100, 265

S

second write failed 35
SELECT 39
Shard-Key 241
Shard-Splitting 257
Sharding 52, 239, 240
Sicherheit 125, 298
single-point-of-failure 51
Slater, Noah 43
smartproxy 245
smartproxyd 246
Solr 138
SQL 39
SSL 136, 221
Statistik 234
stats 221
Streaming 82
Suche 138
Synaptic 201

T

Tablespace 228
TCP_NODELAY 219
Temporary View 96, 135, 233
Tools 274
TRACE 32

U

Ubuntu 201
Ubuntu One 296
URL-Rewriting 112
UUID 77, 231

V

validate_doc_update 97, 195
Varnish 239
View 89
View in Futon 66
View-Cleanup 229
View-Compaction 228
View-Parameter 94
View-Partitionierung 227
view_index_dir 217, 230

Virtual Host 115
Volltextsuche 138

W

WebDAV 33
Windows 212

X

XULRunner 203, 249

Z

Zabbix 225
ZenOSS 225
Zugriffsrechte 128

Die Bibliothek für Ihr IT-Know-how.

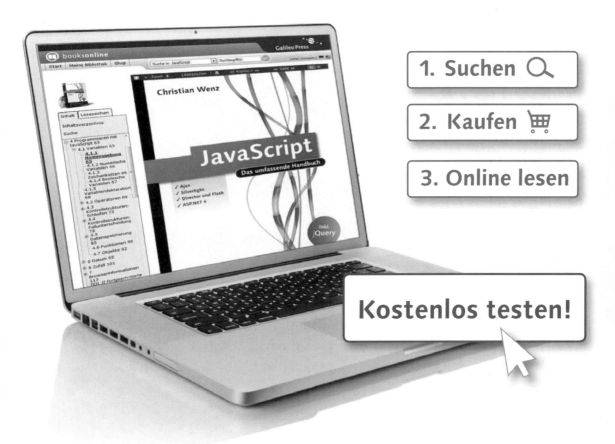

www.galileo-press.de/booksonline

✓ Jederzeit online verfügbar
✓ Schnell nachschlagen, schnell fündig werden
✓ Einfach lesen im Browser
✓ Eigene Bibliothek zusammenstellen
✓ Buch plus Online-Ausgabe zum Vorzugspreis

www.galileocomputing.de

Grundlagen, Einsatz, Praxisbeispiele

Professionelle Techniken, Effekte und Animationen

Plug-ins nutzen und eigene Plug-ins erstellen

Frank Bongers, Maximilian Vollendorf

jQuery

Das Praxisbuch

Mit jQuery kann man zaubern. Auch JavaScript-Muffel kommen mit dem Framework schnell zu Ergebnissen, die sich sehen lassen können. Dieses Buch zeigt Ihnen, wie Sie die Funktionen von jQuery effektiv auf Ihren Webseiten einsetzen können. Inkl. Entwicklung mobiler Anwendungen mit jQuery Mobile

730 S., 2. Auflage 2011, mit DVD, 34,90 Euro
ISBN 978-3-8362-1810-8

>> www.galileocomputing.de/2930

www.galileocomputing.de

Grundlagen, Anwendung, Praxiswissen

Objektorientierung, Sicherheit, MVC, inkl. CakePHP

Fortgeschrittene MySQL-Techniken, Web 2.0, Datenbank-Tuning

Stefan Reimers, Gunnar Thies

PHP 5.3 und MySQL 5.5

Das umfassende Handbuch

Das Buch für ambitionierte Einsteiger und fortgeschrittene Entwickler, die umfangreiches Grundwissen in der Datenbankentwicklung und Programmierung mit PHP erhalten möchten. Die Autoren bieten Ihnen eine praxisorientierte Einführung in Techniken, Arbeitsweisen und Werkzeuge für Ihre Website mit PHP und MySQL.

1085 S., 3. Auflage 2010, mit CD, 39,90 Euro
ISBN 978-3-8362-1645-6

>> www.galileocomputing.de/2428

www.galileocomputing.de

Einstieg, Praxis, Referenz

Web 2.0: DOM, CSS, XML, Webservices

Für Einsteiger, Fortgeschrittene und Profis

Christian Wenz

JavaScript

Das umfassende Handbuch

Eine gründliche Einführung und viele praktische Beispiele, das zeichnet dieses Handbuch aus! In dieser Auflage wurde das Kapitel zu jQuery deutlich erweitert, neu hinzugekommen sind die Themen Ajax Performance und Ajax Best Practices. JavaScript werden Sie nach der Lektüre verstehen und sicher anwenden können.

837 S., 10. Auflage 2010, mit DVD, 39,90 Euro
ISBN 978-3-8362-1678-4

>> www.galileocomputing.de/2481

www.galileocomputing.de

Installation, Konfiguration, Administration, Programmierung

Skalierung, Hochverfügbarkeit und Performance-Tuning

Wichtige Tools wie »mysqladmin«, zahlreiche Praxistipps und umfassende Befehlsreferenz

Stefan Pröll, Eva Zangerle, Wolfgang Gassler

MySQL

Das Handbuch für Administratoren

Wie Sie als Administrator MySQL installieren, konfigurieren und in der Praxis verwalten, erfahren Sie hier. Von Performance- und Abfrageoptimierung über Zusatz-Tools bis hin zu Sicherheit werden alle wichtigen Themen erläutert. Inkl. umfassender Befehlsreferenz zum Nachschlagen und großer Beispieldatenbank auf DVD.

750 S., 2011, mit DVD, 49,90 Euro
ISBN 978-3-8362-1715-6

>> www.galileocomputing.de/2533

Galileo Computing

www.galileocomputing.de

Lokale HA: RAID, LVM, NIC-Bonding und SMART

Linux HA-Cluster: Corosync/OpenAIS, Pacemaker, DRBD und CLVM

Xen/KVM-VMs im Cluster, Backup und Disaster Recovery

Oliver Liebel

Linux Hochverfügbarkeit

Einsatzszenarien und Praxislösungen

Hochverfügbarkeit ist ein ebenso zentrales wie komplexes Thema! Profitieren Sie als Administrator jetzt von den praxiserprobten Setups und dem technischen Background aus diesem Buch. So sorgen Sie mit moderaten Hardware-Ressourcen dafür, dass Ihre Linux-Server lokal und im Netz hochverfügbar sind.

454 S., 2011, 49,90 Euro
ISBN 978-3-8362-1339-4

>> www.galileocomputing.de/1999

www.galileocomputing.de

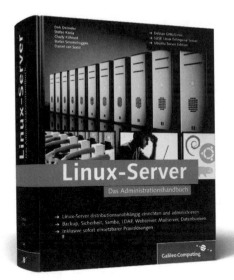

Linux-Server distributionsunabhängig einrichten und administrieren

Backup, Sicherheit, Samba, LDAP, Webserver, Mailserver, Datenbanken

Inklusive sofort einsetzbarer Praxislösungen

Dirk Deimeke, Stefan Kania, Charly Kühnast, Stefan Semmelroggen, Daniel van Soest

Linux-Server

Das Adminstrationshandbuch

Das Schweizer Messer für den fortgeschrittenen Linux-Administrator: Dieses Buch erläutert Ihnen alle wichtigen Themen der modernen Administration von Linux-Servern. Von Hochverfügbarkeit über Sicherheit bis hin zu Skripting und Virtualisierung – so lernen Sie Linux-Server distributionsunabhängig intensiv kennen.

815 S., 2011, 49,90 Euro
ISBN 978-3-8362-1469-8

>> www.galileocomputing.de/2205

Galileo Computing

www.galileocomputing.de

Auf CD-ROM: Übungssoftware SQL-Teacher

Inkl. SQL Syntax von MySQL, Access, SQL Server, Oracle, PostgreSQL, DB2 und Firebird

Inkl. Referenzkarte mit SQL-Syntax

Marcus Throll, Oliver Bartosch

Einstieg in SQL

Verstehen, einsetzen, nachschlagen

Eine übersichtliche Strukturierung, zahlreiche Praxisbeispiele und die Übungssoftware auf CD machen dieses Buch zum perfekten Lehrwerk für Universität und beruflichen Einsatz. Von der Anlage der Datenbank über Abfragen bis zur Arbeit mit Rechteverwaltung und Automatisierung. Auch zum Selbststudium geeignet

325 S., 4. Auflage 2011, mit CD und Referenzkarte, 24,90 Euro
ISBN 978-3-8362-1699-9

>> www.galileocomputing.de/2514